U0519771

# 孩子别怕，跌倒了再起来

崔华芳 著

商务印书馆
The Commercial Press
2015年·北京

### 图书在版编目(CIP)数据

孩子别怕,跌倒了再起来/崔华芳著.—北京:商务印书馆,2015
ISBN 978-7-100-11468-4

Ⅰ.①孩… Ⅱ.①崔… Ⅲ.①儿童教育—挫折教育 Ⅳ.①G61

中国版本图书馆 CIP 数据核字(2015)第 160677 号

所有权利保留。
未经许可,不得以任何方式使用。

**孩子别怕,跌倒了再起来**
崔华芳 著

商 务 印 书 馆 出 版
(北京王府井大街36号 邮政编码100710)
商 务 印 书 馆 发 行
广西壮族自治区地质印刷厂印刷
ISBN 978-7-100-11468-4

2015年9月第1版 开本 787×1092 1/16
2015年9月广西第1次印刷 印张 15 1/2
定价:35.00元

# 推荐序

## 请和孩子在一起

有幸作为崔老师的第一位读者，我很仔细地把书稿全部打印出来，用一个星期的时间静下心来每天晚上读一读。这本书好像给我展示了一个个场景：有妈妈和格格、妈妈和妹妹、格格和妹妹、孩子和家长、作者和家长、沙盘游戏里的孩子……这一个个小故事传递着作者的选题立意，更多的是让我看到，在孩子的成长过程中，一位妈妈怎样陪伴孩子成长，怎样以自己的专业知识来分析、处理和解决孩子们的问题。但最终解决这些"受挫""跌倒""困难"用到的不仅仅是专业学识。作者在与孩子相处的过程中努力做一位耐心、理智、克制、包容、坚持、智慧的妈妈，与孩子共同面对挫折、战胜挫折。作者能做到这些真的很不容易。毕竟，人是感情动物，在与孩子长时间的相处当中，很难时时刻刻保持理性分析。

感谢崔老师的文章，让我看到一位比幼儿教师更具备专业的教育思想和教育方法的妈妈。她能比我们更清晰地看到孩子的精神需求，更敏锐地觉察孩子的成长轨迹，更准确地把握孩子的思维发展，更有原则地坚持孩子的个性独立。作为一位有二十多年教龄的幼儿教师，我觉得很汗颜，因为我们在日常教育中鲜有如此精彩的教育案例。尽管我们具备专业的技能和精神，但是，忙碌的工作却使我们在陪伴孩子的时候，少了一份轻松和淡定，也少了许多收获那些幼小心灵让我们倍感温暖的时机。这本书对我们这些幼教工作者具有很大的启发。

我也是一位家有少年的母亲，职业的倦怠让我在家没能如此有耐心地陪伴孩子，当孩子遇到问题时也往往会用简单的方式来处理。但是，在孩子的成长过程中，我还是会坚持教育的原则，特别是面对困境时让孩子自己负责、自己解决。这一点与崔老师的观点不谋而合。儿子从小学钢琴，学习成绩也不错，在学习上基本没有让我操过心。但是，学琴却让我深感陪伴孩子还需要"斗智斗勇"，每一个学琴阶段的坚持与放弃，这样的选择题不知做过多少。挫折会随时来临，我就把它当作孩子与学习困难的一次次较量。我经常对孩子说："学与不学你要自己做选择，但我

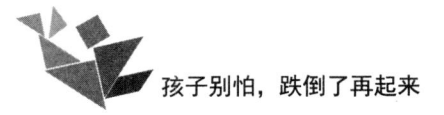

希望你不要气馁。"当孩子渐渐长大,他更多的是按设定的目标,在我潜移默化的影响下,慢慢去获得每一个阶段的持续进步。我把它形容为"选择解困局"。

小升初时,儿子报考了当时市内两所优质的民办初中。一所以开放式教育著称,一所以高重点率称雄。儿子参加高重点率中学入学考试时,上午考完一场后,他很郑重地问我:"妈妈,我下午可以不去考吗?"我很奇怪,问他,你已经备考了这么久,为了考取这所学校,你学了最不愿学的奥数,为什么放弃?试试也好。儿子说,我已经想过了,就是考上我也不会去上的。听说在那里学习非常辛苦,都是学霸在读,我读不过他们的。那我说,你现在只考了一所,要是没考上怎么办?你五六年级没有假日的学习,这些辛苦都可能会付之东流。你每个暑假每天练五六个小时的琴,就是为以考特长生的身份争取参考机会,要是没考进另外那所中学,你能承受吗?你愿意进普通中学吗?他说,我愿意自己选择一次。

"愿赌服输",儿子既然已经做好面对挫折的准备,我们就大胆地让孩子做了一次选择。哪怕不进,就当是孩子成长的一个经历吧!值得高兴的是,他的选择、判断和努力使他理想地进入了一个新的阶段。所以,我很认同崔老师说的"孩子成长的能量来自孩子内在的自我,我们能做的,仅仅是为孩子提供一个成长的环境而已"。

有了这样的经历,中考、高考孩子都顺利渡过。中考选择了保送,高考后,因有明显的外语优势,只要过一本线,再通过笔试、面试,就可以被一所中外合作大学录取,还可以任选专业。但是,临考前一夜他又做了弃考决定。孩子说,不喜欢该校排名最强的经济专业,想试试填志愿,进自己喜欢的学校,选择自己喜欢的专业。"准备好了吗?无论怎样的结果都能接受吗?普通大学都有可能因为分不高被调剂专业!"这样的提醒非常有用,他做好了专业调剂和本科不理想如何进行考研的准备,整理了很多资料。最后孩子如愿以偿地进入了自己报志愿的大学,就读喜欢的本硕连读专业。

A与B的选择往往交织着痛苦与幸福。一路走来,孩子能做到直面可能出现的低谷,甚至是失败,得益于从他小时候起我们就不过分在学习上苛责他,只是偶尔过问。我们唯一的要求是孩子养成好习惯,对自己负责。同时通过学琴过程中的不断纠正和反复练习,培养孩子的抗挫能力,在重大选择面前,让孩子正视自己的付

## 推荐序

出和应担的责任，就像崔老师说的"自己是最大的依靠"。这样的反复磨炼让孩子养成了自我检视和自我修复的能力。

这本书，它的读者可以是家长，还可以是广大的幼儿教师。每一位读者都能从这些小故事中得到启发，用一种"陪伴""支持"的理念与孩子相处，以母亲的情怀来等待孩子慢慢长大，给予他信心，静待花开。我想我们都会成为最优秀的教师，最优秀的家长。

在任何时候，孩子面对困难时，我们都会和他站在一起，但请给予孩子内心成长的时间。我始终相信，"曲折让生命更精彩！"

浙江省宁波市宝韵音乐幼儿园副园长　袁静

# 目 录

## 第一章 受挫其实是幸福的

俗话说：不经风雨，长不成大树；不受百炼，难以成钢。跌倒就是孩子成长过程当中的挫折和困难，父母必须让孩子知道，在成长的道路上，不可能是一帆风顺的。成功往往是与艰难困苦、坎坷挫折相伴而来的。

做孩子的暖亲——不怕跌倒就怕没温暖 / 3

受苦是福报——舍得让孩子受点苦 / 10

以"爱"的名义——你在伤害孩子吗 / 18

跌倒是人生的必经坎——解读挫折 / 25

你知道跌倒之美吗——挫折教育的误解 / 31

## 第二章 不怕跌倒，适应生存

生存能力是指孩子能否在恶劣的环境下，运用自己的智慧和能力生存下来的一种能力。生存能力是孩子立足社会的根本，缺乏生存能力的孩子往往遇到一些困难就束手无策，跌倒的概率自然翻倍。

自己是最大的依靠——有些苦必须自己承受 / 41

不怕跌先适应——适应才能更精彩 / 51

会做饭的孩子——走到哪里都能活下去 / 62

生活中的跌倒——是上天最珍贵的馈赠 / 69

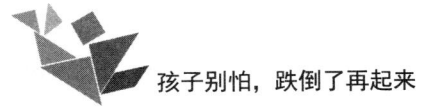

最大的跌倒——就是不知道在哪会跌倒　/ 80

生命无常——世界不会因某人而改变　/ 88

## 第三章　不怕跌倒，磨炼意志

　　国学大师南怀瑾说过："人在逆境中，意志的力量便会凸显出来。意志坚定者往往照旧奋进，勇往直前；而意志薄弱者则一击便垮，一蹶不振。"确实，抗挫折能力强最明显的标志就是坚强的意志。不管环境变化到什么地步，一个人的初衷与希望仍不会有丝毫的改变，直至克服困难，达到预期的目的。

慢是一种生活态度——延缓满足　/ 99

该说不时就说不——适度不满足　/ 105

世界是自己的——经得起诱惑　/ 119

做最好的自己——坚持不懈　/ 125

激发生命的潜能——不断挑战自我　/ 132

## 第四章　当孩子遭遇跌倒时

　　对于孩子来说，由于他们的生理、心理都未发育成熟，他们很容易受到各种挫折的打击。一般来说，孩子最常见的挫折有生活挫折、学习挫折、交往挫折和情感挫折。当孩子面对这些挫折时，父母应该怎么办？

孩子会遇到哪些"跌倒"——挫折种类分析　/ 143

"跌倒"进行时——挫折情景种种　/ 151

比跌倒更重要的——如何调整心理状态　/ 164

一元钱的噩梦——如何修复孩子受伤的心灵　/ 179

# 目 录

## 第五章 对跌倒之外的思考

在一个禅宗故事里,紫罗兰曾对它的种植者说:"我认为,当你把我种下去的时候,你就是想要紫罗兰,如果你想要橡树、葡萄藤或玫瑰,你就会种它们。所以我想,既然我只能够成为我自己,而不能够成为其他的,那么我就尽我最大的力量去成为我自己。"

独立真的这么重要吗——警惕情感疏远　/191
爱是没有条件的——无条件接纳孩子　/197
你真的会爱孩子吗——爱孩子不是一件容易的事　/203
成功到底是什么——对教育的再思考　/214

## 附　录　孩子的成长记录

两岁半宝宝的第一次撒谎　/225
可怕的诅咒敏感期　/227
我偶尔也会讨厌你　/230

## 后　记　遇见孩子　/233

# 第一章

## 受挫其实是幸福的

俗话说：不经风雨，长不成大树；不受百炼，难以成钢。跌倒就是孩子成长过程当中的挫折和困难，父母必须让孩子知道，在成长的道路上，不可能是一帆风顺的。成功往往是与艰难困苦、坎坷挫折相伴而来的。

## 做孩子的暖亲——不怕跌倒就怕没温暖

这个故事是真实的,是一个身为教师的母亲反思自己对女儿的教育问题后,鼓足勇气、心里流着血和泪讲出的故事。我读了之后流泪了,我相信每个家长读完它都会不胜唏嘘。我由衷地感觉到:不要让孩子生活在父母的虚荣里,更不要在未成年孩子的成长过程中缺席。如果造成孩子性格或心理上的问题,遗憾将是终生的……

2013年7月2日上午,南京市某中学初中部的巨化教室里,坐满了学生和家长。这一天是周六,此时,中考已结束近20天,成绩也即将揭晓,还有什么重要的课程引来这么多学生和家长?

九点钟,伴随着一首《别哭我最爱的人》忧伤的旋律,讲台的大屏幕上开始播放一段视频。一张张照片缓缓闪现,记录了一个女孩成长的历程。从可爱的婴儿到青涩的幼女,再到花样少女,然而就在女孩最美好的花季时光,一切都消失了,取而代之的是一具冰冷的灵柩。8分44秒的视频放完,现场唏嘘不已。这是一堂特殊的生命课,主讲人是南京某中学的黄老师。照片中的那个女孩是她的女儿远远(化名),在荷兰留学时选择用一种极端的方式结束了自己年轻的生命。

**忽然凋谢**

2009年2月8日,农历正月十四,元宵节的前一天。下课后,黄老师发现手机上有一个未接来电,是女儿远远同窗六年的闺中密友从西安打来的。黄老师打过去询问缘由,对方说远远出事了。

远远是黄老师的女儿,2008年9月赴荷兰留学,在阿姆斯特丹大学读经济学。出事了?黄老师很疑惑,也很惶恐,女儿能出什么事?她不相信。

中午,黄老师给中国驻荷兰大使馆打电话,但无人接听。整个下午,

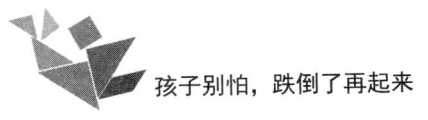
孩子别怕，跌倒了再起来

黄老师始终心绪不宁。远远从小喜爱体育、唱歌，还喜欢吹长笛和玩打击乐，成绩优异。中学时出访过新加坡、韩国、澳大利亚和新西兰。从小到大，女儿都没让黄老师操过太多心，学习优秀，兴趣广泛，生活自理能力也强。

"你不知道我这个女儿有多能干。情商高，朋友也多，性格开朗，处理事情冷静。"一说起女儿，黄老师的神情充满了自豪。"留学的事情也是她自己决定的，自己找的学校，还申请到奖学金，自己办签证，买机票。"

对于女儿的留学，黄老师还是有自己的想法。"她当时在南京航空航天大学念大一，我本来想让她在国内念完大学再出国的，但她坚持，我也只好尊重她的决定。"黄老师亲自送女儿上的飞机。事后回忆起来，那天她穿了一身黑色的衣服。而平时，她最喜欢的是红或黄等颜色比较亮的衣服。

到荷兰后，远远曾写信说很喜欢就读的学校，生活很愉快，还教美国同学学中文。在短短不到半年的学习中，远远在学业上已表现得异常优秀，多项成绩在9分或以上，成为学校的优等生。"她的个人博客上也全是生活不错、和朋友相处得很好之类的话，她从小就这样，总是报喜不报忧。"黄老师说。

下午四点，黄老师又一次拨打中国驻荷兰大使馆的电话，对方的答复是情况不明。一个半小时后，黄老师再度打电话询问，大使馆称正在调查。2月9日凌晨，大使馆确认了远远出事的消息，并让黄老师尽快办理出国手续，赶往荷兰处理丧事。

号啕大哭。除此之外，黄老师根本不知道该做些什么。她简直不敢相信，女儿那鲜活的生命真的永远凋谢了。2月14日，情人节。黄老师与丈夫乘飞机前往荷兰。11个小时的行程，除了眼泪还是眼泪。

**"请不要救我"**

一下飞机，黄老师就问前来接机的大使馆工作人员，女儿在哪。当得知女儿被放置在阿姆斯特丹医学院的解剖室时，黄老师几乎晕倒过去。"她一个人躺在那里，该多孤单呀。"回忆那一刻，黄老师泪流满面。黄老师甚至已经不记得自己是如何走进解剖室的。"看到女儿的遗体时,我已经瘫倒在地。"黄老师哽咽着说,"女儿躺在白色的床单上,我突然想起当年我生下她时的情景。她呱呱坠地时的哭声还在耳边,如今却已变得冰冷。"

据记者了解,2月8日,远远在写下三封分别给爸爸妈妈和亲朋好友的遗书后,在宿舍内自尽。在警局,黄老师看到了女儿的遗书。"亲爱的妈妈:我知道我没有资格鼓励你要坚强不要为我哭泣之类……我真的太太太累了,八年来一次次平定崩塌的心灵,而当它再一次崩塌时我又无能为力,只有咬牙忍受再寻找调整的机会,而现实的事务又被耽搁着,现实的美好被破坏着,我真的厌倦了……"在遗书中,远远坦言自己受强迫症之扰已长达八年,痛苦不堪。

据专家介绍,强迫症属精神障碍性疾病,近年来在青少年中发病率极高,如不及时治疗,会导致精神抑郁甚至自杀。黄老师无论如何也没有想到,外表活泼开朗的女儿竟会背负如此大的痛苦,而她作为母亲竟没有丝毫察觉。"现在回想起来,她上初中后一度变得沉默寡言,我还以为她是变文静了,没想到患上了心理疾病。孩子最后的时光,也是在异乡孤独地度过……"黄老师痛苦地回忆。黄老师认为女儿太要强,事事要求完美,"在我们面前从来没有表露过失败的一面,展现给我们的只有微笑。"

远远的意外身亡让她的许多朋友吃惊不已。记者了解到,几乎所有跟远远有过接触的人,一致评价她平常开朗活泼,没有任何强迫症或是抑郁症的迹象。"积极向上,充满理想,倔强不服输。也许正是她这种对生命中完美的执着追求,让她把自己的一切永远留在了风车的故乡。"一位好友在纪念远远的文章中写道。

远远的一位好友在接受记者采访时表示,她们在遇到问题的时候,都会咨询远远的意见。而现在回想起来,远远甚少与她们分享自己的感受。而在远远结束自己的生命前,她还跟好友同游西班牙、葡萄牙,那时候她开始有迹象,比如不爱拍照,谨小慎微等。在遗书中,远远说曾想通过留学生活来减轻自己的症状,却"没有成为救赎的灵药"。她还请求父母能

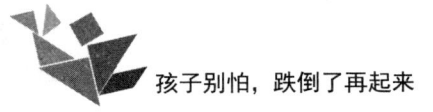

够对强迫症人群进行研究，并且能够帮助其他的受害者。一向心思细密的远远甚至在一张给警察的纸条上用英文写着："请不要救我。"

"妈妈把你背回来了"

2009年2月18日，远远的遗体在阿姆斯特丹火化。处理完后事，黄老师于2月24日乘飞机回国。"我是用远远的书包将她的骨灰背回来的。上飞机的时候，我就对她说，远远呀，小时候我就是这样背着你上学，现在，妈妈又把你背回来了，我们一起回家吧。"

刚回国那段时间，黄老师根本不敢回家，一看到女儿的房间，就止不住地流泪，她在学校住了三个月。5月4日是远远的生日，黄老师买了女儿最喜欢的食物还有花去墓地。"在公交车上，眼泪就像断了线的珠子一样往下滴，怎么忍都忍不住，旁边的乘客还一直安慰我。我就一路哭到了墓地。"那段时间，黄老师无时无刻不在思念女儿。"梦里全是她小时候的样子，穿着小棉袄，在床上翻来翻去，调皮起来不愿意穿袜子，甚至有时候我都能闻到她身上的奶香味。"

但是，黄老师坚强地走了出来。"不能改变的事情我必须接受，我只能改变自己能改变的。"黄老师把全部的精力都投入到教学工作中，2010年她被评为特级教师。为了满足女儿的遗愿，黄老师还拿出十万元设立了"健心奖"，奖励那些从事心理工作的老师。与此同时，作为一名教育工作者，黄老师开始反思。女儿上幼儿园时，由于夫妻俩工作较忙，于是将她送去寄宿学校。"如今来看，当时对她太残忍了，那么小的年纪，正是在父母身边撒娇淘气的时候，却一个人孤单地住在学校。"黄老师后悔地说。

"另外，我对女儿的关心过于物质化，而在精神上交流得太少，我对她的精神世界缺少了解，这也是中国大多数父母的问题所在。"黄老师说，女儿曾经也和她交流过感情上的问题，"但我是个粗线条的人，有时候大大咧咧，对这种事不太敏感。"黄老师也坦言，在学习上，女儿也承受着一定的压力。"她学习成绩一直不错，我也没有对她有太高的要求，但是一旦考试没考好，我也会旁敲侧击地鞭策一下她。"现在回想，黄老师发现女儿在心理上的问题早已隐约出现。"只要碰上大考，她就出不了好成绩，这就是心理压力过大造成的。"

女儿的离世让黄老师的教育理念发生了根本的变化。"我尝试让学生们更加快乐幸福，他们学业繁重，本来就很辛苦，我会和他们一起发泄苦闷。对家长来说，我想让他们知道，对孩子的评价不要太纠结于分数。"正是基于这一点，黄老师特意选择在中考分数揭晓前一天，上了这堂特殊的生命课。"我希望孩子和家长们对人生能有新的认识，考试成绩不是判断一个学生成功与否的标准，要懂得人生还有很多的风景。"

**最后一堂课**

"上这样一堂课，对我来说是一个艰难的选择，甚至直到上课前一天，我还在打退堂鼓。"7月4日，黄老师在接受记者采访时说。两年前，黄老师正在担任南京某中学初一（2）班的英语老师，当得知女儿远远出事的消息后，黄老师便赶往荷兰处理后事。"当时我带这个班才不到一年，孩子们不知道我为什么突然消失了一段时间，感觉很疑惑，我一直没有告诉他们这件事，因为当时他们都还小，心智不够成熟。我当时就决定，等到他们初中毕业时，给他们一个交代。"不仅仅是对学生的交代，黄老师也在给自己一个交代。

当黄老师开始筹备这堂生命课时，翻开女儿的一张张照片，她心痛不已。"视频中用的歌是郑智化的《别哭我最爱的人》。那是女儿电脑中最后留下的，也是唯一一首歌，我想我能明白她的心。"

"有朋友得知我要上这堂课，都劝我不要进行，但这是我的一个心愿，我要让女儿的死变得有价值。"对黄老师来说，这堂课的确难上，因为她要撕开那渐渐愈合的伤口，直面自己的痛苦。

在讲述自己的心路历程时，黄老师一度痛苦得不能自已，最后由一名学生代她读完自己写给女儿的信。但是，痛苦并非生命课的主题，黄老师有着更深的用意。她希望用自己的亲身经历向学生和家长传递自己的教育理念。

对学生，黄老师说："我希望孩子们能够学会面对生命中的痛苦、挫折、

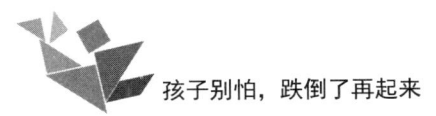
孩子别怕，跌倒了再起来

不幸，无论遇到什么事情，都要珍惜生命。生命只有一次，只要活着，就有希望。"对家长，黄老师说："家长们请学会欣赏子女，看到他们的独特之处，给孩子充分的信任和鼓励，尽可能地陪伴孩子成长的每一天。"

谈及自己的教育感受，黄老师说，如果女儿在世，她一定会让她按自己的兴趣生活，绝不给她压力。"只要她能自食其力，做一个对社会没有危害的人，我就满足了。只可惜，生命不能从头再来。"

生命课的反响让黄老师欣慰。南京某中学初三（2）班的一位学生家长给她发来的短信中写道："您是学生们的恩师，更是他们的母亲。当姹紫嫣红的时候，这满园的桃李都不会忘记向您致敬。"但黄老师说，这堂生命课，她只会上一次。"这是第一次，也是最后一次。"

这是一个令人悲伤的故事。我们总是以工作太忙，无暇照顾孩子为由，想尽办法让孩子尽早独立起来。我们总是习惯性地以孩子外在的表现去衡量一个孩子是否优秀，却经常忽视孩子内心的成长。当孩子的心离我们越来越远时，我们甚至还没有感觉，直到孩子的心"出事"，我们才恍然大悟。曾经的忙碌、曾经的忽略，让我们遗憾终身。

我曾采访过黄老师的同事，在同事眼里，黄老师事业有成，女儿也是从小就相当独立，一点都不用母亲操心。事实上，看完这个故事后，我的内心有个疑问：远远的这种独立背后隐藏着什么呢？

从故事当中，我看到远远习惯"报喜不报忧"。我们这一代很多人，都习惯向父母"报喜不报忧"，但事实上，这种心理的背后隐藏着更深的问题。

## ◎ "报喜不报忧"不是一件好事情

一般来说，年幼的孩子在外出时遇到什么事情，都会回家与父母说，真是事无巨细，喜忧不分。但是，渐渐地，孩子向父母诉说的事情越来越少，越来越有选择性。这是为什么呢？

事实上，导致孩子这种变化的根源在于父母。

比如，当孩子说："我今天被小朋友抓了一下，我很生气。"父母这样说："你真没用，你不会还手啊？"年幼的孩子得到的信息是："我和爸爸妈妈说的这件事情不是爸爸妈妈喜欢的，下次得少说。"

当孩子说："我今天在幼儿园被老师批评了，因为我吃饭特别慢。"父母这样说："那你下次吃快一些，争取在小组里得第一名。"年幼的孩子得到的信息是："被老师批评，吃饭慢不是一件好事情，下次得少说。"

当孩子说："妈妈，今天我被老师表扬了，因为我举手回答问题了！"父母这样说："你真棒！"年幼的孩子得到的信息就是："被老师表扬，举手回答问题是好事，下次多报告这样的事情。"

当孩子说："妈妈，今天一个小朋友的妈妈给我吃了一颗糖。"父母这样说："谁让你吃别人的东西的？何况糖又不是什么好东西！"以后，孩子就不会再和父母说类似的事情，即使吃了，也不会再和父母说了。

儿童在社会化的过程中，最需要的是外界能够给予一种包容和接纳的环境。如果孩子感受到的是不包容不接纳，自然会慢慢隐藏那些不被包容不被接纳的信息，而专门拿那些周围环境期望的想法和行为去迎合。由于孩子真心想表达的部分没有地方倾诉了，只好憋在心里，时间长了，就会造成很大的心理压力，当压力不堪重负的时候，就只有结束自己的生命。

比如，父母对孩子的成绩特别在意，每当孩子考个好成绩就大加表扬，孩子就会觉得父母非常重视这些成绩，一旦自己的成绩不理想时，就不知道如何向父母报告了。这种只报喜才会被关注和关爱的孩子，往往在报忧时得不到父母的理解、支持和帮助，孩子无法用自己的能力去面对内心的挫折感，这对孩子来说是一种严重的心灵折磨。

有一次，一条新闻深深地刺痛了我。

一个六年级的孩子，早晨出门上学的时候，跟爸爸说不想去上学，爸爸不耐烦地批评了他几句，没想到，这个孩子上电梯后径直坐到20楼，没过多久，一声巨响，孩子从20楼坠落，沉重地掉在一辆车上……

无数次看到、听到孩子因为芝麻小事而选择自杀。每当这类事情出现时，大部分人总会说孩子娇生惯养，心理承受力太差，吃不得苦等。从表面来看，或者仅仅

从孩子这个角度来看，似乎说得有理。但是，许多人可能没想到，于孩子而言，他是生活在社会、家庭当中的。因此，社会和家庭的接纳度，直接就关系到他内心压力能否获得缓解。

对于决定自杀的人来说，内心同样需要很大的勇气，一般情况下，没有走到绝望这一步，是不会有如此胆量的。想起绘本《卡夫卡变虫记》，有一天，一个小男孩突然发现自己变成虫子了，他惊恐地对家人说："妈妈，我变成虫子了！"妈妈却说："你一直都是我们家的小麻烦虫！"家人的忽视对于孩子来说，是一件很可怕的事情，恐惧、沮丧、无助顿时萦绕在男孩周围。尽管最后父母终于发现了男孩的身体及内心变化，给予接纳、认同和关爱等心理支持，男孩终于恢复人身。这个故事留给我的思考是，家长是否在孩子最需要关注的时候，给予孩子鼓励和喝彩，给孩子的生活带去一些温暖呢？

## 受苦是福报——舍得让孩子受点苦

### ◎你想让孩子成为幸福的人吗

19世纪的俄国作家屠格涅夫说："你想成为幸福的人吗？那么首先要学会吃苦。能吃苦的人，一切的不幸都可以忍受，天下没有跳不出的困境。"可见，想让孩子以后能够在平凡的生活当中获取幸福感，我们必须学会让孩子吃点苦。

我生养两个女儿后最大的感受不是我们不知道恰当的吃苦对孩子的成长有好处，而是我们舍不得让孩子吃苦。有些父母则认为，让孩子吃苦似乎是需要有意识地设置一些障碍让孩子去经历。

事实上，真正的挫折在生活中。孩子在生活当中遇到挫折了，内心有受苦的感觉。这时，我们能否眼睁睁地看着孩子受苦，让孩子经受心理蜕变，而不是跨越界限，帮助孩子逃离这些受苦的场景。

几年前，当我的大女儿出生的时候，要说舍得让孩子受苦，我的内心总会有一些纠结和挣扎，我会怀疑自己是否是个称职的母亲，我会怀疑我对待孩子的方式是否太狠心、太残忍了一些。当我养育我的小女儿时，突然发觉，当孩子受苦时，我竟然是如此的坦然和超脱。即便是看到孩子当时痛苦的神情，我的内心也很少再出现愧疚感，我甚至会想：这件事就是会发生的，我无能为力。我必须臣服于外在的世界。既然这件事情已经发生了，就让孩子自己去承受吧！

　　我的小女儿虽然才三岁，但是她的内心已经显现出强大的力量。当她跌倒时，很少让我去扶她，总是自己站起来又去玩了。

　　有一次，两周岁不到的小女儿在院子里玩时，从平台上奔跑下来，不慎撞到了院子的铁门上。当时她就哭了，老师安慰了她一会儿，她在老师的怀里狠狠地哭了一会儿。

　　当我看到她时，她的脑袋上已经有一个紫色的大包，我心疼地问她："还疼吗？"

　　她坚定地说："不疼了！"

　　但那个大包确实让我的内心有痛觉，我试图用手去抚摸她的伤口。幼小的她却一把挡住了我的手，说："妈妈不要摸！"她说这话的时候，没有撒娇，没有痛苦，好像在说别人的事情一样。然后她转身去拿东西吃，过了一会儿又回到我的身边，好像没有事情发生一样。

　　那一刻，我的内心感慨万分。她其实是很疼的，因为她已经知道，妈妈碰一下可能就会让自己感觉到痛，但是，她已经知道自己去承受。而看到她受苦的时候，对于父母来说，内心总是会有触动的。

## ◎孩子，走弯路是幸福的

　　我们总是习惯于以长者和智者的身份来帮助孩子安排甚至帮助孩子决策一些事情，这样，孩子就不会走弯路了，能够直接完成预期的目标。但是，由于走路的人是孩子，因此，到底怎么走，孩子才有真正的话语权。

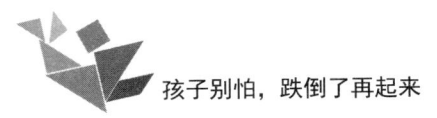

孩子别怕，跌倒了再起来

有位妈妈曾经问我："每次孩子做事情时，我一开始总是很耐心的，但是，到后来，我发现他明明是有错误的，但他就是不听我的，我最后就火了，一定要让他听我的。"这位妈妈也无奈地表示，权威的镇压并没有取得显著的效果。

我对她说："孩子仅仅是表面接纳，他的内心其实并没有接纳妈妈的建议。所以，你的每一次权威镇压只是得到孩子的一种妥协表现，并不是孩子对你的意见的接纳。"

许多家长都喜欢听话的孩子，家长怎么说，孩子怎么做。如果孩子的学习成绩凑巧也不错，那么这个孩子自然是优秀的孩子。但是，孩子是个有血有肉的人，他有自己真实的思想。

<u>大女儿学钢琴的时候，经常会遇到一些问题。我觉得，学乐器的过程，收获最大的是学会如何去面对遇到的困难，如果坚持下去，该如何有效地利用时间完成学习的目标等。</u>

女儿每天要弹奏四本书的内容。钢琴老师说，哈农和斯密特这两本练习指法的要先弹，小汤和拜厄的曲子放在后面弹。平时女儿都是这样练的。

但是有一次，女儿弹奏乐曲时总是遇到问题，一首乐曲总是弹不下去，到第五天的时候，曲子还是不太熟练。于是，我对她说："先弹小汤和拜厄，再弹哈农和斯密特。"因为根据记忆的规律，开头的内容一般会掌握得比较好。女儿对哈农和斯密特的内容相对熟练了，因此，先弹小汤和拜厄也有利于快速熟悉这两首曲子。

但是女儿拒绝了我，理由就是老师说了四本书的弹奏顺序，不可以随便挑着书弹。

劝说无效。于是，我对她说："好的，随你自己。我们看这周回课的情况，并把这事告诉老师，问问老师可不可以更改弹奏的次序。"

结果，女儿这两首乐曲的回课质量不好，我就把这件事情和钢琴老师说了。最后，钢琴老师对女儿说："你妈妈虽然不懂钢琴，但是她懂教育学。我说的弹奏次序是指一般的情况下，如果遇到了特殊的情况，比如有曲子总是弹不好，就得灵活处理了。"女儿这才心服口服。

发生这次事情后，女儿在练琴时，就不会再迷信老师在课堂上说过的话，也不会再钻牛角尖。遇到事情时有时候会自己想办法解决，有时候会和我商量怎么办。

## ◎舍不得，是因为你的内心缺乏爱

我的内心明白，孩子受苦最容易触动到的其实是父母的"内在小孩"。我们这一代在童年时期从父母亲那里获得的爱相对比较少，或者说，我们的父母在爱我们的时候，往往与言行是不一致的。也许他们内心是很爱我们的，但他们的行为却告诉我们，我们做得还不够好，所以，我们的"内在小孩"特别渴望爱。当我们看到孩子在受苦的时候，我们的"内在小孩"就会发出呐喊："我受苦了，我好可怜，快来帮助我吧！"于是，我们立刻把"爱"和"帮助"一股脑儿都给了孩子，而不管这"爱"和"帮助"是否是理性的，是否是孩子真正需要的。"舍不得"也就冠冕堂皇地成了许多父母溺爱孩子的理由。

比如说孩子入园，许多妈妈都会有深刻的感受。我家大女儿入园的时候，我当时的内心应该是缺爱的，自身能量不够。面对孩子入园时呈现出来的痛苦，我有强烈的不舍。女儿虽然相比其他孩子入园还算顺利，但在入园的路上总是哭哭啼啼的。现在我明白了，当时大女儿其实是感应到我的"舍不得"，才会故意显现出哭泣、黏人等离不开我的表现。等到小女儿入园时，我的自身能量充足了，内心也充满了爱。我坚信三年的陪伴已经帮助孩子建立了充足的安全感。我一直告诉她幼儿园是如何好玩，老师会像妈妈一样爱她。小女儿刚入园前两天都是快快乐乐的。在入园第三天，也许是意识到要每天都离开妈妈，小女儿在我离开的瞬间哭了起来，而我坚定地对她说了声再见，头也不回地走了。结果，小女儿的入园基本上没有出现不适应的情况，不到一周，老师就夸奖她在园内情绪稳定，生活自理、同伴交往、团队活动都相当不错。小女儿主动和我说："妈妈，我每天都要去幼儿园。"没有人能够理解到我当时的心情，我享受着小女儿入园的轻松和淡定，同时也在反思着当年大女儿入园时的焦虑感。当然，我明白，这是一位母亲成长必须经历的阶段。

可见，只有我们把足够的爱给予孩子的时候，我们才有足够的能量去舍得孩子

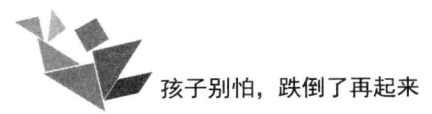

受苦。只有那些不会真正爱孩子的家长，在面对孩子受苦的时候，才会在"舍得"与"舍不得"中摇摆，因为他根本不知道自己怎么做才是正确的，因为他害怕眼睁睁地看孩子受苦时会受到"内在小孩"的谴责。所以，要"舍得"让孩子受苦，真正要修炼的其实是我们自己。当我们先学会了爱自己，爱孩子，才能够在受苦当中获得滋养和能量，把每一次的受苦当成我们人生成长的能量棒。

## ◎规则的约束带来了安全感

六岁的大女儿在幼儿园教室里与其他孩子一起玩，兴奋之极大声尖叫，这是幼儿园不允许的。幼儿园的规则是，在院子里可以大喊大叫，但是在教室里不可以大喊大叫。因为当孩子们在教室里自由玩耍的时候，大声尖叫会干扰了其他孩子的游戏。

于是，老师走到格格身边，对她说："格格，你在大喊大叫，来，我带你到院子里去大喊大叫。"格格看到老师走过来，下意识地想躲起来。

这时，老师走到她身边，拉她坐在自己身边，又再问："你想大喊大叫吗？我带你到院子里去大喊大叫。"

格格是个嘴硬的孩子，她不愿意说："我不大喊大叫了"，而是说："我不去院子。"

老师继续说："你刚才大喊大叫了，所以我和你一起去院子大喊大叫，等你叫舒服了，我们再进来。"格格坚持："我不出去，要去你自己出去！"

老师说："我没有大喊大叫，我不用出去。但是你大喊大叫了，我要带你出去大喊大叫。"格格说："我才不去呢，你别想把我带出去。"

老师也坚持："你必须到外面叫舒服了才能进来！"格格这时拼命抓住老师的衣服说："你要是带我出去，我就打你！"

老师说："你不可以伤害我的身体。我要带你出去是因为你大喊大叫了，你得到外面去大喊大叫好了才进来。"格格说："我就是要打你。"

老师依然平静地重复："你不可以伤害我的身体。我要带你出去是因为你大喊大叫了，你得到外面去大喊大叫好了才进来。"

这时，格格突然哭起来："我讨厌你，我本来就讨厌你，你来了就有那么多的规则！"

老师依然平静地说："你可以讨厌我，但是你大喊大叫了，我要带你去院子里大喊大叫。"格格边哭边用手打老师，老师平静地握住了她的双手，说："你不可以伤害我的身体。我只是要带你去院子里大喊大叫。"

但是，格格已经上来的情绪，肯定不可能很快下去，她边哭边想用手打老师。老师一边平静地表述规则，一边抓住她想打人的手。

两人僵持了十分钟，格格依然不愿意去院子里。我知道，这对于倔强的格格来说，不是一件很容易的事情。但是，令我意外的是，我就坐在离她一米多的地方，她没有回头来寻找我，也没有在当时向我报告情况。她在一个人面对这件事情。

接下来，孩子们要归位吃点心，格格依然倔强地坐在一边，不愿意归位，也不愿意承认错误。不归位就无法进入吃点心的环节。但是，她似乎对吃点心也没有兴趣。

点心吃完后是烘焙活动，这是格格最喜欢的主课，她在边上探望着想进去。但因为刚才的事情没有结束，她不可以进入主课的环节。我看到时机，就过去跟她说："如果你想做蛋糕，你就和老师说。然后把前面该怎么做的事情都做好就可以了。"格格抬头看我一眼，眼神里流露出半信半疑的表情。我知道，她可能不相信老师会接纳她参加主课。于是，我轻轻地对她说："老师和妈妈一样，虽然有时候会批评你，但是心里也是很爱小朋友的，把自己该做的事情做完，老师会带你一起做蛋糕的。"

格格不吭声，这时，我知道自己应该识趣地退出。因为我该表达的意思已经表达过了，格格也是能够明白的。她如何做取舍缘于她的内心意愿，无论她作何意愿，我都需要给她时间和空间，让她自己做主。

不知何时，她自己主动找老师处理之前的事情了。在做蛋糕期间，格格终于又回来了！

孩子与成人之间的心理较量往往就在规则执行的过程当中，如果成人执行规则时是温柔地坚持，孩子在试探过后就会明白规则的意义。如果成人在孩子一抗争时就失去规则，孩子就会明白，抗争是抵抗规则的有效途径。

而对于成人来说，难就难在面对孩子抗争规则时，如何温柔地坚持；面对孩子哭闹的时候，如何平静地面对；面对孩子臣服于规则的时候，如何微笑着接纳孩子。

孩子对规则的抗争其实只是在试探规则是否可变，如果规则不可变，他不仅会认为这规则是安全的，而且会认为这个执行规则的人是可信赖的。

在养育孩子的过程当中，我们经常会有这样的想法：尽自己所能，一定要让我的孩子快乐。是的，大部分家庭都只有一个孩子，有条件、有能力为孩子营造一个快乐的世界。但是，对于快乐的含义我们值得探讨。快乐只是让孩子感到高兴吗，快乐只是人为地为孩子抵挡一些不开心的事情吗？再深一层地去思考，我们会发现，快乐是比较浅层次的东西，更多体现在短期情绪上。比如，得到了一样东西就会快乐，做了一件自己想做的事情也会快乐，而我们真正需要的是乐观。乐观较快乐而言，是心智层面的。比如，一个孩子失去了一件物品，但能够坦然接受；一个孩子不被允许做某件事情，但依然能够顺从规则。

乐观的个性是需要修炼的。舍得让自己深爱的孩子吃些苦，孩子才会在受苦的过程当中感受到外在世界的真实性，感恩他人的接纳和包容，感谢规则带来的安全感。

## ◎痛并幸福中的真幸福

我们都已经知道，父母对孩子的爱，是要让孩子感到幸福。那么，什么是幸福呢？到底怎样的人生才是幸福的人生呢？

有些妈妈和我说："我的孩子生下来就是来享福的，家务可以请保姆做。"

实际上，一个孩子在他很小的时候，他还没有为家里做任何的付出，没有为社会做任何的贡献，他只是在不断地享受。当孩子在不断地享受的时候，其实不是在享福，而是在"折福"。孩子的福报一旦用完了，接下来就要受苦了。

大学新生因为在学校不会洗衣，缺乏独立生活能力而跳楼自杀的极端案例让我们不得不思考，我们的教育到底怎么了？

由俭入奢易，由奢入俭难。一个孩子如果从小过惯富足、懒惰、享乐的日子，有一天真要离开家、离开家人，一个人去过日子，他就会手足无措，倍感挫折。

许多父母错误地认为，让孩子幸福就是帮孩子包办一切，把自己认为能够使孩子幸福的东西都给予孩子。实际上，孩子被剥夺了锻炼的机会，而来自锻炼中的成就感恰恰是幸福感的来源之一。缺乏吃苦的孩子往往缺乏幸福感，很小的挫折足以使孩子一蹶不振。真正的爱是放手的爱，让孩子学会离开自己去独立生活。

有一句话叫"阳光总在风雨后"，意思就是风雨过后，幸福感往往更强。因此，过程的艰辛往往可以让人更快地成长，获得更多的幸福感。

举个最简单的例子。不可否认，生孩子的过程是非常痛苦的，不管是顺产还是剖腹产。当我们拥有了孩子后，带孩子的过程也是非常累人和痛苦的。但是，每一位妈妈总感觉孩子带来的幸福感非常多。假设不要自己生，不要自己养，就给你一个孩子，你的幸福感会比自己生养孩子来得更多吗？相信大部分的人会觉得还是自己生养的好。原因就是，许多事情需要亲自去经历，只有经历后才会获得更多的幸福感。

再举个例子。人的极致成就感往往会用"高峰体验"来形容。高峰体验指的就

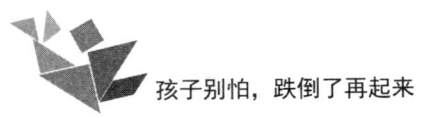

是人站在高山上的那种飘飘然的感觉。可是，这种感觉是怎么来的呢？需要的就是不断地攀登，在不断的攀登过程当中去克服困难。没有攀登的过程就没有最终的高峰体验。

幸福是爱与感恩，而非欲望的满足。正如毕淑敏老师在《破解幸福密码》一书中所说："真正幸福的人，不仅仅指的是他生活中的每一个时刻都快乐，而是指他的生命整个状态，即使有经历痛苦的时刻，但他明白这些痛苦的真实意义，他知道这些痛苦过后，依然指向幸福。甚至可以说，这些痛苦也是幸福的一部分，他在总体上仍然是幸福的。"

这便是，受苦是福报，受苦是孩子的成长之路。

## 以"爱"的名义——你在伤害孩子吗

> 蓝天和大海商量过，太阳只要这一个。爸爸和妈妈商量过，宝贝只要你一个。小宝贝，小太阳，妈妈拍你入梦乡，入梦乡，梦里有支金色的歌。
>
> 星空和大地商量过，月亮只要这一个。妈妈和爸爸商量过，宝贝只要你一个。小宝贝，小月亮，妈妈拍你入梦乡，入梦乡，梦里有支银色的歌。入梦乡，入梦乡，梦里有支银色的歌。

这是董文华老师演唱的《妈妈爸爸商量过》。

"上帝不能亲自到每家，于是创造了母亲"。母亲对孩子的爱是最无私、最崇高的。当孩子出生时，我们的心情是多么激动，我们将孩子当成了心中的珍宝。珍宝，总是被藏着、护着，于是，珍宝就不接地气了。

## 第一章　受挫其实是幸福的

### ◎那些无法承载痛苦的生命

这几年，不断听闻学生自杀事件。

2010年4月5日晚，一个女大学生从北京科技大学九楼跳下，结束了自己21岁的生命。据孩子父母介绍，女儿是一个品学兼优、热情开朗的孩子。出生后，随父母不断迁徙，她对环境的适应能力较强。遗憾的是，女儿的社交能力并不强，在大学几乎没有交心的朋友，父母对女儿的内心世界也几乎一无所知。在女儿死亡后，父母不停地寻找女儿死亡的原因，才知道女儿已经很长时间没有去上课，经常晚上通宵上网，白天睡觉。到大三时，11门功课全部不及格，其中两门缺考，还有六十多个学分没有修。父母最后只能猜测，成绩差是否是女儿选择跳楼结束自己生命的原因。

2012年7月，在温州，14岁的小丽从七十多米高的悬崖上纵身跃下。因为偷拿了表姐家4000元钱而被妈妈打了一顿，小丽觉得无家可归，在寻找他人收留未果的情况下，走上了绝路。

同是2012年7月，17岁的小罗在中考成绩公布几天后被人在河里发现她的尸体。原因可能是父母曾答应姐弟俩考上理想的学校后给每人买一个苹果手机，结果弟弟得到的是苹果手机，小罗得的却是三星手机。小罗闷闷不乐，总是乖女儿的她其实内心已经无法隐忍了。

2014年10月15日，深圳龙岗区某高级中学内发生了一起惨剧，一名高二女生在四楼教室上课时发出两条道别短信给父母后，从教室跳下，送医院抢救无效死亡。

……

有数据显示，中国已成为世界上自杀率最高的国家，且15—24岁的青少年自杀率占自杀总人数的26.64%，这一切留给我们的不仅是悲伤、遗憾，还有更多的思索。

年轻的生命，正含苞待放，充满了憧憬，为何这些孩子会做出结束自己生命的

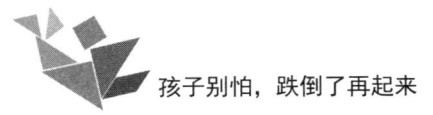
孩子别怕，跌倒了再起来

选择？我们不禁思考，这些孩子到底有什么样的遭遇，是什么样的痛苦让他们无法承受？

学生自杀事件频频发生，缘由其实大同小异，大多是因为觉得受到一些不公正的待遇，比如，学业成绩不良觉得无法面对父母和亲朋；受到老师、父母的误解、批评甚至体罚觉得羞于见人；遭遇同学的嘲笑或误解等，一气之下走上了绝路，留下痛不欲生的父母和一声叹息的围观者。

我很遗憾地发现，这些孩子有个共同的特点，安静内向，和父母交流不多。事实上，当孩子的内心有变化时，父母肯定可以觉察到的。但我们喜欢看到孩子的笑脸和成绩，父母关注的是孩子的成就；学校关注的是孩子的成绩；社会关注的是孩子的能力。有多少人能够耐心地去面对孩子内心的失落、沮丧、悲伤、痛苦、无助和失败呢？

## ◎ 我们的"爱"是否伤害了孩子

我和先生要孩子的经历充满了艰辛。

大女儿其实是我第三次怀孕所得。第一次怀孕时，我俩"漂"在北京，先生还在读研，没有工作，我虽然做着编辑的工作，但收入颇微，居无定所。那时候没有办法生下孩子。正是因为那时的不要，后来想要孩子的时候，却因为胎停育而再次流产。

当怀上大女儿时，我和先生自然是万般小心。我甚至放弃了刚刚起步的工作室，安心在家养胎，写作也一度中断。大女儿出生后，我俩自然是万般疼爱。那种疼爱是本能的，当我们给予孩子这种爱的时候，我们收获的是一种付出的快感。

随着不断地研读儿童心理学、教育学书籍，我渐渐明白，这不是一种理性的爱。我们以爱的名义满足着自己的"内在小孩"。表面看来，我们在爱孩子，实际上，我们却在伤害着孩子的心理建构。

后来，怀上小女儿后，我就没那么小心翼翼了。该工作就工作，该干吗就干吗，小女儿从小就学着自己照顾自己。先生嫌我照顾小女儿不周，心疼小女儿，说："你打算让她（小女儿）自生自灭吗？"实际上，我们渐渐发现，小女儿的适应能力相当强,她可以适应不同的环境,适应不同的老师。相比之下,大女儿的生活自理能力就没有小女儿强。可见,当我们舍得让孩子在生活中吃些小苦时,就会发现她可以少受许多其他孩子可能遇到的"苦难"。

可见,许多时候,即便是身为父母,我们依然会做出以爱的名义伤害孩子的行为,让我们来盘点一下那些以爱的名义伤害孩子的行为。

## ◎宝贝,让妈妈来——包办代替令孩子无法自立

这个世界上,大多数爱都以聚合为最终目的,只有一种爱以分离为目的,那就是父母对孩子的爱。父母成功的爱,就是让孩子尽早作为一个独立的个体,从自己的生命中分离出去,以他独立的人格,面对属于他自己的世界。

而作为成人的我们,常常由于自己的童年没有获得足够的爱,没有成长为心理成熟的成人,而无法忍受孩子与我们分离,总是想方设法把孩子揽在怀里,让孩子与自己精神共生,在孩子一句句"妈妈,我需要你"这种被需要的关系中,获得自我的满足。没有距离的爱,没有界限的情感,是最容易构成伤害的,有许多父母就是以这种爱的名义伤害着孩子。

事实上,每个孩子的心里都有独立和依赖两种愿望的冲突,作为父母,我们应该更多地支持孩子独立成长,而不是包办代替,让孩子更加依赖自己。如果一个成人习惯在被孩子依赖中获得满足,只能说明这个成人的自我世界并没有得到健康的成长。

## ◎就应该这样做——精细化养育禁锢孩子的成长

曾经看到过这样一个故事:汪女士是著名的省级营养专家,她根据孩子的生长发育精心制定菜谱,可是,孩子的生长发育并不像她期望的那样。孩子和同龄人相比,长得又瘦又小,根本不像是十岁的孩子。并且,孩子脾气暴躁,性情孤僻。

一位育儿专家用"成也萧何,败也萧何"来评价汪女士的做法。原来,汪女士精心地去制定菜谱,非常讲究科学,每天什么可以吃,什么不能吃,吃的量都做了

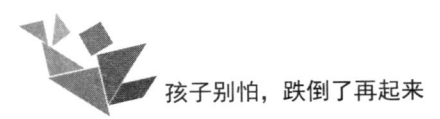

孩子别怕，跌倒了再起来

明确严格的规定。每一周的食谱和要求都贴在厨房和孩子的房间里，时刻提醒着孩子。孩子吃不到规定的标准，父母就不肯罢休，一定要想办法让孩子"完成任务"。这位育儿专家对此做法的评论是："他们的方法如果用于生产一架机器或培育一株稻谷，肯定会成功，可惜父母面对的是一个有独立意识的孩子。"

心理学家通过对儿童成长的观察和研究，得出了这样的结论："在儿童成长的过程中，最为需要的，不是人们普遍认为的充足的食物，而是爱和关怀。"如果妈妈把精力都集中在孩子的生理需求上，而对孩子更高层次的需求漠视的话，必然会对孩子良好个性的发展产生负面影响。

## ◎都怪地不平——错误归因令孩子失去责任感

一个孩子摔倒了，父母会马上跑过去，扶起孩子，不停地哄孩子："宝贝，别哭，摔着没有？"这基本上没有问题。但是，再往下，有些父母就会跺着地面说："都怨地不平，让宝宝摔倒了，妈妈打地，宝宝乖。"于是，孩子不哭了。

表面看来，父母似乎帮助孩子解决了困难，其实，这种错误的责任归因却帮助孩子推卸了责任。明明是孩子自己走路时不小心摔倒了，却要去责怪没有生命的地面。这简直是天大的笑话。由于父母的错误归因，孩子学会了责怪他人，这给孩子留下了终身的"残疾"，即能力的残疾、心理的残疾。这样的孩子由于永远生活在父母的"保护伞"中，尽情享受着父母的照顾，当困难来临时，就只会躲在父母的怀抱中，不敢独自去面对。

## ◎你怎么总是这样——过度评判降低孩子自我价值感

随着科学育儿的发展，在养育孩子时，我们总希望孩子的各方面发展都是完美的，最好能够按照儿童发展标准中的各项指标，一项一项达标，甚至超标完成。而我们也似乎特别容易发现孩子的一些弱点和不足，并循循善诱地去引导孩子，企图让孩子往完美的方向发展。

"这点小事也哭，这也太懦弱了吧。"

"你走路怎么这么不小心，现在摔着了吧。"

"做作业真马虎，这么简单的问题都会答错。"

……

这些评判性的话语，不仅无法让受挫的孩子获得父母情感上的认同和安慰，而且，"懦弱""不小心""马虎"等负面性词语，犹如标签般贴在了孩子的心里，直接降低了孩子的自我价值感，久而久之，孩子就真的如父母评判的那样了。

## ◎孩子你真棒—— 一味赏识令孩子失去承受力

五岁的女孩妮妮一直是老师和家长心目中的乖乖女。有一次，妮妮因为在幼儿园举手没有得到回答问题的机会，回家后就一直嚷嚷着第二天不去上幼儿园。妮妮说："老师不喜欢我了，上学没有意思。"

当前社会，流行新教育理念，倡导爱和自由。这原本是教育的变革，是一件好事。但是，我们在具体实践当中，却把持不住度，在提倡和颜悦色的鼓励和赏识教育的时候，摒弃了批评，久而久之，孩子的抗批评心理承受能力严重退化，一旦在学校教育中遇到挫折，立刻就会不堪一击，甚至走向自我毁灭。

著名青少年教育专家，中国青少年研究中心副主任孙云晓老师说过："没有惩罚的教育是不完整的教育。"年幼的孩子，是非观念尚未形成，孩子是非观念的形成大多依靠家长对他所做事情的态度来判断他所做事情的对错。作为成人，我们应该给他们批评、指正，以此来建立他们的是非观。孙云晓老师认为，无批评教育是伪教育，没有批评的教育是不负责任的教育，是缺钙的教育，是危险的教育，因为经不住批评的孩子是脆弱的。对父母和老师来说，一定要在必要的时候对孩子说不，并坚持到底，这是孩子成长的人生路标。孩子如果没有接受过惩罚，也就学不会承担责任。

有一次，我参加一个讲师团的演讲。一位妈妈说，她批评了三岁的儿子，没想到三岁的儿子硬是和她杠上了。后来，她向孩子保证："妈妈再也不会批评你了。"

北京大学三宽家长国际教育学院院长萧斌臣当即对这位妈妈说："没有批评的

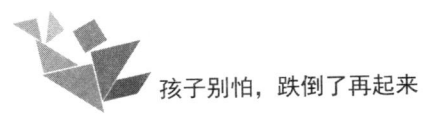

教育是不负责任的。如果你放弃了'批评'这个教育方法，你家孩子的教育是危险的。"

确实如此，孩子在成长过程中总要经历风风雨雨，"不经历风雨，怎能见彩虹？"只有孩子为自己的一言一行负责，他才能明辨是非。对孩子放弃批评，不敢惩罚，那只会扭曲孩子对事物的认识，不利于孩子的健康成长。

## ◎ 转移注意力—— 令孩子无法正视困难和挫折

有些父母在孩子遇到困难和挫折的时候，往往通过给予食物、玩具等方式来转移孩子的注意力。表面上看，转移注意力确实能够让孩子快速地平复情绪。实际上，孩子受挫的情绪并没有得到缓解，只是被意外获得的食物和玩具所产生的喜悦之情冲淡了受挫的情绪。

经常用转移注意力的方式来处理孩子的受挫情绪，容易让孩子形成错误的挫折应对方式。正如守株待兔一样，明明是一次意外情况，孩子却误以为遇到困难后就应该得到甜蜜。

## ◎ 只要你快乐—— 过度满足令孩子全能自恋

现在的孩子比我们童年时期要幸福得多了。父母不仅对孩子的要求有求必应，而且还经常主动为孩子提供充足甚至过剩的物质条件。只要孩子要玩具、衣服，就买；只要孩子想去哪里玩，就去；只要孩子快乐，就可以为他做任何事情。

我们总是很爱孩子，不管孩子要什么，我们都尽量满足。实际上，过度满足对于孩子来说，并没有多大好处。在孩子得到满足的当下，孩子可能会快乐，但是，这仅仅是得到的快乐，并没有持久的幸福感。一旦孩子得不到满足，立刻就会出现"暴跳如雷"的愤怒情绪。明明是珍贵的东西，孩子却不懂得珍惜，有时候甚至抱着"弄坏了，让爸爸妈妈再买一个"的想法。

这就容易让孩子产生全能自恋。心理学家武志红认为，全能自恋是每个人在婴儿早期都具备的心理，即孩子觉得我是无所不能的，我一动念头，和我完全浑然一体的世界（其实是妈妈或其他养育者）就会按照我的意愿来运转。全能自恋，同时会伴随着可怕的无助感、暴怒与被迫害妄想等。当全能自恋受挫的那一刻，你会感觉到自我和整个世界都破碎了，随即陷入似乎根本不能动弹的无助感中，这种无助感你不想体会，于是立即变成暴怒，转而攻击那个破坏你的全能自恋的人或物。

最典型的例子就是追星女孩杨丽娟。

杨丽娟15岁时迷恋上刘德华，从此不上学、不工作。父亲刚开始劝说，后来从争吵到无奈接受，直至最后全家一起疯狂。

杨父卖房、借债筹募旅费让女儿去见华仔，后来还三番两次去医院卖肾，但被院方拒绝。2007年，一家人赴港去见刘德华，因单聊的要求遭到拒绝，杨父跳海自杀，并写了一封信给刘德华，信中多见"杨丽娟的梦，13年的付出，是我们的骄傲；你姓刘的不敢见她，那是你的耻辱"诸如此类的表述。

可见，正是杨父"只要你快乐"，不断满足女儿，甚至是倾其所有满足女儿，然而，孩子的幸福感并不强，他们往往会因为一件意外事情而情绪低落，进而出现攻击性行为和破坏性行为。

## 跌倒是人生的必经坎——解读挫折

秋风起……天气渐渐冷了，树叶渐渐黄了落了。

被雨打折了的向日葵，天晴了，它仍旧向着日，美满地开花，美满地结果。

……

白蓼花，红蓼花，经历了许多雨，许多风，红的仍旧红，白的仍旧白，不曾吹折它的枝，洗褪它的颜色。秋！这样光明鲜艳的秋。

孩子别怕，跌倒了再起来

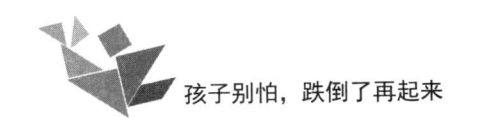

这是著名文学家沈尹默写的一首诗《秋》。这首诗不仅描绘了秋天的景象，而且蕴含着丰富的哲理。

## ◎挫折是人生的一个篇章

人生犹如姹紫嫣红的花，美不胜收。虽然大自然赐予它的大多是春天和阳光，但是，它也会遭遇凉风瑟瑟、霜打落叶的秋，也有"没有蝴蝶来，也没有蜜蜂来，连唧唧的虫声也听不见了"的寂寥和孤独。尽管天空会格外高远，霞光会格外美丽，但是，秋风仍然会来刮散花的芬芳，雪霜仍然会来打压花的开放……这是丰富世界的性格，再美丽的花也躲避不了，再长的春景也最终会有秋凉。

人生如同四季，有春夏就必然会有秋冬。同样道理，一个孩子的一生，酸甜苦辣都会围绕着他。生活中固有的阳光与乌云、鲜花与苦果、机遇与挑战、成功与挫折都将出现在孩子的生命中。无论孩子是直面正视，还是迂回躲闪，这些酸甜苦辣都将陪伴着孩子，与孩子的人生同行。

再高的山峰也有峰顶，再深的山谷也有谷底。孩子的一生注定既有高潮也有低潮，既有峰顶也有低谷。

同理，一个小婴儿刚从娘胎里出来时，也是软弱到令人心生怜爱，甚至不忍心对他大声说话。但是，一个孩子的成长必须经历各种磨难和挫折，他的身体才会足够强壮，他的内心才会有足够的能量。如果缺少必要的磨难和挫折，孩子就无法坚强地面对生活。

我很喜欢下面的这个故事。

有一天，一个小男孩在花园里玩，突然，他发现了一个蛹。小男孩非常兴奋，他把蛹带回了家。

过了几天，小男孩发现蛹上出现了一些细小的裂缝，里面似乎有一个东西在动。

又过了几天，裂缝更大了。小男孩仔细地观察这个蛹，发现里面竟然有一只蝴蝶！这个小蝴蝶在里面不断地挣扎！

整整几个小时，小蝴蝶一直在努力挣扎。但是，它的身体似乎被什么东西卡住了，看上去非常痛苦。

小男孩有点着急了，他不忍心蝴蝶被卡在里面。于是，他拿来一把剪刀，轻轻地把蛹壳剪开，蝴蝶破茧而出了。看着躯体臃肿的蝴蝶，小男孩轻轻地松了口气。

但是，蝴蝶却躺在地上无法动弹。原来，它的翅膀需要经过不断挣扎才会强健。小男孩的帮助尽管让蝴蝶提前从蛹中出来了，但是，由于蝴蝶的翅膀还没有成熟，不久，蝴蝶就死了。

也许你会说，这个故事太老生常谈了。是的，很多人都知道这个故事，但有多少人能够真正去思索这个故事的含义，并在生活尤其是育儿过程中时时反省自己的行为是否越界？

蝴蝶在由蛹变蝶时，翅膀萎缩，十分柔软；在破茧而出时，必须要经过一番痛苦的挣扎，身体中的体液才能流到翅膀上，翅膀才能充实、有力，才能支撑它在空中飞翔。

年幼的孩子犹如是一本书的第一章节，后面的篇章还很长。磨难、危险、失败、伤害、挫折、坎坷、曲折等所有的不顺畅，与幸福、安然、顺利、笔直、平坦、快乐、舒适等所有的顺畅，在不停地交换与组合当中。不可能永远春风得意、一帆风顺，也不可能永远背时背运，穷途末路。所有的困难都有尽头，如果孩子拼力攀登，就可以更快地到达顶峰；如果孩子主动奋斗，就可以更快地突破逆境。

## ◎ 挫折的含义

孩子在成长的过程当中，既会有愉快的成功，也会不断地跌倒，遇到各种挫折，即所谓的"跌倒""碰钉子"。心理学上认为，挫折是"当个人从事有目的的活动受到障碍或干扰时所表现的情绪状态"。《心理学大词典》对挫折是这样解释的：挫折

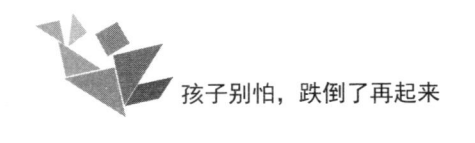

是个体在从事有目的的活动过程中遇到障碍或干扰，致使个人动机不能实现，个人需要不能满足的情绪状态。

正确认识挫折是战胜挫折的先导和前提。

1. 几乎所有的挫折都有时限性，是暂时的。可以这样去理解：失败——只是暂时没有成功。

2. 几乎所有的挫折都有局限性，是局部的。可以这样去理解：失败——只是局部不够完美。

3. 所有的挫折都与我们自身的缺点或不足有关。可以这样理解：这是上天赐予我再次认识自己不足从而提升自己的机会。

4. 挫折困难与喜悦成功是伴生的，没有例外！如果某件事一直都没有挫折，请马上警惕：这是陷阱！有巨大的挫折隐藏着。

5. 风雨过去了，下次就很可能是彩虹。经历了挫折，离成功就更近了一步！世上所有的成功都是这样来临的。

人的行为总是有一定目标的，但由于主客观方面的条件变化多端，个人往往难以控制。这样，人的行为目标就有可能顺利达到，也有可能受到阻力，使需要得不到满足。

这些阻力必然会使人产生挫折感，并伴随不安、失意等各种情绪状态。这种心理现象是普遍存在的，绝大多数人都会在各个年龄段遇到各种不同程度的挫折。

不同年龄的孩子会有不同的挫折经验，也有不同的表现。对幼小的孩子来说，他想要玩具，妈妈却把它收起来了，或者他想吃肯德基，妈妈不允许，这些都可能导致他有受挫折的感受。面对挫折时，年幼的孩子通常是以哭闹或发脾气的方式表现出来。对学龄期的孩子而言，挫折感的来源就与幼儿不一样了。他们可能是遇到困难无法解决，或无法达成预期的目标，例如希望能考 100 分，结果只考了 80 分，这时候孩子在面对挫折时，表现出的则是生气、沮丧、觉得丢脸等情绪反应。

挫折是不以人的意志为转移的，世界上的事情往往是这样的：成果未成，先尝苦果；壮志未酬，先遭失败。

通常，人们看到的大多是挫折给人带来的灾难、失意和无情的打击。事实上，挫折对个人来说，也具有"利"和"弊"。

"利"的方面，它能够引导人不断积累经验，提高认知能力，增长才干，俗谚"吃一堑，长一智"就是这个道理。

"弊"的方面，它使人内心痛苦、情绪紊乱、行为偏差，甚至导致种种疾病或轻生的举动。

对挫折的全面认识，有助于我们在挫折面前采取理智的、积极的态度。

## ◎挫折产生的原因

就挫折产生的原因来说，可以归纳为客观原因和主观原因两大方面。

### ●客观原因

客观原因一般指自然环境和社会环境给人带来的一定的束缚和限制。例如，生老病死是不可抗拒的自然法则，天灾人祸也是难免的。人们都难免遇到生离死别的境况和天灾人祸的打击。这些不利的自然环境和时空限制都会给人造成心理挫折。

在不计自然因素的条件下，由社会因素造成的心理挫折往往对人的影响更大。社会因素主要是指人在社会生活中所受到的人为因素的限制和阻力。例如，小朋友之间的矛盾，家长和老师的不理解，对某些课程缺乏兴趣等。

### ●主观原因

主观原因一般指由于个人的容貌、身材、体质、能力、知识等条件的限制，自己所追求的目标不能实现而产生的挫折。例如，有的小女孩想当演员，但是由于自身条件的限制，不能实现这个愿望，而这位小女孩却不顾自身的条件，或者说不能接纳自身条件，非要当演员，这种心理挫折就是主观原因引起的。

## ◎挫折的基本方式

按引起挫折的基本方式，挫折分为延迟引起的挫折、阻挠引起的挫折和冲突引起的挫折。

### ●延迟引起的挫折

我们经常会有这种感觉，当一件事情或者一种行为经过多次重复形成习惯之

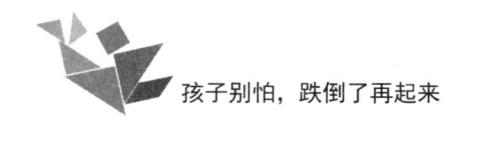

后，如果某天该事件不再发生，那么，个体就会感到不顺心，就会产生沮丧感和挫折感。

比如，小朋友养成了每天晚上睡觉前听故事的习惯，如果有一天没有故事听了，小朋友就会哭闹发脾气，不容易入睡。

再比如，如果成人总是习惯于孩子想要什么就给什么，那么，当拒绝孩子的时候，孩子必然会有强烈的挫折感。

心理学家马斯洛在《动机与人格》一书中指出："完全没有挫折、痛苦或危险也是危险的。一个人必须获得挫折耐受力才能成为坚强的人，必须懂得热爱他人像热爱自己一样，享受他人需要满足的乐趣像享受自己需要得到的满足一样，有安全、爱和尊重需要的满足作基础的儿童，可以从适度的挫折中得到好处，并且因此变得更加坚强。"

当然，马斯洛也指出："如果要求他们负担超过他们所能忍受的程度，如果过重的负担压倒了他们，那么，我们就把这叫作创作性的，并且认为它们是危险的而不是有益的。"

● **阻挠引起的挫折**

任何方式都可以干扰有动机的行为，这种干扰就是阻挠。这种阻碍或阻挠都可以让人产生挫折感。罗森茨韦克认为，挫折是一种障碍，它阻碍需要的满足。也就是说，挫折以某种方式阻碍了动机。

巴克尔·博登和勒温进行了一项著名的实验，他们把孩子分成两组，让其中一组孩子看一个装满吸引人的玩具的房间，但不允许他们进去。这些孩子想玩玩具，却拿不到，他们只好在外面看这些玩具。在他们等待了一段时间后，才让他们进去玩这些玩具。对另一组孩子，则一开始就让他们进房间玩这些玩具。

实验中，前一组受到阻挠挫折的孩子把玩具摔在地上，或往墙上扔，表现得很有破坏性。而后一组没有受到挫折的孩子却很平静，也不怎么毁坏玩具。

● **冲突引起的挫折**

冲突是指一个人在两种对立方式下被激发而行动的那些情境。在受到挫折时，由于某种障碍致使一个人不能实现他的动机，必须利用某些手段加以调整。而在遇到冲突时，一个人面对同样令人满意的或者同样令人厌恶的情境，他必须在其中做出选择。

比如，一个孩子既想玩又想吃东西，许多家庭都会要求孩子玩的时候不要吃东西，吃东西的时候不要玩。这对于年幼的孩子来说就是冲突引起的挫折，他必须从中做出选择。

我们的人生不可能十全十美，总会有种种挫折。生活中的挫折，事业上的挫折，情感上的挫折，都会带来烦恼、痛苦甚至绝望。当孩子遇到挫折时，我们应该让孩子懂得，挫折是暂时的，如果能够换个方向，在种种失意与懊恼中挺直腰板，自强不息，奋然前行，那么挫折也能成为财富，甚至是孩子所独有的财富。

## 你知道跌倒之美吗——挫折教育的误解

孩子遇到挫折后，内心的恐惧和无助往往会超越成人，他们需要成人的抚慰和理解，让他们明白自己并不孤单。无论是父母、学校还是社会，我们都不得不审视一个教育术语——挫折教育。

其实，被承认、被接受是人类的基本需求之一，特别是还未成年的孩子。即使是天才，也只能是因为他的生活被别人认定对他很需要时才被称为天才。正如原央视记者柴静所说："世界上还有另外的人，也对生命诚实，他们经历的痛苦或者心酸，你能了解，你觉得也能因之而被了解。"

◎ **成长是一种美丽的疼痛**

台湾作家刘墉说过："成长是一种美丽的疼痛。"确实，不经历风雨，怎么见彩虹。当雏鹰长到一定时候，母鹰总是把雏鹰赶出温暖的家，让它面对风雨，在风雨中磨炼。于是，雏鹰的翅膀越来越坚强，直至搏击长空。

生活当中，有多少孩子由于不恰当的教育方式而被折断了稚嫩的翅膀，他们不知道怎样起飞，只会默默躲在父母的保护伞下。当暴风雨来临时，断翅的孩子只会哭泣，这种哭泣其实是对社会、对学校、对家长的一种控诉！

如果把成功比作大厦，那么顽强的意志、坚忍不拔的毅力，就是撑起成功的柱石。只有自尊自强的人，才可能有坚强的意志和毅力，才可能取得成功。因此，从小就培养孩子面对挑战、克服困难、坚忍不拔的顽强毅力，培养孩子的自强精神，对于孩子的成长有着重要的意义。

遗憾的是，许多父母对挫折教育的理解非常片面，对孩子进行挫折教育时总会出现这样那样的误解，导致在实际操作过程当中出现无从下手、迷惘等现象。

阿德勒在《挑战自卑》一书中分析说，孩子在童年时所受到的挫折，很可能在他成年的时候还深深影响着他的行为方式。看来，不恰当的挫折教育对孩子的身心有着重大的影响，做父母的不能不重视这个问题。

◎误解一　挫折教育＝吃苦教育

许多父母认为，对孩子进行挫折教育，是因为现在的孩子生活条件太优越了，没吃过多少苦，孩子的抗挫折能力很弱。因此，挫折教育就是让孩子多吃苦。基于这种想法，许多父母甚至不顾孩子的具体情况，一味地实行吃苦教育。但是，我们也不能过高地估计这种教育方式的作用，因为它只是挫折教育的一个方面。

比如，书上说，国外的孩子冬天穿得很少在雪地上玩耍，于是，家长马上也让自己的孩子只穿单衣实行吃苦教育。结果，孩子感冒了，甚至是重感冒，得了肺炎。像这种不顾孩子的生理特点及身体极限的吃苦教育，其实让孩子的身心受到了很大的伤害。

再比如，有些父母甚至认为，孩子是因为缺乏批评和惩罚，没有吃过皮肉之苦，所以缺乏抗挫折能力。其实，这种消极的教育方式不但会让孩子产生抵触的情绪，还会让孩子产生一种逃避和退缩的心理，从而使家长的教育失去效果。

2014年暑假，中国青年报社会调查中心通过民意中国网和问卷网，对2017个人进行的一项调查显示，81.8%的受访者赞同父母对孩子进行"吃苦教育"，65.7%的受访者认为吃苦教育对孩子未来发展有很大帮助。受访者认为磨炼孩子的意志和培养孩子的责任感是吃苦教育的主要收获。

这份调查结果引发了广泛的议论。有人认为吃苦教育是孩子成长的必修课,就如俗语所说"不知苦,哪知甜""小亏不吃吃大亏,小苦不吃吃大苦";有人认为吃苦教育要警惕极端化,如果把吃苦教育变成纯粹的吃苦,那么受伤害的还是孩子;有人认为吃苦教育要融入生活,而不能剥离成某次训练营或者几项任务……

孩子需要吃一定的苦,但并不是说,父母就需要刻意地让孩子去吃苦。其实,生活中的许多事情对于孩子来说都是吃苦。比如,孩子摔倒了,疼痛就是一种痛苦的体验;再比如,孩子不愿意吃饭,让孩子挨挨饿,饥饿就是一种痛苦的体验;再比如,孩子想要某件物品,家长没有当即满足要求,等待就是一种痛苦的体验。可见,这些日常的小事中都能够体验挫折教育。我们当父母首先不能太溺爱孩子,不要刻意为孩子营造过于优越的条件,人为地帮助孩子避免各种困难和挫折,让孩子失去"吃苦"的机会。

◎误解二　挫折教育＝失败教育

有些父母认为,现在的孩子最缺少失败,所以导致心理脆弱,只要多对孩子进行失败教育,就可以帮助孩子提高抗挫折能力。其实,这种思想是片面的。

挫折教育的目的是磨炼孩子的意志,提高孩子面对失败和挫折的能力。但是,挫折教育并不一定要求孩子不断地尝试失败的滋味。不断的失败会对孩子的心理造成负面影响。有些孩子会出现抑郁、愤怒、攻击、厌世等反社会的人格特征。

事实上,我们的孩子在日常生活中经常会遇到失败,只是我们有意无意地推卸孩子失败的责任。比如,当孩子在画一幅画时,我们往往会夸奖孩子,有些父母甚至说:"孩子,你画得太棒了,简直就是天生的画家!"孩子会以为自己非常成功。其实,孩子可能仅仅是某个细节画得好,或者是配色很协调。一旦我们过分看重孩子的成绩,而完全忽视孩子的不足,孩子就会自负心理膨胀,从而出现输不起的心理。

因此,挫折教育绝对不是失败教育,而是在孩子面对失败的时候,要善于引导孩子学会分析失败的原因,找到自己需要努力的地方,并通过努力让自己尽快获得成功,在成功中体验战胜失败的愉悦感,肯定自己的能力。

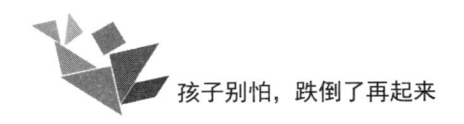

## ◎误解三　挫折教育＝大量挫折

许多父母认为，提高孩子的抗挫折能力，就应该让孩子在不断的挫折中接受挫折教育，如此，孩子的抗挫折能力才会提高，这其实是一个误区。

宁波玛丽亚蒙特梭利馆负责人李老师曾和我讲起一个例子：

> 有位妈妈发现自己的儿子特别内向、胆小，为了让孩子能够活泼胆大，妈妈就给他报了金宝贝的早教课。众所周知，金宝贝的课程都很活泼，许多课程都使用英语教学，配合活泼的音乐。这本身确实是促进孩子活泼外向的一种良好方式。但是，这位妈妈却发现，孩子在上了金宝贝的课程后，不但没有变得活泼起来，而且每次上课都是坐在离门口最近的地方，渐渐地，孩子竟然不愿意进门上课了。

究其原因，金宝贝的课程对于孩子当时的心理状态来说，差距太大了。因为孩子从小是隔代抚养的，在日常生活中缺乏与玩伴交流，一下子把孩子放到一个陌生的环境、陌生的同伴、陌生的语言、陌生的游戏方式当中，孩子无法立即融入其中，加上妈妈没有及时给予孩子心理引导，年幼的孩子遇到的心理挫折无法承受，于是，他选择了逃避。

由此可见，挫折是一种消极的情绪状态，过多的挫折，必然会使孩子失去自信心，变得十分自卑和软弱。因此，为孩子设置的挫折不能太多，当孩子面临挫折时，父母需要给孩子做情绪疏导，帮助孩子尽快从消极的情绪状态中解脱出来。

## ◎误解四　挫折教育＝夏冬令营

几年前，以吃苦教育为主的吃苦夏令营热了起来：去旷野跋涉，到深山探险，感受农村的生活，寻访边远的穷山村等。这些活动对于帮助物质生活富裕的孩子客观全面地认识社会，培养吃苦耐劳的精神是很有积极作用的。

有些父母不知道如何对孩子进行挫折教育,就把挫折教育外包给教育机构,花钱让孩子去参加挫折夏令营。虽然这种活动对于培养孩子的抗挫折能力有一定的作用,但是,如果仅仅依靠这样的活动,效果可能微乎其微。

孙云晓在接受记者采访时谈到了"吃苦"教育背后的观念迷失,他指出:"所谓吃苦夏令营,举办动机可以理解,但是方法确实违反教育规律。孩子身上存在的问题,不可能指望简单地通过一两次夏令营就得以改变。"

从心理学上说,耐挫折能力的培养主要是在无充分准备的状态下进行的。而当孩子们参加各种夏令营时,他们已经在心理和生理上做好了充分的准备。孩子知道这是对他的训练,但是,孩子也知道这只是暂时的,每个人都会熬过去,自己也能够熬过去的。因此,这种以吃苦教育为主的挫折教育也就失去了应有的意义。

挫折教育是贯穿在日常生活中的终身的教育。在生活中进行的挫折教育对于孩子的教育意义其实更大。比如,当孩子与其他人发生矛盾时,家长如何引导孩子。当孩子胆子比较小时,家长如何教育。这些看起来很普通的事例,都是进行挫折教育的好时机。

如果父母能够抓住这些小事情,注重培养孩子的情绪调节能力、意志力、心理素质等,当孩子遇到挫折时,就会运用恰当的方法去处理事情,缓解消极情绪,战胜挫折。

## ◎误解五 挫折教育=坚强教育

挫折教育不只是培养孩子顽强的意志力,让他们变得更"强",更重要的是培养孩子们柔软的心灵,提高共情能力,怜弱能力,让他们变得更"软"。

我们会看到,现代社会中有许多孩子出人意料的冷漠,甚至是铁石心肠。他们看到别人深陷痛苦之中,常常无动于衷,有时候还会落井下石;对于自己拥有的幸福不知道珍惜,只知道不断索取更多;对于他人给予的关爱认为是理所当然,不知感恩。这些现象表明,孩子缺乏一颗柔软的心。

受挫是一种独特的心理体验,这种内心的体验会加深孩子对自己情感的认知和体会。受过挫折的孩子知道身陷困难当中的感受,知道从困难当中走出来需要什么

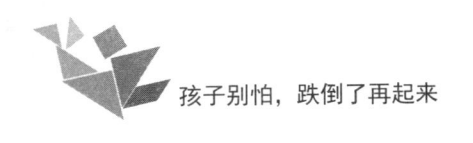

样的努力，也知道走出困境后内心的愉悦感。这种内心的体验能够帮助孩子"看到"他人的困境。如果没有相似的经历，往往很难看见他人的困境。可见，挫折教育其实是在丰富孩子的人生体验和内心体验，帮助他对周围人的境遇感同身受，更可能站在他人的角度提供一些情感的安抚和实质性的帮助。挫折教育可以让孩子的内心变得更柔软。

◎误解六　吃苦教育＝有条件地爱孩子

随着西方育儿理念的传播，许多父母已经接受了很多前沿的理念，比如，给孩子爱和自由，给孩子无条件的爱。但是，在具体实践当中，许多人都会进入一个误区。有人就认为，给孩子爱和自由，那就不能让孩子做不愿意做的事情，而是要满足孩子的一切需求。无条件地爱孩子，那就不能让孩子吃苦。

实际上，挫折教育与给孩子无条件的爱并不矛盾，只是，我们需要从不同层面去理解，在实践当中满足孩子的成长需求，而不是主观需求。

给孩子无条件的爱，要求我们不讲条件地爱孩子，不管孩子平庸还是优秀，不管孩子残缺还是健康，不管孩子调皮还是可爱。爱孩子与孩子做了什么、正在做什么、将要做什么没有关系，只因为他是我们的孩子，我们就毫无保留地给予我们的爱。

而正是因为爱孩子，我们需要从孩子成长的角度给孩子以力量和支持，满足孩子心理建构的需求。而挫折教育的目标正是为了培养孩子的生存能力，满足孩子的成长需求。我们只要给予孩子接纳、信任、支持，同时让孩子接受生活中小挫折的考验，这更有利于孩子的成长。<u>挫折教育的目的是让孩子在体验中学会面对困难并战胜挫折，培养孩子的一种耐挫折能力。因此，挫折教育不仅包括吃苦教育、生存教育、社会教育、心理教育，也包括独立、勇气、意志及心理承受力等各方面的培养。</u>

也就是说，挫折教育的内容是多方面的。挫折教育的目的不只是让孩子吃点苦、受点挫折，而是潜移默化地从各方面着手培养孩子的抗挫折能力和耐挫折能力。

其实，挫折教育不是一时一事，搞搞形式就能够奏效的，必须从生活中的小事做起，正如美国教育家杜威所说的"生活即教育"，来自生活中的磨炼更加能够锻炼孩子。舍得让孩子吃苦，养成生活自理的习惯，让孩子经常做一些家务劳动，在孩子经历失败的时候，鼓励孩子克服困难、战胜挫折。只有经历了生活当中的风雨，孩子才有可能具备较强的抗挫折能力。

## 如此洋房

元旦，一家四口去上海玩，
高速路两边的一排排洋房急闪而过。
妈妈发出惊叹："好漂亮的小洋房！"
妹妹嘟囔着说："这不是羊房，羊房里又没有羊的！"
姐姐认真纠正："是阳光的阳，阳房里可以晒衣服！"
妹妹说："小羊住的羊房！"
姐姐说："晒衣服的阳房！"
妈妈已经笑晕。

## 狗辫

三岁的妹妹上幼儿园了，每天早上，妈妈要帮她扎辫子。

前几天，妹妹要求和姐姐一样扎马尾辫。今天，妈妈照例问她："你还扎马尾辫吗？"

妹妹却说："不要，今天我要扎狗辫！"

"什么辫？"妈妈以为听错了。

"扎狗辫啊，像小狗的耳朵一样，挂下来的，有两个。"妹妹煞有介事地解释着，"明天我要扎猫辫，像小猫咪的尾巴一样。"

"……"如此狗辫啊，妈妈真是折服了。

# 第二章

## 不怕跌倒，适应生存

生存能力是指孩子能否在恶劣的环境下，运用自己的智慧和能力生存下来的一种能力。生存能力是孩子立足社会的根本，缺乏生存能力的孩子往往遇到一些困难就束手无策，跌倒的概率自然翻倍。

第一章 不怕跌倒，适应生存

## 自己是最大的依靠——有些苦必须自己承受

"我跟你说这样做，你为什么偏偏不听我的话！"
"我是为你好，我都为你安排好了，你还嫌这嫌那的！"
"我说这些事情不可以做就不可以做，你是我的孩子，就得听我的！"
……

这样的话我们耳熟能详。甚至有许多人认为，管孩子，就得管住孩子。我们甚至忘记了教育的真谛是自我教育。每个孩子都有自我教育、自我成长的内在力量。

### ◎戴红领巾究竟是谁的事情

有一次，我参加宁波市海曙区家庭教育研究会代表大会，代表们就孩子责任感缺失、抗挫能力薄弱的问题进行了探讨。

爱菊艺术学校校长朱宁女士讲的一个案例非常引人深思。她说：

> 刚上小学的孩子，基本上是家长接送，家长替孩子整理书包，家长替孩子戴好红领巾。但是，当孩子上三四年级，需要自己上学校的时候，问题就出现了。比如，经常忘记戴红领巾，这既是独立能力较差的表现，也是责任意识缺失的表现。孩子们发现自己没有戴红领巾时，就在学校门口的小店买，一元一条。有一天清早，我站在学校门口观察，发现全校600多学生，竟然有100多个学生忘记戴红领巾。难怪门口的小店生意这么好，光卖红领巾就能够赚很多钱。

我们不得不思考，戴红领巾究竟是谁的事情？

如果父母替孩子做太多，照顾太周到，孩子总想什么事情都依赖父母。这样的

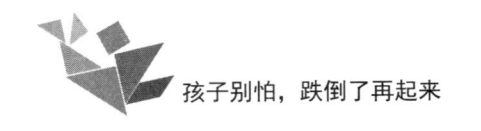

孩子长大后将会对家庭没有责任感。只知索取，不讲回报；只为自己，不想他人；只想现在，不问将来。一旦遇到挫折，孩子又如何能承担起自己应该担负的责任，勇敢地战胜挫折呢？

## ◎ 人活着就是为了含辛茹苦

《简·爱》里有这么一句话：人活着就是为了含辛茹苦。

在有些人看来，一个苦字，道出了人生的全部内涵。是啊，人的一生有各种各样的苦，追名的苦，逐利的苦，病痛的苦，上学的苦，感情的苦，等等。细一想，一切的快乐与成功无不建立在苦的基础上。不经历苦难，很难与快乐和成功结缘。

在儿童教育当中，最重要的原则就是把孩子当成独立的人，真正尊重孩子，让孩子自己去生活。事实上，孩子只有过上属于自己的生活，他才会主动积极地去面对每一次跌倒，每一次挫折。

我们也明白，面对挫折，无论周围的人如何劝解，孩子自己的心理调适能力才是最重要的，自己才是孩子最大的依靠。

当孩子面对生活中的痛苦与挫折时，我们要让孩子明白，这是一件很正常的事情，不需要怨天尤人，而是要坦然面对。吃点苦根本算不了什么！只有经历了苦，经受住了苦，一个人才能找到快乐。

没有独立生活过的孩子，就没有抗挫折的能力，这是显而易见的。现在很多家庭只有一个孩子，父母把所有的希望都寄托在孩子身上，只要孩子学习好，其他事情都可以由父母代劳。孩子们认为只有学习是他们的事情，他们不会自己做其他的事情。早晨起来不叠被子，吃完饭碗筷一放，甚至上学时忘了带学习用具，也责怪到父母身上。这样的孩子做事不会自己依赖自己，即使做错了事，也把责任推到别人身上。

我遇到过一个孩子，托管在我们这里。不到两个月，孩子的保温水杯丢了三个。某天接孩子时，孩子的父亲无奈地对我说："这已经是丢的第四个水杯了。"

我说:"那就不要再给她买了,丢了就没有水杯带水喝,让她去承受丢掉水杯没有水喝的后果吧。如果她丢一个,你买一个,丢40个都有可能。"

遗憾的是,这位父亲有些不以为然。其实正是他的不以为然,才使得这个孩子对自己丢三落四的行为也很不以为然。

有一天,我对这个孩子说:"你最近老是找不到东西,一个星期丢了两次,你应该去整理一下你的书桌,每天回家前检查一下自己的书包。"

没想到,这位孩子竟然这么说:"哼,我一个月才丢了两次,哪里丢三落四了?"

显然,这是一个聪明的孩子。明明是一星期内丢两次,她要放大到"一个月才丢两次",以此来为自己辩护。而这种态度恰恰来自父母的不屑一顾。

## ◎这些事情孩子必须自己做

如何让孩子学会从小就独立,明白生活是自己的,自己是最大的依靠呢?

### ●生活自理

有的父母不舍得让孩子干活,怕他们受苦受累;有的觉得孩子干得磨蹭,白浪费了时间,还不如自己干省心;有的则是怕孩子干不了干不好,还有可能弄坏东西。他们却不知道这并不是在帮助自己的孩子,反而是扼杀了他们独立自主的意识。

这一点,幼儿园的老师深有感触。

幼儿阶段的孩子,有些孩子大小便都不能自己来,上厕所要老师陪伴。有很多孩子不会穿脱衣裤、鞋子,到午睡时间了就站在那里等老师帮忙,或者喊:"老师,帮我脱脱衣服。"有些孩子不会铺被子,要么就喊老师帮忙,要么直接钻进叠好的被子里。在家里,这些事情都是父母包办的,孩子有了依赖思想,就不想自己学了。

在我们儿童之家,孩子进出房间需要自己换室内鞋,雨天户外活动还需要换雨衣雨鞋,上厕所都要自己来,吃饭时自己决定吃什么吃多少,吃完饭自己洗碗,午睡时自己脱衣服。

有一次,一位孩子要小便,他站在那里叫:"老师,快抱我去小便!"

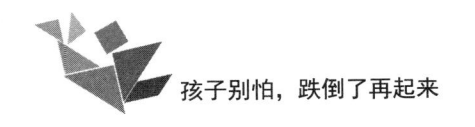

我对他说:"你自己去小便!"他已经四岁半了,完全可以自己去小便的。

他说:"我在家就是妈妈抱我去小便的!"

我说:"那是在你家,这里是幼儿园。"许多时候,家里的规则与幼儿园的规则是不一样的,我不能当着孩子的面去评判家长的做法,但我要让他明白,家里和幼儿园的规则是不一样的。

他说:"我来不及了!"

我说:"来不及了就赶快去!"结果,他憋不住小便解到裤子上了。

他说:"老师,都是你,我把裤子尿湿了!"事实上,他想到要小便就去小便的话,根本不可能憋不住。现在,他却把责任推到老师的头上。

我对他说:"是你自己把裤子尿湿的。"我要让他明白,小便没憋住解到裤子上是他自己的责任。听了我的话,他没有再反驳。

然后,他问:"那现在怎么办啊?"

我说:"那你自己去换裤子吧!"他已经四岁半了,已经会自己换裤子了,所以,我不想帮他换裤子。因为这次小便解出原本是可以避免的,而正是他的依赖心理造成了这次意外,那么,就应该让他自己去承担由于解小便解出的麻烦。

于是他去换裤子了。后来,他解小便再也没有叫过老师帮忙。

著名教育家陈鹤琴先生曾说:"凡儿童自己能做的,应当由他自己做;凡儿童自己能想的,应当由他自己想。"这是符合教育规律的至理名言。

父母在培养孩子的过程中,应该提供更多的机会让孩子自己去做事,让孩子懂得对自己负责。当孩子对你说"让我自己来"时,作为父母,你应该给予热情的赏识和信任,对他说:"好的,你自己来,我相信你!"

当孩子求助你做某件事情,如果你觉得这件事情孩子也可以完成,你应该说:"孩子,你可以自己来,如果有问题再找妈妈好吗?"事实上,在不断地自己完成事情时,孩子体验到的是成功的乐趣。

比如,孩子第一次叫"妈妈",孩子第一次摇摇晃晃站立起来,父母心里充满快乐，而孩子也有了成功的体验。孩子在成长的过程中充满了"第一次"。第一次自己洗脸，第一次自己穿衣服，第一次自己洗衣服，第一次自己一个人待在家里，第一次自己做饭，第一次自己外出归来等。孩子每完成一个"第一次"，都会让他心里产生自豪的体验，他们会在克服困难中获得成功的体验。

再比如，全家人外出旅行，无论多么小的孩子，无一例外都要背一个小包。因为自己的东西，理应由自己来背。

● 为自己的事情负责

当孩子有自己动手的意愿时，家长应该赏识孩子的主动性，并尊重他们的意愿，让他们养成自己做事的习惯，逐步增强他们的独立性和自理能力。如果孩子没有表现出自己动手的强烈愿望时，通过父母的赏识和引导，孩子也会自己动手干好的。

二年级的妮妮因为妈妈暂时照顾不了她，到我家来住一个月。妈妈和我说："这孩子做作业比较磨蹭，而且一进门就乱扔东西，鞋子、红领巾、书包、外套被扔得到处都是。"

果然，第一天，妮妮就是这么做的。

我平静地对妮妮说："妮妮，以后回来后，请你把自己的东西放到正确的位置上。我会照顾你的生活，但不会替你做你该做的事情。"

妮妮疑惑地看着我，似乎不知道我在说什么。

我接着说："鞋子请放在鞋架，想穿的时候就在鞋架找；红领巾请放到书包里，要戴的时候就从书包里找；书包请放到桌子上；外套请放到这个椅子上。"

我边说边观察到妮妮按照我说的顺序在观看：鞋子一只在门口，一只踢到房间里了，红领巾扔在椅子上，书包在地上，外套也在地上。

妮妮抬头看了我一下，我接着说："这些东西请你自己放到正确的位置上，如果没有放在正确的位置上，我是不会帮助你放回去的。另外，扔在地上的东西，我会当成是你不要的，直接就扔掉了。"

妮妮愣了一下，然后根据我说的，把这些东西及时归位了。

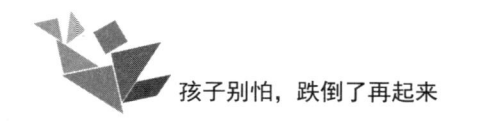

从此以后，妮妮的东西就自己及时放到正确的位置上，偶尔没有注意，我会用眼神提醒她，她会立刻把这些东西放到正确的位置上。

事实证明，每一个孩子都有自我管理和教育的潜在能力。我们出于对孩子的赏识，应该给他们更多动手的机会，这样，孩子才会成长得更快、更健康；让孩子自己做主，自己动手，才是对孩子真正的赏识、真正的爱。

我们儿童之家吃饭的饭碗都是孩子从家里带来的瓷碗。大部分的幼儿园会使用塑料碗或者不锈钢碗，因为这样可以避免打破。事实上，正是因为我们为孩子营造了不会打破的环境，孩子们才失去了真实的生活环境，才会对碗不爱惜，乱扔、乱摔的频率才更高。会破碎的碗是有生命的，当孩子意识到碗是可能被摔破的，孩子就会产生保护、珍惜、承担的念头。

有一次，两岁的蓉蓉不小心把饭碗掉地上打破了。

所有的小朋友都对老师说："老师，蓉蓉把碗打破了！"蓉蓉不知道怎么办，愣愣地站在那里。

这时，老师沉着地站起来，拉着蓉蓉说："来，蓉蓉，我们去拿扫帚，把碎片扫掉！"

于是，老师带着蓉蓉一起拿来扫帚，并带着蓉蓉一起把地上的碎片扫掉，然后，老师对蓉蓉说："现在你只能用幼儿园的碗吃饭了！"

整个过程没有批评和责骂，但是，蓉蓉明白了，打破了碗，首先需要把碎片清理掉，然后，吃饭的时候就没碗了，只能用幼儿园的碗了。

对于使用不是自己的碗，孩子的心里其实是有内疚感的。因此，在我们儿童之家，孩子打破碗后，先用儿童之家的碗吃几次饭，然后，家里再提供一个碗给孩子使用。这样一次又一次的经历，孩子就学会了承担，学会了保管好自己的碗。

● **为自己的学习负责**

孩子学习是他们自己的事情，要想学习成绩好，就要靠自己认真听讲、认真复习、独立完成学习任务、认真思索，才能真正掌握学习本领。有的父母总是陪着孩子读读写写，甚至帮写帮计算，其实这都是在帮倒忙，父母辛辛苦苦，却在培养一个无能的孩子。

还是妮妮的例子。

妮妮上二年级了，来我家的时候，妈妈对我说："她做作业很磨蹭，在家都要做到快10点钟才能够睡觉。"

我问："真的有这么多作业吗？"

妈妈说："作业其实也不多，她就是边做边玩，每次都要我不停地催。有时候催得多了，还要哭。因为老师要求家长检查并签字，我每天都是催着她快点写完好给我签字。"

我心想："我是不会帮助她检查的，就算签字也只是一个形式。"

妮妮来我家后，我就给她规定："妮妮，放学到家后，请你先做作业，做完作业才能够吃晚饭，我们大家等你吃晚饭。晚饭后不准再做作业，即使你作业没有做完，也不能再做了。晚饭后是玩的时间，你可以随便玩，做自己想做的事情。九点准时上床睡觉。"

我告诉妮妮："做作业是你自己的事情，我不会帮你检查的，我只负责签字，做对做错是你自己的事情。口头作业也请你自己来找我背诵。如果你忘记了，那是你的事。我有我的事情，我没有时间一直来催促你完成作业。"

从第一天开始，妮妮做完一科作业就来找我，昊然在晚饭前做完作业，而且这个习惯保持得很好。

有一次，有人来找我办事情，我需要来回忙碌着。妮妮做完作业，追着我找我签字。这时，妮妮的妈妈来了，看到这一幕，她不禁感慨："以前都是我追着她要签字的！"

学习原本就是孩子自己的事情，我们看重的是学习态度和习惯，而不是结果。许多父母只看到学习结果，看到在父母监督下的孩子的作业完成的质量比较好，于是，一点点地剥夺了孩子自己学习的权利，把学习的经过都揽到了自己的身上，于

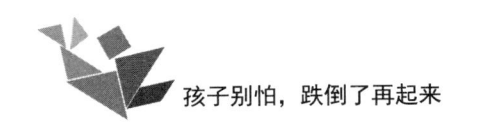

是，孩子的学习乐趣和学习成就感逐渐消失。孩子学习的真正主体变成了身后的家长，孩子永远感觉自己是为父母学习，因此，遇到学习上的困难和挫折时，自然也会把责任推卸给父母。

● **靠人不如靠自己**

大女儿格格以前忘记带东西的时候，总会责怪我："妈妈，都怪你，不提醒我，所以我忘记了！"

我郑重而严肃地对她说："宝贝，你自己的东西忘记带，那是你自己的事情。你不可以责怪妈妈。"

格格不吭声了。

后来，她晚上睡前会提醒我："妈妈，我明天要带×××，你要提醒我一下哦！"

我会告诉她："妈妈也会忘记的，你想想办法，怎么才能不会忘记。"

后来，格格明白了，第二天要带的东西，尽量在前一天晚上就先放进自己的书包里，或者放在门口换鞋凳上，以免忘记。

当然，遇到偶尔忘记的时候，她也会坦然接受，不会再把责任归到我头上。

有一次，她在中午放学回家的路上，掉了一根跳绳。

走在后面的我提醒她："你的跳绳掉了！"

格格头也不回地说："你帮我捡一下。"

我当时抱着妹妹，一是不方便捡，更重要的是，我觉得东西掉了她得自己去捡。我帮她捡是在她自己没有办法捡而我也很方便的情况下。于是，我对她说："你自己捡！"

谁知，她依然头也不回地说："你捡！"

我依然说："你自己捡。"

格格没反应。于是，我们各自往绘本馆走。

到馆里后，她想起来要跳绳了。问我："妈妈，绳子呢？"

我说："不是掉在路上了吗？"

格格说："你怎么不帮我捡来？"

我说："你自己怎么不捡来？"

然后，格格哭了："很漂亮的一条绳子，没了！"

我说："那没办法，我已经提醒你绳子掉了，妈妈正抱着妹妹，不方便捡。你自己也不愿意捡，掉了就掉了呗！下次注意保管好自己的东西。"

后来，格格赶紧照原路回去找，幸好绳子还在。从此，她保管自己的东西就更负责任了。

不少孩子对父母有很大的依赖性。其实，孩子的依赖性源于成年人对他们的过分照顾。有的父母生怕孩子走远了，怕孩子走累了，怕自己的孩子被别人欺负了，于是父母的过分照顾把孩子变成了衣来伸手、饭来张口的懒惰孩子。因此，如果孩子的依赖性过强，父母有必要让孩子明白，靠天靠地靠自己，任何人都是靠不住的，包括父母。

卡尔·威特曾经举过这样一个例子。

一次，卡尔·威特离家一个星期去别的地方，这一短暂的分别让小卡尔对父亲非常思念。当老卡尔出现在家门口时，小卡尔兴奋极了。当他看到父亲从马车上下来时，就飞奔过去。但是，就在这个时候，老卡尔却没有像往常那样抱住他，而是躲开了，这让飞奔而来的小卡尔扑了空，重重地摔在了地上。

小卡尔非常生气，但是老卡尔却对他说："孩子，我这样做是想让你明白，不要轻信任何人，哪怕是自己的父亲。等你长大后，有许多平时看似对你好的人并不一定会在任何时候都关心你、帮助你，就像刚才爸爸对你那样。"

我不认同卡尔·威特在孩子飞奔过来时故意躲开而让孩子摔倒在地的做法，这可能扰乱儿童的价值观。但是，我却十分认同他的教育观点——"父母不会成为孩子终身的依靠"。

**孩子别怕，跌倒了再起来**

当今社会，有太多的啃老族。许多老人在感叹儿女的蚕食令自己老年生活倍感压力时，根本没有想过，这正是自己过度帮助孩子，侵占孩子自己的生活，才让孩子产生了强烈的依赖感，并认为依靠父母是理所当然所造成的。因此，父母一定要让孩子从小就明白，任何人都有可能无法依靠，包括父母，只有自己才是最值得依靠的。

虽然，孩子需要从小就明白"自己的事情自己做，自己遇到的困难要想办法克服"，但是，这并不是一成不变的。有一些特殊的情况，我们可能更需要的是提供爱和帮助，而不是逼孩子独自面对。比如孩子情绪状态或身体状态不是很好时；孩子遇到较大的困难和挫折时；孩子的内心特别无助，需要他人帮助时。这时，我们要给孩子多一些鼓励，少一点挑剔；多一些帮助，少一点逼近。让孩子在爱和温暖中去承受生活的磨炼，慢慢成长。

## 不怕跌先适应——适应才能更精彩

心理学家哈博特·赛蒙有一次在沙滩观察蚂蚁时发现：为了要适应地形，沙滩蚂蚁的巢穴相当复杂，而同一种蚂蚁，如果它们的巢穴在干燥的地方，巢穴的结构就比较简单，这是为什么呢？

◎ **适应力是让你活得精彩的能力**

哈博特·赛蒙认为，这是蚂蚁对周围的环境有一种本能的反应能力。为了能在不同的环境生存，蚂蚁必须发展不同的能力。这种适应能力使得蚂蚁在恶劣的环境中也得以生存。正如南加州大学领导学院创办人华伦·班尼斯在《奇葩与怪杰》一书中所说："适应力是每个人在面对生命的起伏不定与阴晴圆缺时，仍然能够活得精彩的能力。有人能从磨炼中吸取智慧，有人则是在类似的经验中受伤屈服，成功的领导人和普通人的差别就在于此。"

事实上，在人的一生中，环境是在不断变化着的，有些甚至变化很大。人们对自身生存环境的变化往往是无能为力的，因此如果一个人想坦然面对急剧变化的环境，就需要有良好的环境适应力。与现实环境保持良好的接触，以客观的态度面对现实，冷静地判断事实，理性地处理问题，随时调整，保持良好的适应状态。

一家美国公司在选择北京办事处负责人时，通过一个很小的细节考察应聘者的环境适应能力。

当时，共有七名应聘者，其中只有一位是女士。考官故意把应聘者的位置安排在空调下，而且将其功率开得很大。结果，六位男士都无法忍受长达两小时的面试，只有这位女士坚持到最后，并且她的回答令考官非常满意。

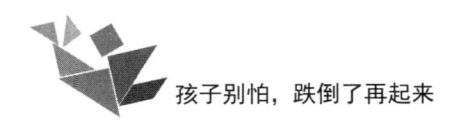

这位主考官是这样说的："由于该公司刚在北京成立办事处，属于万事开头难的阶段，所以对于能够适应环境，敢于接受挑战，并且能够以愉快的心情去面对压力的人才特别受青睐。"

所谓"适者生存"，适应环境是非常重要的。尽管在科技日益发达的今天，人类能够在实践中改造环境以满足自身的需要。但是，与伟大的自然相比，人类毕竟是渺小的，不可能完全脱离自己生存的环境，诸如生活环境、工作环境、人际关系以及个体的内环境等。

## ◎ 衡量环境适应力的标准

具体来说，衡量环境适应力的标准主要有：

### ● 对环境的敏感度

当身边的环境发生改变时，能否及时地察觉到。如在环境发生重大改变时，从生理上来说，每个人都会有些紧张。但是，敏感程度会有很大的差异，有些人能随遇而安很快适应，有些人则焦虑不安，心悸、失眠等，这就是适应能力是否较差的表现。

一般来说，越是年幼的孩子，对环境的敏感度越高，因为孩子的心灵是敞开的，他全然吸收周围的环境。因此，环境的变动对孩子的影响特别大。

比如，搬家，家里多了一个人，保姆离开，妈妈经常加班等，对孩子来说都是环境变化的表现，对此，很多年幼的孩子或多或少都会表现出一些紧张和压力。

在我们儿童之家，有一天早上，三岁的琴琴突然一口气吃了五个馒头，还不停地向老师要馒头吃。老师觉得特别奇怪，后来与琴琴的妈妈沟通后才得知，琴琴的爸爸妈妈前一天在家里发生了争执，恰好被孩子看到了。孩子由于接收到了父母吵架的信息，产生了强烈的不安全感，于是通过猛吃来发泄压力。

### ● 对挫折的承受力

对挫折的反应因人而异，有人颓废沮丧，有人则百折不挠，如《红楼梦》中的林黛玉感受到的是"一年三百六十日，风刀霜剑严相逼"；而对于乐观的人来说，表现出的则是"不管风吹浪打，胜似闲庭信步"的气概。

最初使用"承受力"这一概念的是美国心理测验专家罗森茨威格。他给挫折承受力下的定义是"抵抗挫折而没有不良反应的能力"。通俗地说，就是在周围的环境发生改变时，能否沉着冷静，承受来自外部的压力，即个体适应挫折、抗御和对付挫折的能力。如在面对亲人遇难时，有些人表现得悲痛欲绝；有些人虽然心情非常沉痛，但是表面上还是很冷静，能够冷静地面对不幸。

一般来说，挫折承受力较强的人，往往挫折反应小，受挫折的消极影响少；而挫折承受力较弱的人，则容易在挫折面前不知所措，受挫折的不良影响大而易受伤害，甚至导致心理和行为的失常。因此，挫折承受能力的大小反映了一个人的心理素质及健康水平的高低。许多人的心理问题就是由于遭受挫折而又不能很好地排解和调适造成的。

原世界卫生组织精神卫生部主任萨托拉斯提出三条精神健康标准，其中一条就是能够经受生活的挫折并及时地调适自己的情绪，不仅能够适应环境，而且能有效地改造环境。由此可见培养挫折承受力对精神健康的意义之大。

## ◎影响挫折承受力的因素

### ●生理条件

一个身体健康、发育正常的人，一般对挫折的承受力比一个疾病缠身、有生理缺陷的人强。比如，前者不怕偶尔的饥寒交迫，可以熬夜或长时间工作而不感到疲劳，因而可以经受更大的挫折。这是因为挫折会引起人的情绪及生理反应，给人的心理带来压力及紧张感，这会加重体弱多病者的病情，甚至发生意外。国外有人研究发现，体弱多病者与身体健康者在丧偶后一年内，前者比后者的发病率高78%，死亡率高三倍多。看来，健康者更应珍惜"健康"这一宝贵财富。

### ●以往经验

国外曾有人做过一个动物实验。

他们对一组幼小的白鼠给予电击及其他挫折情境，使它们产生紧张状态，然后让它们正常发育。长大以后，这组白鼠能很好地应付挫折引起的紧张状态。而另一

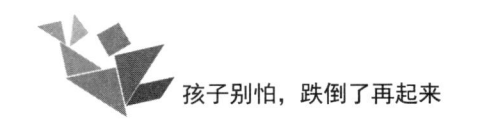

组没有受到这类挫折刺激的白鼠，长大后遭受电击等痛苦刺激时就显得怯懦，行为异常。对人来说也是如此。人在婴幼儿期所受的刺激，可使成年期的行为更富于适应性和多变性。相反，极少受到挫折、一贯顺利、总受赞扬的人，就没有足够的机会学习和积累对待挫折的经验，他们的自尊心往往过于强烈，对挫折的承受力很低。

当然，任何事情都应有个度。如果青少年期遭遇的挫折太多、太大，也会影响以后的发展，可能形成自卑、怯懦等性格，缺乏克服挫折的勇气。

● 挫折频率

如果遭受挫折的频率过高，就像"屋漏偏逢连夜雨，船破又遇顶头风"，挫折承受力必然大大降低。比如，失恋不久，考试又未通过，没几天又心不在焉地把计算器丢了。这时，个体感受到的挫折感往往会特别强烈。

● 认知因素

认知是指我们对周围事物的想法和观点，也就是人的认识活动。挫折刺激正是通过人的认知而作用于情绪，产生各种各样的心理行为反应。由于认知不同，同样的挫折情绪，对每个人造成的打击和心理压力也是不同的。

一般认为，虚荣心强的人对挫折的知觉感受性高，承受力低。因为虚荣心强的人通常将名利作为支配自己行为的内在动力，一旦受挫，目标没有达到，就会因为虚荣心没得到满足而难以忍受。

● 个性因素

个性是一个人所具有的意识倾向性和较稳定的心理特征的总和。一个人的性格特征、个人兴趣、世界观等都对挫折承受力有重要影响。

性格开朗、乐观、坚强、自信的人，挫折承受力强；性格孤僻、懦弱、内向、心胸狭窄的人，挫折承受力弱。当人们对某样东西产生浓厚的兴趣，一心钻研，在别人看来很苦的事，他们却乐在其中，挫折承受力就强。诺贝尔在研究炸药的过程中，多次发生爆炸事故，弟弟被炸死，父亲受重伤，自己也经历了几次生命危险，却终获成功。可见，个人兴趣也是应付挫折不可忽视的因素。

● 社会支持

俗话说："一个痛苦两人分担，痛苦就减轻了一半。"当一个人感到有可以依赖的人在关心、爱护和支持自己时，就会减轻挫折反应的强度，增强挫折的承受力。

第二章　不怕跌倒，适应生存

◎如何提高环境适应能力

在日常生活中，父母如何提高孩子的环境适应能力呢？
●不要过于保护孩子
有一个故事是这样的：

一天，上帝来到他所创造的土地上散步，遇到了一位种麦子的农民。
农民祈求上帝给他一年的时间，让他的田地里没有风，没有雨，没有烈日与灾害，好让他田里的麦子有一个好收成。
在他的再三请求下，上帝满足了他的要求。
第二年，农民满心欢喜地等待着丰收的那一天。可是，奇怪的事情发生了，到了收成的那一天，农民的麦穗里竟然没有结出一粒麦子。
农民去问上帝是怎么一回事。
上帝告诉他，一旦避开了所有的考验，麦子就变得无能了。对于一粒麦子，风雨、烈日是必要的，蝗虫也是必要的，它们可以唤醒麦子内在的灵魂；人的灵魂也是如此，如果没有任何考验，人也只是一个空壳。

看了这个故事，我的心里为之一震。我们做父母的，不愿让孩子去经历风雨，总是千方百计地为孩子设计充满鲜花和阳光的明天。但是，生活是充满甜酸苦辣的。温室里的花朵，尝不到困难、挫折的滋味，因而养成了怯懦、吃不得苦、经不起挫折等一些不良的品行。他们就像那些麦子，不经受考验，就不会有收成。

有一次，儿童之家的一位妈妈和我说："最近女儿不太愿意来儿童之家。原因是前几天放学时，老师大声地呵斥了她。"后来，她和我描述了情况。我又向老师核实了，确有其事。

那天，儿童之家放学时间到了，家长们都来接孩子，几个家长一边聊天一边带着孩子们在沙坑里玩耍。这时，有一个小女孩突然把沙扬起来，弄到了对面一个小男孩的头上、脸上、嘴巴上、脖子里。小男孩立刻惊恐地大叫起来。老师听到小男

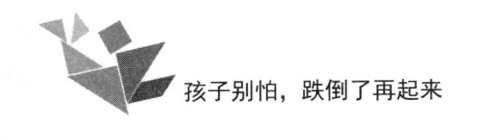

孩的叫声后，估计也有些被吓着了，赶紧过去查看小男孩的情况，并大声地对小女孩说："不可以，你不可以把沙弄到他头上去！"当时，小男孩的妈妈和小女孩的奶奶都在场，大家都看到了事情的发生。

据小女孩的妈妈说，小女孩对老师的"大声"不满意，回去时一直趴在奶奶的背上不说话。后来对妈妈说，不要去儿童之家了。妈妈认为，老师大声呵斥是不合适的。

老师大声呵斥孩子确实是不合适的。但是，我觉得要具体事情具体分析。

我认为，老师在有准备的状态下，是不可以大声地对孩子说话的。但是，总有意外发生。当意外发生时，本能让人说话大声了，这并不是有意的行为。如果对于这样的无意行为都要控制，为孩子营造一个"低声"的环境，不见得对孩子有益。

经常听到有家长说，孩子一出生，家里人做事情都受到限制了。说话轻轻的，走路轻轻的，甚至家里的电话机都拔掉了，就怕来电铃声吵到了孩子。但是，这样的孩子往往对睡觉的条件要求相当苛刻，一有声响就被惊醒。于是，家长再轻声，孩子也被惊醒，甚至进入了一个恶性循环当中。

我家大女儿出生时，我也一度精养。睡觉时必须安安静静的，吃的饭必须是特别做的婴儿餐。但她还是睡不好，吃不好。真是越精养，越不好养。我几乎把时间都耗费在养育她上了。大女儿对睡觉环境和食物相对挑剔一些。

后来小女儿出生后，我就开始粗养。把握好一天的节奏，当孩子睡着了，大家稍加注意，但该做什么还做什么，很少特别为小女儿做婴儿餐，只是做菜的时候在搭配及颗粒上注意一下，小女儿从小就是和全家人在同一餐桌上吃饭。粗养的孩子身体反倒强壮，想吃就吃，想睡就睡。睡觉时无论外面怎么吵，她依然睡她的觉。

上例中的小女孩妈妈，太在乎孩子的感受，如果去改变周围人的态度，那么小女孩就会以不上幼儿园为由来控制成人。因为她知道，她的妈妈在乎她的感受。在我看来，这种在乎其实是过度保护。

其实，这位妈妈最应该和孩子解释的是："你把沙扬到小朋友的身上，小朋友和老师都有些害怕，所以大声嚷起来，因为沙子容易进眼睛和嘴巴。"把老师大声说话的客观原因说出来，孩子就会明白，老师并没有特别针对她。遗憾的是，这位妈妈受"不该大声对孩子说话"这句话的毒害，基本上失去了自己的判断和思考能力,一遇到事情,就用"不该大声对孩子说话"这条"准则"去套用,认为老师大声说话"伤害"了孩子,结果,这个孩子的心理真的受到了伤害。这种伤害就是"大人没有关注我的情绪,只有我有情绪,妈妈才会帮助我"。

正如奥斯特洛夫斯基所说的:"人的生命似洪水奔流,不遇到岛屿和暗礁,难以激起美丽的浪花。"真实的生活经历是培育孩子幸福感的基地,不经历不同环境的孩子,很难创造出生命的辉煌。

● **把孩子推向各种环境**

一个孩子妈妈曾经对我说:"我家孩子真是体弱多病。从出生开始,我特别注意保护她。怕她在乡下不习惯,特让奶奶到自己家里来带她,从来不会带孩子去过于吵闹的场所,上早教课,都是天气好才去,一旦太阳太大或者下雨,我们就不去,但她总是无法让我放心。"

试想一下,如果我们的孩子出去旅游,一定要等到"天气晴好,交通便利,吃住都安排妥当,甚至每一站都精心安排"之后才出发,那么,他什么时候才能出发呢?

当孩子计划去某个地方时,选择好行车路线,检查随身携带的物品,并尽量排除其他意外的做法,都是出发前必备的。可在旅行途中,仍然无法消除所有的意外,因为意外会随时随地发生。

可见,越是不让孩子适应各种环境,孩子的"免疫力"就越低。只有让孩子适应各种环境,孩子的"免疫力"才会不断提高,因为在不同的环境中,孩子才能学会勇敢面对困境。

宋耀如夫妇共养育了六个子女。他们的三个女儿宋蔼龄、宋庆龄、宋美龄,在中国近代史上具有特殊的地位,被称为"宋氏三姐妹"。当宋耀如看到中国家庭教育与西方家庭教育的巨大差别后,就立志要把孩子培养成才。他曾说:"现在中国大多数家庭还不能全心全意培养子女,我要敢为天下先。不计毁誉,务必占先。"

在充分发展孩子天性的过程中,他经常带孩子在雨天到野外去徒步旅

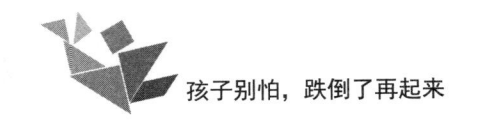

行，进行"纳于大麓，烈风骤雨而不迷"的意志训练。他还鼓励孩子去闯世界，在宋氏三姐妹六七岁时，他就先后把她们送到美国教会办的"中西女塾"学习，并寄宿于学校，从小培养她们独立生活的能力，后来又把她们三姐妹都送到美国求学，培养她们的个人奋斗精神和独立自强的品质。正因为如此，宋氏三姐妹的才华才会如此出众，成为近现代史上的风云人物。

在我们儿童之家，强调的是与天然的环境相适宜。比如，夏天尽量不开空调，让孩子在汗涔涔的感觉下体验流汗，不仅能够避免孩子得空调病，而且能够帮助孩子排出体内的毒素；无论春夏秋冬，刮风下雨，每天都必须保证两小时的户外活动时间，夏天的时候戴着遮阳帽，穿着防蚊裤去玩，冬天的时候戴上驱寒帽、手套出去玩，下雨天穿上雨衣、雨鞋外出玩。

我想起著名作家刘墉在他的一本书《靠自己去成功》中写到的话，也许这是把孩子推向各种环境的最好诠释：

"……我更强调的是，家庭和学校是向社会延伸的，所以既然年轻人到社会上，别人不会为他读书睡觉而关上电视，为考虑他有应酬而不交代事情，他就该学会早早适应在喧闹的环境中读书、在应酬之间工作，甚至在同一时间办好几件事。"

"我是个很宠孩子的人，正因为宠，所以我不会为她读书而关上电视，不会怕她危险而不准她去爬山，更不会怕她受苦而阻止她去'魔鬼夏令营'。"

"当有一天，她长大了要离开我，我会心疼，但不会不心安，因为我已经早早就把外面世界的门打开，让她看见好的，也见到坏的。"

● **鼓励孩子适应恶劣环境**

许多时候，我们总认为，孩子就是孩子，因此，在恶劣环境面前，对孩子往往特别照顾。但是，一旦孩子习惯了被特别照顾，他就习惯了搞特殊化，他的心理承受能力就会减弱。

有一次，我带女儿坐公交车。女儿最喜欢坐在后轮上的那个座位，这样，她的脚正好可以搁在地面上。但因为旁边都坐了人，我只好带女儿坐其他位置。

女儿说："妈妈，我想坐'宝宝位置'（后轮上的座位）。"

我对女儿说："妈妈知道你很想坐'宝宝位置'，但是，其他叔叔阿姨已经坐在那里了，我们就只好坐在其他位置。下次没人坐的时候，妈妈再带你坐'宝宝位置'。"

其实，我和那位坐在"宝宝位置"的人协商一下调换位置也是可以的，但是，我没有那样做。我觉得，适度让孩子体验一下不满足对于孩子来说非常重要。我们总是不太忍心故意让孩子不满足，那么，当有让孩子不满足的情形出现的时候，最好让孩子去适应，而不要帮助孩子搞特殊化。

当孩子遇到不良的环境和情况的时候，父母要善于鼓励孩子去适应，而不是允许孩子逃避。

一位妈妈带着五岁的孩子坐公车，公车非常拥挤，不仅没有座位，而且站得也不太舒服。

虽然有人给孩子让座，妈妈却说："到了该站的年龄了，就让他站着吧！"

不一会儿，孩子开始觉得不舒服，妈妈就不断地安慰孩子："瞧，妈妈也站着呢，过一会儿就到站了。""你想想，一会儿到姥姥家，姥姥给你买了最喜欢吃的东西，还有你最喜欢的表妹在等着你去呢！"

通过转移孩子的注意力，孩子渐渐适应了自己站在公车上，最后，他高高兴兴地与妈妈一起下车了。

大女儿格格六岁开始学钢琴时，每天练琴她总需要我陪伴着，而两岁的妹妹蓉蓉也希望和我待在一起，因此，不免会打扰到她。妹妹不是说话太吵闹，就是伸手想弹琴干扰姐姐。

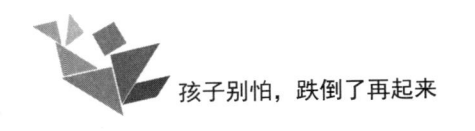

刚开始，格格总是抱怨妹妹。后来，我对格格说："妹妹还小自然不懂事，但是，弹琴是你自己的事情，你如果专注地弹琴，耳朵就听不到妹妹在说什么，也不用理会妹妹怎么做，妈妈自然会管好她的。如果你能够独自弹琴，妈妈就可以把妹妹带到别的地方去不干扰你，你自己想想，怎么做可以更好？"

后来，我和格格商量出一个办法，每次新学了曲子后，她自己先弹熟练，弹到最后一遍才邀请我去"检查"。由于检查的时间短，我就可以放下手上的工作，全身心地陪伴。

适应是指孩子能有效地应付和顺应环境，使孩子自身与环境之间保持平衡与协调的状态。它有两种方式，一是孩子通过调整自己的态度和改变自己的行为，适应外部环境的要求；二是尽最大可能去改变环境使之适应自己发展的需要。改变环境对于年龄尚幼的孩子来说，是较难的事情，但是可以通过自身努力，去适应外部环境，合理地调适自己的状态。孩子适应环境的过程，实际上就是个体社会化的过程。

在孩子的一生中，肯定会遇到环境变迁。迅速适应新环境，可以帮助孩子更快地融入到环境中去，使孩子心情舒畅，进而让孩子发挥自己的潜能。只有让孩子去适应，孩子的适应能力才会不断提高，在这方面，父母千万不要心疼孩子。心疼孩子就会让孩子失去适应的机会。孩子不具备适应新环境的能力，则会产生恐惧、无助等不良情绪，这会对身心的健康发展造成危害，还会抑制智商和情商的发展。

● **提高孩子的应变能力**

灵活应变是指能够根据各种环境及状况而做适当的调适，同时还能充分掌握自我，沉着而不失理智。它是孩子处理困难和挫折的重要能力。培养应变能力，随时准备行动，把握机会解决问题，可以帮助孩子变得更果断。

据报道，父母因急事没有回家，面对这个突发事件，不知所措的女儿竟然在门外等候了近六个小时。如果不是被邻居发现并领回家中，很可能就在门外过一晚上。

事后，隔壁邻居艾女士是这样说的："幸亏我昨天晚上回来时，看见孩子坐在家门口。要不在那里坐一晚上还不冻死了……"艾女士说，她回来的时候，楼道里没有灯，漆黑漆黑看不清楚。开始她没在意，上到四楼才隐约听见哭声，下去一看，原来是一个孩子坐在门口哭。问了她好几次怎么回事，她才说是爸妈不在家，她开不了门。艾女士起身一看，门上原来贴着条子，让孩子回来后转去奶奶家里，可能是孩子没看字条。回到家，艾女士连忙给又冻又饿的孩子弄了点吃的，安排孩子睡下。

这个孩子回家的时候，父母不在家，她居然只会在门口等，而不知道去邻居家，或者给亲戚打电话。如果不是艾女士及时发现了她，说不定她真会在门外冻上一个晚上。为什么现在的孩子这么缺乏应变能力？提高孩子的应变能力真的是太重要了！

据报道，一个只有五岁大的外国小女孩，在一个大雪纷飞并且完全与外界失去通讯联络的晚上，成功帮助母亲分娩。假如小女孩对这种意外情况只会哭、只会怕，后果将不堪设想。但是，她能够灵活应变，具有较强的应变能力。这是值得中国父母深思的。

在日常生活中，家长应有意识地加强培养孩子的应变能力。一是培养孩子适应自身生理或心理变化的能力，如身体的某个部位不舒服能及时告诉成人；心里有烦恼时，知道向父母或知心伙伴倾诉。二是培养孩子适应周围环境变化的能力。比如，应该知道早晚气温不同，注意保暖；应该知道出门要带什么东西；应该知道不同的地方可能会发生什么情况等。三是培养孩子对突如其来事件的应变能力。如遇到突然停电时，怎样去点蜡烛、开手电筒等；遇到陌生人问路，应该怎样避免被骗；遇到煤气泄露怎样去控制等；着火了知道用灭火器浇灭，迅速转移易燃品等。四是培养孩子对不同事物能够做出不同反应的能力。既要相信他人，也要提防陌生人或者心存不良的人，这些都要教孩子去判断。如果父母生病了，老人生病了应该怎么办？显然，老人由于体弱，出现突发问题时更需要有应变能力。

只有培养孩子具有较强的应变能力，遇到紧急情况才能将损失降到最低限度，争取到最好的结果。

*孩子别怕，跌倒了再起来*

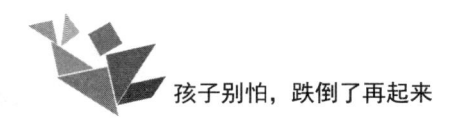

## 会做饭的孩子——走到哪里都能活下去

有个名叫阿花的小女孩的故事非常火。

阿花大名叫安武花，是日本福冈市人。

阿花的一天是忙碌的，她每天早晨五点起床，要洗脸、喂狗、散步、洗手、做酱汤、吃早饭、刷牙、弹钢琴、上厕所、去幼儿园。

从幼儿园放学回家后，她还要晒衣服、叠衣服、刷澡盆、打扫卫生、整理衣柜、收拾自己的衣服。有时候，爸爸晚回家，她还需要给爸爸做晚餐。

这么小的孩子，为何要做这么多的家务？

原来，阿花的妈妈千惠是个乳腺癌症患者。在战胜了癌症后，千惠怀孕并生下了阿花。遗憾的是，阿花九个月时，千惠的癌症复发。为了治病和女儿的成长，一家人开始了早睡早起的生活。

随着阿花的成长，千惠开始思考，教孩子什么东西最重要？

后来，千惠意识到，做饭、做家务是和生存息息相关的，学习可以放在第二位，只要身体健康，能够自食其力，将来无论走到哪里、做什么，都能活下去。

于是，千惠开始教阿花拿菜刀、做家务。

只要阿花力所能及的，千惠都让阿花自己来。衣服翻着脱下来，就翻着还给阿花，让阿花自己整理好。去幼儿园前的准备工作，也让阿花自己做，从来不帮忙。

在阿花四岁生日的时候，千惠送给阿花的礼物是一条围裙。第一次看阿花用刀，妈妈千惠说，她也很紧张，"相当吓人"，可还是忍住没出声，也没伸手帮忙。

后来，千惠离开了人世，留下五岁的阿花和丈夫。而阿花在一年的时间里，已经学会了做所有的便当菜色。

阿花的故事被整理成一本书并出版，名叫《会做饭的孩子走到哪里都能活下去》。从这本书中，我们明白了，爱孩子，就要教会孩子独自生存的能力。

阿花的故事戳中了许多网友的泪点，很多80后、90后汗颜："小时候父母为了让自己好好学习，几乎什么家务都不让碰，结果人到30岁还不会做饭。"

还有人说"妈妈和我一起看的微博。她说，可惜她在我小时候没教我这么多。""这个女孩将来再遇到什么坎坷，也都能坦然面对。""我们教育小孩的时候，除了必备的生活技能，更重要的是有一颗善良的心。"

## ◎ 一屋不扫何以扫天下

龙永图在《实话实说》栏目中讲述了一个令人感慨的故事。

他到瑞士访问的时候，在一个洗手间里，听到隔壁小间里一直有种特别的响动。由于这个响动时间过长，而且也过于奇特，自然吸引了他的好奇。于是，在好奇心的驱使下，他通过小门的缝隙向里探望。这一看使他惊叹不已。原来，小间里一个七八岁的小男孩正在修理马桶的冲刷设备。一问才知道，这个小男孩上完厕所以后，因为冲刷设备出了问题，他没有把脏东西冲下去，因此他就一个人蹲在那里，千方百计地想修复那个冲刷设备。而他的父母、老师当时并不在他的身边。这件事令龙永图非常感慨，一个只有七八岁的小男孩，竟然有如此强烈的负责精神，可以说这种负责精神已经完全成了习惯。我们教孩子做家务就是要让家务活变成孩子的一种习惯。习惯形成了，强烈的责任感也随之形成。因为孩子做家务事，会逐渐意识到自己也是家庭的主人，要对家庭的事情负责，并且做事不能虎头蛇尾。时间长了，孩子的责任感便形成了，就像那个瑞士的小男孩，对他以后的职业、人生都会带来很大的帮助。

从世界范围的大角度来看，西方发达资本主义国家都非常重视青少年劳动教育。美国的不少中小学生在课余时间去打工，如洗车、送报、看孩子等。日本规定小学

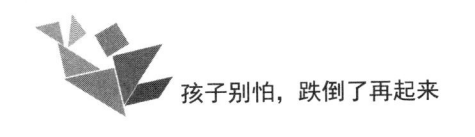

生每天参加劳动24分钟,英国为36分钟,德国更是从法律上规定六至十八岁青少年应承担的家务劳动项目和数量。可据一份抽样调查表明,我国小学生每天参加劳动的时间却不足12分钟。许多孩子在家里都享受"小皇帝"待遇,衣来伸手,饭来张口。一个12岁的男孩连自己洗澡都不会,每天起床穿衣服还要父母帮助。

## ◎家务并不仅仅是父母的事

有一次,我去参加一个PET(父母效能培训)课程,其间,老师举了这样一个例子:

"13岁的女儿已经住校了,每周回家一次。每次女儿回家前,妈妈总是把家里收拾得干干净净,等待女儿的到来。令妈妈气愤的是,女儿一回家,就把东西随手乱扔,衣服脱下也到处放,不一会儿,家里就是一团糟。妈妈其实也累了一天了,看到这样的残局,情绪就容易上来。这种情况下,应该怎样与孩子沟通自己的情绪,让孩子理解妈妈的心情?"

大部分人的着眼点是女儿不该把家里弄得乱七八糟的,因为妈妈好不容易收拾干净,再收拾太累了。我当时觉得很奇怪,13岁的孩子,收拾房间应该是她自己的事情,妈妈为什么就认定要自己收拾呢?正是因为认定需要自己再打扫,妈妈的情绪才会不好。

13岁的孩子,已经有明确的自我意识。在这个家庭当中,她理所当然自认为是与父母平等的一分子。既然是一分子,家里的事情就得一起干。孩子自己弄乱的房间就得由她来收拾。妈妈如果拥有这样的认识,就不至于这么上火了。正是因为收拾整理的责任错位才导致了这位母亲产生无名之火。

在中国古代,孩子帮助家长做家务活是理所当然的。特别是农村里的孩子,长到七八岁,家长总是要安排孩子做家务,比如打扫屋子、烧火、提水、打猪草、拔田里的野菜等。

"黎明即起,洒扫庭除,要内外整洁;既昏便息,关锁门户,必亲自检点。"这是在我国流传甚广的《朱子家训》开篇的第一句话,再有诸如"一屋不扫何以扫天下"之类的故事,足见古人对家务活的重视。

现在家庭条件好了，家务相对少得多了。有条件的家庭还请了专职料理家务的保姆，也没有太多家务需要孩子干了。其实，家长可不要小看了孩子做家务的好处，孩子在干家务中学到的知识，胜于书桌前的学习。

一位儿童教育家曾说："我们不能永远让孩子站在我们的后边，保持天真无邪，而应该筛选生活，找出孩子在父母的指导下能承受的经历，使他有机会去体验生活、积累经验，认识自己的能力。我们不可能把孩子的每一件事情都安排好，把握住。如果家长拼命想做这个尝试，将会使自己烦恼无限。"

在我们儿童之家，如何准备饭菜，如何做家务都是教学的内容。每周有固定的烘焙日和清洁日。在烘焙日，老师和孩子们一起做面包、蛋糕、比萨、饼干、馒头、包子、饺子、面条等。孩子们不但能看着老师如何把原材料制作成美味的食物，而且连续一个月做同样的食物，让孩子能够完全了解食物的产生过程。每天早上，中餐的食物清洗、切菜、配菜等工作都是在孩子们的视野范围内完成，孩子们可以随意参与这个工作。

在清洁日，老师和孩子们一起擦地板和椅子。每天中午的拖地工作，老师也会当着孩子们的面来进行，让孩子们看到老师是如何身体力行的。

在儿童之家，有一块专门的地，种植了一些当季的蔬菜。孩子们需要每天为这些菜浇水。我们很欣喜地看到，孩子们在浇水过程当中获得了快乐。每天，孩子们会排着队要求为菜地浇水，当菜地里有收获时，更是兴奋地大叫，"这是我经常浇水的茄子！""这是我们一起种的黄瓜！"

苏联教育家苏霍姆林斯基曾经说过："一个孩子为了浇花，开始提了一小桶水，接着他又提了第二桶、第三桶……结果，他累得满头大汗。家长不必担心，因为对他来说，这其实是世界上任何一种喜悦都不能够比拟的一种真正的喜悦。"

## ◎ 家务活里学问多

我出生在 20 世纪 70 年代末，当时我们家是可以生二胎的。由于我母亲身体不太好，没有再生。因此，我是 70 年代少见的独生子女。

但是，我的父母在做家务这方面一点都没有溺爱我。做饭、洗衣、打扫卫生、

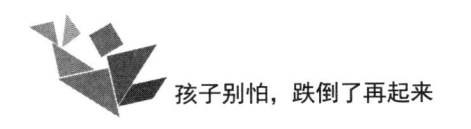

针线活等，我样样精通。因此，为人母后，我没有想过要请保姆，后来，妹妹出生，实在忙不过来的时候，请过一段时间的保姆。生活的困境一旦过去，我们家又恢复了没有保姆的日子。在妹妹两岁半时，我母亲也离开我们家，我们过起了四口之家的生活。

在家里，我也会带着我的两个女儿一起做烘焙，一起叠衣服，一起做菜。六岁的大女儿已经会很熟练地做面包造型、饼干造型、馒头造型等，简单的鸡蛋饼、蛋炒饭也都能够做了。

千万不要小看这些家务活，里面有不少生活的学问。

比如，大女儿已经知道有些面点要发酵，加黄油与加植物油是有差异的，做饼干时想换口味可以通过换原料的方式来实现，做蛋糕打发鸡蛋时千万不能碰到水等。

再比如，如何把衣服叠得整齐美观，并不是一件很容易的事。T恤衫、衬衫、裤子、棉袄的叠法各不相同，怎样才能叠得又简单又好看，这就培养了孩子的分析能力、想象能力和美感。

再比如择菜，菠菜、芹菜、生菜、油菜各有各的择法，而且同样的菜也有新鲜、嫩老等区别，怎么择又快又不浪费都要通过实践才能知晓。通过择菜，还可以知道什么季节有什么菜，菜是怎么长出来的等知识。孩子通过亲身实践得到的知识很感性，也很有趣。

星期日是我们家的家庭日。这一天，我们四个人就待在一起。星期日也经常是我们的清洁日，这一天，我和孩子爸爸会整理房间、清洗衣服，孩子们也会一起收拾玩具，整理柜子等。

从心理学角度讲，家务有助于孩子成长。家务是什么？就是一家人日常生活的相关事务，买菜、做饭、洗衣服、收拾房间等。

孩子根据家长的要求，在家中完成了任务，并得到好评。这也是孩子真正认识自我人生价值的难得的机遇。

其实，做家务在某种程度上是热爱生活的表现。把普通的食材做得好吃又好看，把普通的房间布置得温馨又漂亮，这何尝不是一件有意义的事情呢？

在日常生活中，父母可以让孩子自己整理书籍、布置房间、倒垃圾，甚至提水、买米、搬东西，这些小家务都可以让孩子做，可以锻炼他们的生活意志。

孩子的房间要让他自己收拾，开始时我们可以陪孩子打扫卫生，让孩子与我们一同拖地，擦桌子和刷墙壁。我们也和孩子一起择菜、洗菜、切菜，通过手把手指导，教孩子学会淘米、煮饭，能烹饪简单的家常菜。

◎ **公益活动和社会实践**

父母还可以给孩子创造一些条件让孩子参加公益活动。比如，支持孩子参加社区劳动，到公园、医院等参加公益劳动，让孩子到其他亲戚家进行交换劳动等。这样，孩子的意志力可以不断得到锻炼，而且，与人交往的能力也会有所改善。

三年前移民到美国的刘姐，曾告诉我一个她儿子的故事：

刘姐的儿子威威刚到美国的时候还不到12岁，在国内上小学五年级。由于从小由爷爷奶奶带大，威威从来没有做过家务活。到美国后，威威觉得很好奇，班上的同学每天早上要背着个大包挨家挨户去送报纸。威威一打听，几乎11岁以上的孩子都在送报纸。

威威回家后跟妈妈说起这件事情，他征求爸爸妈妈的意见，自己是不是也要申请一份送报纸的活。妈妈觉得送报纸的报酬并不高，每天还要花费一个多小时，认为不值得。但威威的爸爸却认为，一个没有体验过生活艰辛的孩子，是无法体谅别人的，也不懂得坚持和珍惜的。等孩子长大后，他就不愿意坚持做辛苦却挣钱不多的工作，更不懂得体谅父母的艰辛，关怀周围其他人。最终，爸爸坚持让独生儿子威威去经历这样的磨炼。

果然，坚持两年送报纸后，威威变得成熟多了，他总是能够怀着一颗感恩的心去理解周围的人，并为他的行为负责。

**孩子别怕，跌倒了再起来**

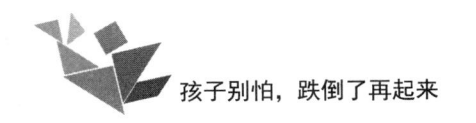

## ◎体验新事物，尝试新生活

虽然，我们对孩子都是爱得不得了，但是父母不要因为过于心疼孩子而不让孩子去独立做事，一定要给孩子机会去尝试各种事物，累的、苦的都要经历，这样才能锻炼孩子的办事能力。

日本著名插图画家真锅博先生曾经试用过"一个人的旅行教育"等独特的教育方法，他推崇让孩子尝试新鲜事物。

如果他发现自己周围所发生的事情是孩子从未接触过的，就会给孩子创造机会让孩子去尝试。

比如打电报到国外，他对孩子说："你去发个电报给在美国的叔叔！"然后，他告诉孩子最基本的要求，以及收报者和电报的内容，但并不告诉孩子手续如何办，只是建议他，如有不明白的地方，可以询问邮局穿制服的工作人员。因为穿制服的人，代表着那个职业，可以放心询问。

真锅博先生让孩子去做从未接触过的事情，尝试新鲜事物，这对孩子的成长是非常有好处的。

不少父母在让孩子做从未做过的事情时，都会因不安而将全部的过程告诉孩子。这种做法，虽然是想让孩子去尝试，但因说得太详细，孩子新奇的体验就没有了。所以，要让孩子去尝试，就应该让孩子自己去做，孩子纵然感到困难，也会自行发现问题，进而靠自己的力量去解决问题。

第一章 不怕跌倒，适应生存

## 生活中的跌倒——是上天最珍贵的馈赠

在非洲大草原的奥兰治河两岸，生活着许多羚羊。动物学家发现一个奇怪的现象，东岸的羚羊不仅奔跑速度比西岸的羚羊要快，而且繁殖能力也比西岸的羚羊要强。

为了研究两岸羚羊的不同之处，动物学家在两岸各捉了10只羚羊，再把它们分别送到对岸。

一年后，由东岸送到西岸的羚羊繁殖到了14只，而由西岸送到东岸的羚羊只剩下3只……这是什么原因呢？动物学家百思不得其解，因为这些羚羊的生存环境是相同的。

后来，动物学家终于找到了原因。

原来，东岸不仅生活着羚羊，还生活着一群狼，为了不被狼吃掉，羚羊不得不每天练习奔跑，使自己强健起来。而西岸的羚羊因为没有狼群的威胁，只是每天吃草，过着安逸的生活，结果，奔跑能力不断降低，体质也不断下降。

日本教育家井深大说过："最吃苦头的自然是在娇生惯养中长大的孩子，因为生活中毕竟不光有甜，还会同时伴有酸、咸、苦、辣，现在光喂甜食，将来难免会反胃，只有尝遍了辛酸苦辣后，最终才能品尝出生活的甘甜。"

生活是最真实的，如果我们能够舍得让孩子吃点苦，孩子在每一次的跌倒当中，就会学着如何去站起来。遗憾的是，我们总是舍不得看孩子跌倒，总是运用提前告知、包办代替等办法让孩子不要吃苦。结果呢，孩子不仅经不起跌倒和挫折，更失去了感受幸福的能力。

日本学校培养孩子的意志力，比较流行的做法是给学生们吃"忆苦饭"。学校定期向学生供应清汤萝卜、粟米煮成的"饥馑午餐"，目的是让他们了解父辈的艰

69

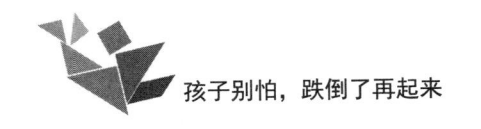

苦生活。有些孩子面对这种食物，号啕大哭，但校方、老师、在场的父母毫不动摇，决不迁就，直到孩子咽下这些特别的饭菜为止。学校规定穿长衣长裤的日子，无论天气多热，都必须穿上长衣长裤，学校还规定了穿短裙短裤的日子，哪怕气温再低，也一律换成短裙短裤……

韩国的家长同样注重从小锻炼孩子的意志。家长给孩子穿上羽绒服，让孩子在冰窟窿里待一阵子，让孩子感受"寒冷"的滋味。

新加坡父母在带孩子外出时，让孩子自己背包，自己行走，遇到不明白的问题，让孩子自己去解决。而且，父母经常不给孩子买水或点心，而是让孩子自己解决口渴饥饿的问题。总之，父母应该当一个配角，不要处处当主角，让孩子在生活中去磨炼坚强的意志。

## ◎接受生活的磨炼

生活中的磨炼是最真实而有效的挫折教育。许多事业有成的富人都意识到这个问题，在选择接班人的时候，注重基层锻炼。因为在生活中，存在着许多小跌倒，而不断经历小跌倒，就是为了避免发生大跌倒。

时装品牌 ZARA 老板的女儿玛尔塔·奥特加就是从最基层的销售店员一步一步踏踏实实地做起，历经数年才进入父亲掌管的 ZARA 帝国的核心层。为了不让女儿"基层锻炼"的效果打折扣，阿曼西奥·奥特加用心良苦。他尽量安排玛尔塔去那些不容易被认出来的地方实习，以新员工的名义进店。在第一家店里，她的工作跟所有的店员一样，早晨七点半上班，监管货车将服装准时送到后，还要整理服装上架、清点存货量并及时补货。唯一不需要她做的，恰恰是不太费力的收银工作。

地产大亨唐纳德·特朗普的女儿伊万卡·特朗普，虽然年纪轻轻却已拥有九种职业经历，据说15岁的时候就靠在高尔夫球场做球童来挣自己的零花钱。

连卡佛集团主席的女儿吴宗恩无论是采购、推广或是财务的工作她都一一尝试，拍片子、打字、写邮件、半夜发传真等这些普通员工的工作她也曾亲力亲为。

而许多中国的富二代接班人之所以在接收父辈创下的江山后，不仅无法开拓新的局面，甚至大有败家的倾向，这与中国人不愿意让孩子吃苦有很大的关系。许多年轻的接班人毕业后直接成为公司的高管，不了解基层员工的工作，仅仅以职位去领导，结果可想而知。

相对来说，生活贫困的孩子，由于艰辛生活的磨炼，比家庭条件优越的孩子更容易形成良好的品质。因此，在日常生活中，父母不要做孩子的保护神，而是要做孩子的教练，引导孩子去面对苦难，而不是替孩子排除苦难。该孩子自己去承受的，就让他去承受；该孩子自己劳动的，就让他身体力行；该孩子痛苦的，就让他经受一下痛苦。

生活中的磨难其实是上天馈赠我们的礼物，如果我们人为地替孩子排除这些磨难，虽然当下孩子确实不用承受了，但同时，我们也剥夺了孩子提高承受力的机会。

## ◎磨炼意志的那些劣性刺激

生活中的磨难并不是指一些轰轰烈烈的大困难、大挫折，恰恰是普通得不能再普通的事情，可称之为劣性刺激。劣性刺激是指令人不满意、不舒服、不愉快的外界刺激。劣性刺激能锻炼孩子的心理承受能力。生活当中的劣性刺激有很多，我们最需要做的就是顺应自然的结果，让孩子接受生活的馈赠。

归纳起来，主要包括以下几种：

### ●困难

在生活中，很多孩子都表现出意志薄弱，这与他们总是一帆风顺有关。有些家长甚至在预见到某件事情对孩子来说可能会有困难时，就及时伸出援助之手，帮助孩子提前把困难解决了。结果，孩子对困难越来越无法承受，一遇到困难就有可能想不开，寻死觅活。事实上，父母应该鼓励孩子自己去克服生活中的困难，尤其是一些经过努力就可以克服的困难。在这当中，我们要给予孩子克服困难的勇气，也要教给孩子克服困难的方法。只有这样，孩子不仅承受了困难的不适感，同时也获得了克服困难的成就感。

一个孩子放学时忘记自己还有社团活动，跟着托管班的老师回来了。

孩子别怕，跌倒了再起来

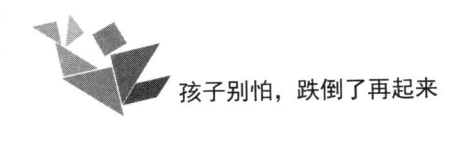

到托管班后，另一个老师记得这个孩子有围棋社团，问她："今天，你不是有围棋课吗？"

孩子一听，愣了一会儿，说："是的。"

"那你怎么出来了？"

"忘记了。"

"那现在回去上围棋课吧。"老师说。

也许是感受到回去可能会受到社团老师的批评或者责难，孩子不吭声。

"赶紧回去。刚刚上课，现在回去还来得及。"

"没带棋盘。"孩子开始寻找借口。

"没带棋盘怎么了？"老师问。

"没带棋盘。"孩子又重复。

"没带棋盘不能上课吗？"老师问。

"是的。"

"那你今天怎么没带棋盘呢？"

"忘记了。"

"忘记带棋盘，不是不去上课的理由。你现在赶紧回去上课。"老师坚持。

孩子不说话，也不动。

"赶紧去。"孩子的表情有些痛苦，她在做思想斗争，她在思考着如何去面对这个局面。

"快去，我送你到门口，你自己进去上课，自己和围棋老师说明情况。"老师知道面对自己犯下的错误是最难接受的，但是，这样的经历却可以让她明白，自己必须承担自己的失误，没有任何借口。试想一下，一旦我们帮助孩子去逃避这次困难，她以后面对类似的事情，都会用逃避来对待，而且会认为逃避是理所当然的。

孩子是怀着沉重的心情去社团的，但回来时，她的脸色相当轻松。这个剧烈的变化事实上是发生在她的心里。她跨越了心理的斗争。

## 第二章 不怕跌倒，适应生存

● 饥饿

<u>许多孩子之所以有偏食、挑食的习惯，而且食欲较差，是因为他们很少领教饥饿的滋味。许多孩子零食不离口，白天总是处于饱腹状态，吃饭时自然没有胃口。</u>

中国古语道："欲求小儿安，三分饥与寒。"确实，适度的饥饿能够帮助孩子正确对待正餐，吃得更香，养成少吃零食的好习惯，同时也能够调节肠胃功能，促进身体健康。

同样，孩子在心理上也需要饥饿刺激。父母要制造欲望的空腹状态，让他有饥饿感。每个孩子都有欲望，父母如果无限制地满足他的一切欲望，孩子的兴奋感会处于饱和状态，就会失去追求的热情。比如，有些父母给孩子买了很多玩具，这反而会让孩子东挑西拣，兴趣不专一。相反，当孩子缺少玩具时，他就会专心地玩，玩得更津津有味。华德福教育理念提倡尽量少给孩子购买玩具，尤其不能购买电子类玩具。给孩子的玩具最好是天然材质的，成人亲手制作的。玩具尽量少，让孩子利用尽量少的玩具，发挥自己的想象力，用一种玩具玩出不同的玩法。

> 大女儿上小学后，我们每天早上都会在她的书包里放个保温水杯，水杯里装上半壶水。但是一段时间后，我们发现她每天早上背着水去上学，放学的时候依然背着这么多的水回来。女儿还向我们抱怨："我在学校根本就不喝水，你们不用为我准备。"尽管我们和她列数喝水的重要性及为她准备水的好处，但女儿根本不领情。
>
> 有一天早上，爸爸又在为女儿准备水，女儿看见了说："爸爸，不用带水了。"正好那天女儿的书包也特别重，于是，那天没有给她带水。
>
> 谁知，中午我接她回家吃饭的时候，女儿一见到我就开始抱怨："今天上完体育课，我口渴死了，竟然没有带水，真是难受死了！"
>
> 我说："哦，那你怎么办？"
>
> "我向好朋友要了点水喝。"
>
> "嗯，这是个好办法。"
>
> 我知道，在女儿承受口渴的不适感时，她的内心必然经历了很多思考，

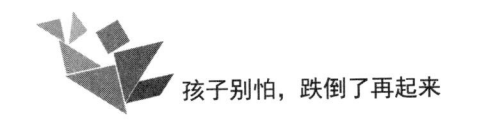

也许她会想到带水的好处；也许她会想到向人去要水喝的不便；也许她会想到曾经拥有的好处……总之，从此以后，女儿再也没有提不要带水了。

● **劳累**

有些父母认为孩子小，做不了什么事，就包办代替。事实上，孩子从小不劳动，不知什么是苦累，以后就会逐渐变得懒散、怕苦，活动少，缺乏锻炼，不仅对身体发育不利，还会影响智力发育并促使不良性格的形成。

大女儿小时候是我和母亲一起带养的。我家住在五楼，没有电梯，每次外出回家爬楼梯时，女儿的表现也会不尽相同。

和我在一起的时候，女儿总是会牵着我的手，努力从一楼开始往上爬。我牵着她的小手，一边爬楼梯，一边数数，一边唱歌，还不断鼓励她。女儿至少能够爬到三楼。她会说自己很累，爬不动了。一般情况下我会根据实际情况，如果她之前经历了剧烈的运动，确实比较累了，我会从三楼开始抱她上楼。大部分情况下，我会鼓励她自己爬上去。当然，如果我当时手上有许多东西，很难抱她，就会告诉她妈妈没有办法抱她上楼，并鼓励她慢慢走。有时候，我会假装自己走不动了，问女儿："妈妈走不动了，怎么办呢？"女儿就会主动牵我的手说："妈妈，我来牵着你，我拉着你往上走。"她不仅走在我的前面，还使劲地拉我上楼。一到家，女儿就说："妈妈，你看，你终于爬上来了吧？"我则识趣地回应道："是啊，幸亏宝贝拉着妈妈往上走呢！"女儿总是一脸自豪。

和我母亲在一起的时候，女儿总是一到楼道口，就大叫："外婆，我走不动了，我要抱！"有时候，母亲会说："外婆不抱，你自己走。"女儿就开始大哭："外婆，我真的走不动了，我累死了！"哭声惊天动地，整个楼道都听得到。于是，母亲为了制止女儿的哭声，立刻抱起她上楼。有时候，尽管母亲手上拎满了东西，她也会委屈自己，努力抱着女儿上楼。

有一次，母亲带女儿去小区门口的超市购物，我在家里收拾。回来的时候，我听到女儿在一楼哭，然后，我又听到母亲在楼下大叫："你快下来拿东西！"

我在窗口看下去，女儿正拉着母亲胸前的衣服，要爬到她的身上。但母亲当时手上已经拎了两袋东西，根本无法抱着她上楼。

我说："你让她自己上楼吧！"

母亲说："她要能自己上楼我还会叫你来帮忙啊！"

无奈，我只得下楼去拎东西，女儿则非要黏着外婆抱上楼。母亲气喘吁吁地抱着女儿，一进家门，就坐在边上，边喘气边对我说："你以为让她自己上楼很容易啊，她的哭声这么悲惨，邻居听了以为怎么了呢！"

我说："哭几声又怎么了，孩子不就是经常哭的吗？"

母亲却说："你丢得起这个脸，我还丢不起这个脸呢！"

原来，母亲担心的是被别人听到孩子的哭声啊。她的这个心理必然被年幼的女儿觉察到了，于是，女儿学会了用哭声去控制母亲。而在我这里，女儿知道哭是没有用的，就不会用哭的方式来控制我。我深知适度的劳累对孩子的重要性，能让孩子自己做的事情就尽量想办法鼓励孩子自己去完成。实际上，孩子在完成这些事情后，得到的成就感要远远超越劳累的不适感。

生活中，尽管孩子比较小，也要让他做一些力所能及的事，如学习自己穿脱鞋袜、洗手洗脸、整理玩具，还可以帮助大人拿报纸、浇花等。

● **规则**

没有规矩，不成方圆。因此，必须明确规定一些孩子不应该做的事情。比如打人、骂人、偷东西等，这些事情是绝对不允许做的。做了就要受到批评，有时候还要严厉地批评，这对孩子的身心健康成长是有益的。影响别人也是不允许的，这是对他人起码的尊重。

儿童之家曾经接收一个三岁的女孩妞妞。妞妞原来在一个蒙氏的儿童之家待过。在那边，孩子想干什么就干什么，孩子不想睡觉就不用睡觉，

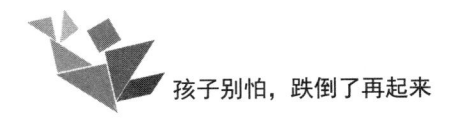

孩子不愿意做一些事情就可以不用做。这听起来是没有什么问题。但是，在实际生活中，问题非常多。

妞妞到我们儿童之家后，每天做着自己喜欢的事情。到午睡的时候，妞妞说："我不要午睡。"我们答应她的要求："行，你可以不午睡。那去午休室里安静地玩吧。"

妞妞说："我要娜娜老师陪着我。"

娜娜老师一听妞妞这么说，表情很复杂。她拉着妞妞的手，一方面想满足妞妞的要求，一方面又担心其他孩子。事实上，娜娜老师当时需要陪伴其他孩子睡觉。娜娜老师与妞妞是在另一个儿童之家认识的，两人的关系较好，来儿童之家后，娜娜老师自然对妞妞照顾有加。我意识到两人的关系后，就对娜娜老师说："行，那你陪着妞妞到午休室去，我来陪伴午睡的孩子。"妞妞和娜娜老师欢快地离开了午睡室。

过了一会儿，娜娜老师带着妞妞又来到午睡室了。娜娜老师不好意思地说："妞妞说想午睡了。"于是，妞妞又躺到自己的小床上，无奈她不停地折腾，不仅翻滚着，而且还不断说话。寝室里的孩子自然都受到了影响。又过了一会儿，她再次要求娜娜老师带她下楼去玩。这次，我严肃地对娜娜老师说："你带下去后，不能让她再上来了。要不其他小朋友没办法睡觉了。"娜娜带走妞妞后，其他孩子果然安静多了。

正当几个孩子迷迷糊糊即将入睡时，楼梯那又传来走路的声音。

我赶紧到寝室门口，娜娜老师说："妞妞想到午睡室去睡觉。"

我说："不可以。现在其他孩子正迷糊着，她一进去就会影响其他孩子。"

娜娜老师说："可是妞妞就说想去午睡室睡觉，怎么办？"

我说："你带她到午休室去睡觉。你要告诉她，她决定了到午休室休息，就不能再进午睡室去了。不停地进进出出对其他孩子有影响。她得为自己的选择负责任。"于是，娜娜老师认真地看着妞妞，对她说："妞妞，我们今天不能去午睡室了，我们只能去午休室。"妞妞一听哭了。娜娜老师又说："我会陪着你的。"

妞妞抽泣着跟着娜娜老师去了午休室。过了一会儿，她就睡着了。

后来，儿童之家对所有的小朋友又重新强调了午睡的规则：规则一，每个小朋友有不午睡的权利，不午睡的时候可以到午休室去休息或者安静地玩；规则二，选择午睡的小朋友，不可以不停地进出午睡室影响其他小朋友；规则三，选择去午休室的小朋友，不可以大声喧哗，影响午睡的小朋友，也不可以临时改变主意再去午睡室。

从那以后，妞妞去午睡室睡觉时不会再提出到外面去玩了。

我们成人总习惯满足孩子，在满足孩子时容易失去规则，以为满足孩子就是给予爱。实际上，没有规则地满足孩子并不是真正的爱，反而是对孩子的一种伤害。这种伤害剥夺了孩子在生活中成长的机会，让孩子越来越无法适应同样的情形。

● 忽视

现代生活中，许多父母以孩子为中心，孩子总是主角，一旦所处的环境发生变化，孩子很有可能从主角变为配角，甚至是不被重视的。那么，孩子怎样来适应角色的转变呢？由此可见，在生活当中，适度地忽视孩子是非常必要的。

在生活中，我们经常会遇到自己对对方热情有加，而对方却对自己冷冷淡淡的情况。在这种情况下，很多人的内心会很受挫，认为对方对自己太不礼貌了。实际上，这就是我们在要求对方不能忽视我们。

孩子也是如此，对于自己喜欢的成人，他们会多看几眼，在心里渴望对方会多关爱自己一些。有些成人比较了解孩子的这种心理，自然会多关注一些，而大部分成人因为各种客观原因做不到额外关注孩子，但这并不代表这位成人不喜欢这个孩子。因此，让孩子接受这种不被特别关注的现实，其实也是增加抗挫能力的一个方面。

大女儿上幼儿园时，很喜欢班上的老师。她对我表示想让老师知道自己喜欢她。我鼓励她："那你自己去跟老师说。"

大女儿表示自己害羞。我对她说："那你就在心里喜欢老师好了，不一定要告诉老师。老师从你每天的表现当中也会感觉到的。"

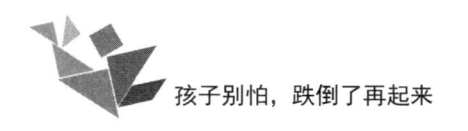

又有一次，她对我表示希望老师跟她多说说话。我问她："你有主动和老师去说话吗？"

大女儿说："没有，我不好意思。"

我说："你没和老师说话，老师可能工作忙，没有想到，或者没有时间和你多说话。你要么自己主动和老师说话，要么就别想太多。"

大女儿撇撇嘴。

我又问她："你觉得老师没和你说话是因为不喜欢你吗？"

大女儿摇摇头说："没有。我觉得老师还是喜欢我的。"

我说："那就可以了。你喜欢老师，你知道老师也喜欢你，就好了。"

于是，大女儿渐渐放下了想要老师特别关注的念头。上小学后，我们也不鼓励她刻意表现自己。在学习及活动等方面，都让她按照自己的意愿去做，不鼓励她为了获得老师的一个表扬而刻意表现。

我觉得，一个孩子只有习惯了被他人忽视，能够安静地绽放自己，表现自己的内心世界，才是最真实的。这样的孩子不仅可以平静接受一些偶尔的失误，也不会被这些失误左右内心自我的介值感和生活的幸福感。

● 批评

谁都喜欢听好话，听到批评就不高兴。要让孩子从小学会分清是与非，知道对与错，明白做了不对或者不好的事情后，要听从劝告，否则要受到批评，使孩子从小就能感受到"约束"，不敢随心所欲。

有一次，托管在绘本馆的然然偷偷拿了妮妮的东西，妮妮追着然然要。然然却把手一摊说："没有。"

我听到妮妮的哭声就走到他们身边。我问："然然，妮妮说你拿了她的东西，你拿了吗？"

然然说："没有。我只是想玩她的东西。"她边说边把手伸出来给我看。

我看到她的口袋鼓鼓的，又问："真的没有吗？让我来看看。"

然然看我要靠近她的架势，赶紧坐在地上，然后把口袋里的东西悄悄摸出来，放到屁股后面，并理直气壮地说："你看，就是没有。"然后，她又掉头对妮妮说："你真小气。"

我亲眼看到她藏东西，看到她边藏边说自己没有拿，还听到她批评妮妮，这让我挺生气。我生气的不是她拿别人东西，而是她拿了别人的东西，隐匿自己的行为，指责别人不对。

于是，我平静地对然然说："然然，我刚才已经看见你把东西偷偷地藏到屁股后面了。请你拿出来。"

然然一听，用脚把后面的东西踢开，故意委屈地说："哪里，又没有！"

我严肃地对然然说："然然，你这样做是不对的。你想玩妮妮的东西，必须经过她的同意。她如果不同意给你玩，你就只能接受。你不能抢她的东西，还故意藏起来。"

然然终于低下了头。

其实，已经有好几次小朋友报告然然有类似的问题，但是没有当场看到，很难对这个孩子进行批评。这次，我终于看到了整个过程，当下的批评效果最明显。后来，然然就不敢再随意拿别人的东西了，拿之前她总会先询问一下。

受到劣性刺激的孩子，可能会一时感到不快甚至痛苦，但是，这对孩子的身心健康和成长是有益的，也可以培养孩子的独立生活能力。值得注意的是，进行劣性刺激的时候，必须注意几点：

首先要遵循自然后果法则。

劣性刺激并不是人为地、故意地给孩子制造许多麻烦和困难去面对。生活当中原本就有许多不舒服或者不愉快的事件，让孩子承受自然后果带来的不适感，是最好的劣性刺激。即使我们要抓住机会对孩子进行教育，也要顺应"这件事情可能带来的后果"来惩罚孩子，而不是人为地用其他方法来惩罚孩子。

其次，要循序渐进，让孩子能够承受。

孩子别怕，跌倒了再起来

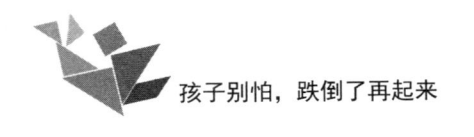

孩子的年龄、性格、性别等各种因素决定了孩子的接受能力是不一样的。对同一个孩子给予的劣性刺激强度，也要随着孩子的成长而不断变化。

孩子在生活中如果经常接触到这种劣性刺激，他反而会形成勇敢、自信、感恩、平和等良好的心态，这些都能够让孩子获取更多的幸福感。

## 最大的跌倒——就是不知道在哪会跌倒

有一个故事是这样的：

村口有一条大河，河水给孩子们带来了欢乐，但同时也把悲伤带给了孩子们——每年难免都有孩子被河水吞噬生命。

在这个村子里，有一户姓张的人家，有一个独生子。孩子五六岁时，有一次，父母发现他和大孩子一起到河里戏水，心都揪紧了——就这么一个宝贝儿子，万一有个三长两短，做父母的可怎么办？

于是，父母第一次狠心打了孩子，并禁止孩子走近河边。

儿子看着别的孩子高高兴兴地到河里玩水，他也想去，可父母严厉的目光总把孩子眼中的渴望无情地浇灭了。

儿子十岁那年，村里发了大水，别的孩子都在大人的帮助下逃生了，唯独这个孩子，在呛了几口水后，沉了下去……

不想让孩子溺水，就禁止孩子走近大河，结果孩子失去了性命。可见，最大的危险就是根本不知道如何识别和避免危险。父母爱孩子，就应该为孩子做长远的打算。出生在河边的孩子，父母应该让孩子学会游泳的本领，学会面对危险又能避免危险的本领。

从某种意义上来说，危险是无处不在的，人要生存下去，就要学会避免或战胜它。人类的历史也是无数的冒险、斗争并战胜危险的历史,孩子只有学会了自我保护,才能够最大限度地保护自己。如何让孩子避免或战胜危险,学会自我保护呢?

◎ 允许和鼓励孩子探索世界

大女儿两岁时,一次,我带她乘公交车,女儿死活不要我抱着,而是要自己坐。

我说:"你一个人坐不牢的。"

女儿说:"不会的,我会抓着栏杆的。"

我无语,于是让她自己坐着。女儿学着我的样子端端正正地坐在位置上,一只小手扶着靠窗的栏杆。而我本想抓着女儿的衣服,但小家伙不愿意,我只好两只手远远地护着她。

这时,公交车过天桥了,只见女儿紧张地憋住了气,并下意识地弓着身子。看着她的样子,我觉得有点儿好笑。

这时,女儿兴奋地对我说:"妈妈,车过桥了,真好玩!"

"是呢,车子从桥上走,就不用过红绿灯路口了。"我这样告诉女儿。

正说着,车下桥了,女儿刚刚有点儿松懈的身体又僵硬地弓着,生怕自己往前冲。突然,"咣当"一声,车在下桥时跳跃了一下,女儿兴奋地说:"妈妈,车在蹦蹦跳!"

我告诉她:"因为路面不平整,有点坑坑洼洼的,所以车子开过去的时候会跳跃起来,像蹦蹦跳一样。"

女儿点了点头说:"真好玩!"

这次独自"坐"车的经历,让女儿感受颇多。对于怎样保持良好的坐姿、怎样控制自己的身体、怎样判断车子的速度等都有了更好的感知力。没多久,女儿坐公交车的能力就更上一层楼了。

有一次坐公交车,女儿死活要下地站着。我说:"站着很容易摔倒的,所有的人都坐着呢!"车上人不多,所有人都坐着。

但女儿坚持说:"我要站一会儿。"我又劝说了两次,最终败下阵来,

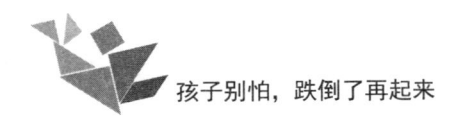

允许她下地站一会儿。

女儿下地后，还不要我拉着她。我只得两只手围在她身边。这时，车速突然慢下来了，女儿控制不住往后退了两步，最后用手扶住我的腿才稳定住。

看着小家伙沉着冷静的样子，我蛮佩服她的。她总是喜欢挑战"危险"事物，而大部分时候，她总能够成功，这就成为她不断挑战自我权威的筹码。不得不说，在体验新事物的时候，我的忠告越来越不起作用，每次，女儿总要亲身去体验后才罢休。而我在安全的范围内，总是给她探索的自由，即使有些小危险，我也会放手让孩子去体验，让她在体验中亲身感知危险的存在。女儿三岁后，对我的忠告反而越来越接受了。

孩子总是跃跃欲试想做些超越自己能力的事情。一个孩子脚还够不着自行车的脚蹬时，就会想骑自行车；不会游泳的孩子，看到别的孩子在游泳，自己也要跳到水里去嬉戏。

其实，孩子在参加探索活动的过程中，不仅仅得到了探索的乐趣，其思维能力、创造力、自信心、勇气也得到了发展。

比如，一个孩子看到游乐场里其他孩子在兴高采烈地玩碰碰车，他很想去，就看看妈妈，妈妈鼓励说："去玩吧。"孩子有点儿紧张地坐到车上，车子飞快地跑起来，到处乱撞。孩子的小手紧紧抓住方向盘，脸上露着笑容。游戏结束后，孩子会非常高兴，因为他克服了心中的害怕情绪，变得有信心了。

因此，如果孩子不会骑车，父母可以帮助他——孩子踩着脚蹬，父母推着车跑，让孩子体验一下"骑车"的滋味；父母还可以给孩子买一个适合他骑的小自行车，让他学着试试，有了兴趣，不久孩子就能学会；孩子想游泳，不妨给孩子套一个救生圈，让他在水里玩耍。

当然，每个孩子在尝试做一件事情的时候，都会有恐惧的心理，害怕自己做不好。这时，如果父母出于保护孩子的目的，说"算了，多危险呀，不要做了""小心点，你会伤到自己的""你不能做这个，太危险了"……这样，孩子想要尝试一下的微弱愿望瞬间就会被父母的呵斥赶跑。

第二章 不怕跌倒，适应生存

如果父母对孩子说："没事，来试试吧，但是要注意……"鼓励孩子尝试，同时教给孩子必要的防护方法和知识，就可以防止孩子出现一些不必要的伤害。

◎ **体验日常生活中的小"跌倒"**

在日常生活中，父母照顾孩子总是唯恐不周，恨不得替孩子去承受大大小小的跌倒和危险。比如，看见孩子拿小刀削铅笔，就怕孩子削着手，马上抢过来，替孩子削；看见孩子用针缝点儿东西，也不放心，要替孩子代劳。事实上，像削铅笔、缝扣子这类不会有太大危险的事，由父母代劳只会剥夺孩子自己体验危险的权利和机会，让孩子在面临更大的危险时变得不知所措。

因此，父母不要过分保护孩子，有时让孩子尝试一下危险的滋味，反而能够磨炼孩子的意志。比如孩子倒开水的时候烫伤了手，父母千万不要说："呀！烫到手了，下次倒开水时叫妈妈（爸爸）倒！"而是应该说："烫到手了，疼吗？你想想怎样倒水才不会烫到手呢？""来，妈妈（爸爸）帮你包扎一下。一会儿你看妈妈（爸爸）

孩子别怕，跌倒了再起来

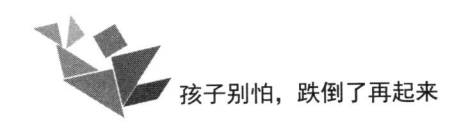

是怎么倒的，你要向妈妈（爸爸）学习哦！"父母不要过分关注孩子受到的伤害，只要给予孩子必要的保护就可以了，一定要鼓励孩子勇敢地面对危险。

美国富翁洛克菲勒为了让孩子从小就明白不能在别人的保护下生活，常常允许孩子们一个人去划独木船或驾驶帆船，还让他们去冒险，尝试可能涉及的危险。为此，洛克菲勒九岁的儿子从小马的背上摔下来过，十二岁的儿子玩气枪打伤过自己的脚，尽管父母心里很害怕，但他们还是硬着头皮让孩子去尝试。

经过这样的磨炼，在面临危险和可能跌倒的时候，孩子的处事能力就会得到提升，自信心也会提升，以后在面对更大的危险及困难时，就会努力想办法避免或者去克服困难。

## ◎教给孩子战胜危险的办法

在孩子的生活中，危险是潜在的，再细心的父母也不可能完全排除孩子生活中遇到的所有危险，替孩子抵挡危险。明智的父母不是教孩子如何躲避危险，而是让孩子正视危险，学会战胜危险，并增强自己应对危险的能力。

比如，孩子喜欢爬树，而且爬得很高，父母怕孩子摔下来，总是希望禁止孩子的这种危险行为，可是孩子在外面是否会去爬树，父母又如何禁止得了呢？对活泼、独立性强的孩子来说，禁止他从事有一定危险性的活动是有困难的。孩子本来就是喜欢做危险游戏、喜欢冒险的，他们积极探索的精神和自信心就是从这里产生的。父母如果大惊小怪地说"太危险了！太吓人了！可不能干啊！"这样，孩子对新奇感的体验就会被淹没了。

其实，最有效的方法只能是提醒孩子如何去化危险为安全。比如，爬树是一种很危险的活动，要防止跌落的危险，就要考虑牢固的落脚点，衡量树枝能否支撑自己的身体。父母指出危险性，不强迫禁止，才能让孩子学会克服困难的本领。

## ◎用"自然后果法"让孩子品尝危险的滋味

有一些孩子，对于父母的提醒总是左耳朵进右耳朵出，这类孩子往往比较有主见，有时候甚至有些自以为是。因此，对于他人的善意提醒往往不愿意立刻就接受。但如果孩子不愿意接受意见，危险就很容易发生，与其让危险发生在父母不在身边的时候，不如让危险在父母在的时候提前发生，让孩子切身体验一下危险的滋味，从而减少孩子自以为是、一意孤行的毛病。

有一个孩子，每天负责洗家里的碗。但是，他有个毛病，就是在洗碗时，喜欢把洗好的碗摞起来放在边上。这可是相当危险的，稍微一碰，所有的碗就会摔下来打碎。妈妈已经提醒他好几次了，孩子虽然每次都会把碗撤下来，但是，下次洗的时候依然这样放。

有一天，妈妈又发现孩子这样做了。妈妈本想再提醒孩子，但是，妈妈想到，也许是因为孩子没有亲自体验过危险，所以总是把妈妈的提醒当成耳边风。这次，妈妈想让孩子体验一下危险的发生。

于是，妈妈假装不小心碰到了碗。结果，哗啦啦，碗摔得满地都是。看着打破的碗，孩子的眼泪夺眶而出："妈妈，你太不小心了，我辛辛苦苦洗的碗，现在被你打碎了。"

妈妈说："孩子，妈妈不是有意的，是你把碗摞得太高了，这样非常危险，妈妈已经提醒过你许多次了。现在，不但你辛苦白洗了碗，妈妈还损失了许多碗呢！"

孩子不吭声了。从那以后，孩子再洗碗时，再也不会把碗摞得高高的了。

可见，许多危险，孩子并不认为是危险，只有当孩子亲身体验过了，孩子才知道危险的后果是怎样的。因此，这次摔碗事件起到的积极作用无疑是很明显的。

◎ **学会避免日常生活中的危险**

徐磊从小娇生惯养，许多事情都不会做。在家不会做饭烧菜，因为他连煤气都不会开；出门也会经常遇到麻烦，有时骑车和人家撞了，有时上体育课摔了……

## 孩子别怕，跌倒了再起来

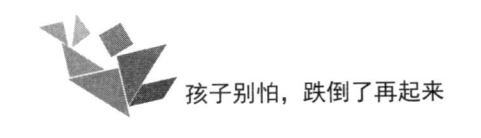

前几天，徐磊在放学回家的路上，遇到了几个社会青年，其中一个拿出了匕首威胁徐磊把钱掏出来。徐磊看情况不对，只好把身上所有值钱的东西都给了他们。歹徒还恐吓徐磊不准和父母说。

回家后，妈妈看到徐磊脸色不好，问他有什么事，徐磊连声说"没有"。

接下来的几天，徐磊在放学回家时经常受到这几个人的恐吓、勒索，每次都是把身上的东西全给了他们。

连续几天，妈妈觉得徐磊花钱好像特别快，神色也不对劲儿，在妈妈的追问下，徐磊终于说出了被敲诈勒索的经过。

事后，妈妈感慨地说："这事真是太危险了，徐磊也太不会自我保护了。"

案例中的孩子，在面对小小的挫折时，不知道如何去规避危险、保护自己，我们不得不感叹孩子抗挫折能力的薄弱。

生活是美好的，但是生活中也处处存在着危险。据有关部门统计，我国中小学生每年因意外伤害事故死亡人数在万人以上，平均每天有一个班的孩子因意外伤害事故死于非命。这是惊人的、惨痛的事实。虽然许多事情是无法避免的，如乘车、坐船出事故，房屋倒塌，公共场所突发灾害等。但是，如果孩子学会了自我保护，就可以减少许多不应该发生的悲剧。

在日常生活中，父母应该让孩子明白以下几点：

要求孩子平时经常与父母沟通。让孩子明白，如果身体不舒服，要及时告诉大人；如果遇到麻烦事，自己一时无法解决时，可以向父母诉说，向父母咨询；如果心里有苦闷，应该向父母或知心朋友诉说。

让孩子学会适应变化的环境。刮风下雨应该知道带什么东西，出门在外应该知道不同的地方可能会发生什么情况，教育孩子上学放学、外出办事尽量走大路，少走僻静小路，如走僻静小路，最好结伴而行，如遇坏人打劫，尽快避开，跑向人多的地方，同时大声呼救。

培养孩子对突发事件的应变能力。比如遇到陌生人问路，应该怎样提防被骗；遇到煤气泄漏，知道如何去控制；着火了，怎样用灭火器灭火等。

如果孩子一个人在家，最好把防盗门反锁上。如果有人敲门，教育孩子不能轻易开门，应先问清是谁。是亲朋好友，可以开门迎进来；是陌生人或仅仅似曾相识的人，不能开门，应委婉拒绝："真对不起，爸爸妈妈不在家，有什么事情我可以转告，或者请您晚上再来。"如果对方非要进来不可，也不能轻易开门，可以教孩子这样说："要不您先等一会儿，我给爸爸妈妈打个电话，请他们马上回来。"

培养孩子的鉴别与分析能力。现在社会复杂多样，有一些不法分子专门骗孩子的钱，诱惑孩子走歪门邪道，甚至拐卖孩子。比如，有的骗子诱惑孩子赌博；有的用讲故事的方法散布封建迷信或淫乱思想；有的向孩子兜售摇头丸、迷幻药等毒品；有的在孩子单独行动时，以认识孩子父母或亲友、带孩子出去玩儿等为由拐骗孩子……

父母要给孩子分析这些社会现象，揭穿这些坏人、骗子的真实面目，教育孩子在遇到这类事情时，一定要动脑子想一想。绝不能随便跟陌生人到任何地方去。如果是认识的人，回家也要告诉爸爸妈妈；如果有人强制自己去干什么，就大声呼救，回家以后要跟父母说清楚，还要跟老师汇报，这些措施其实也能让孩子增强自我保护的能力。

父母带孩子外出时，如果遇到陌生人问路，或者请求帮助寻找丢失的东西之类的事情，针对这类事情，父母要教育孩子保持警惕，对正常问路应该如何做；对心存歹意的人应采取什么策略；教育孩子不要轻易相信一些犯罪分子诱骗孩子的策略；让孩子知道任何人包括警察和消防员，在未得到孩子监护人允许的情况下，都不能将他们带走，要提高警惕。

一些网站、杂志、电视、录像、图书中充斥着不健康的内容，这些不健康的内容对孩子极具诱惑性。父母要经常跟孩子讨论什么内容是健康的，什么内容是有毒害性的，以此来提高孩子分析与鉴别的能力，让孩子自觉抵制不健康的东西。

孩子别怕，跌倒了再起来

# 生命无常——世界不会因某人而改变

大女儿六岁时问我："妈妈，你外公死了，你伤心吗？"

我不知道她为什么会突然问起这个，因为我外公已经去世一年了。一年前，我的小女儿刚出生两个月，外公就突然摔倒而瘫痪，在床上躺了半年后去世。这半年当中，我母亲奔波于外公家和我家，当时这件事情对我家的影响是蛮大的。

于是，我答："伤心。"

大女儿说："可是我看你的生活并没什么变化啊，我们大家的生活也没什么变化。"

我稍作思考，但不知道如何回答她，就应道："是啊。"

大女儿又说："看来，每个人死了也没什么，世界还是没变。"

我有些震惊，这话本不该出自一个六岁儿童之口。

是啊，就算多有成就的人死了，世界也没变。世界之大，有谁是重要的呢？重要只是相对自己而言，于别人而言都不重要。任何人都是别人生活中的过客，父母、伴侣、孩子、亲戚、朋友都是如此。

## ◎ 每个人都是自己的世界

每个人都是独特的。对于整个世界来说，一个人确实无足轻重，而对于这个人自己来说，自己则是最重要的，每个人都是自己的世界。

我曾接触过一个女孩，一直在做心理咨询，原因是疼爱她的父亲意外过世后，她一直无法接受。乍听起来是女孩对父亲感情深厚，实际上，女孩一直生活在父亲的世界里，根本没有从父亲的世界里走出来，去过自己的生活。

生命无常，人的生命是如此脆弱，病痛、意外都有可能降临到每一个人的身上。

不接纳又如何？不接纳只会让心里更加千疮百孔。我们唯一能够做的就是臣服这个自然法则，不让自己活在幻想当中。

## ◎生命教育不可回避

我对大女儿的生命教育开始得比较早。在她有探求这方面念头的时候，我就跟随她的步伐。我不想提前唤醒，也不想过分压抑。孩子的成长事实上掌握在她自己的手中。

在她三岁三个月的那个清明节，我们带她一起去扫墓。格格爬上山后，先看到了头顶上正在飘移的云，她说："妈妈，你看，云是有生命的，它在动呢！"（从心理学的角度来说，三岁多的格格正处于泛灵论阶段，即认为外界的一切事物都是有生命的。）

我不知道"有生命"这个词是什么时候进入格格的脑袋的，于是顺便说："是呀，云是有生命的，它正在动呢。人有生命的时候会动的，如果人死了，就一动不动，永远地睡着了。"

格格当时似乎没有反应。我也就不说了。

过了一会儿，格格看到坟墓，说："妈妈，这个城堡可真不错！"（孩子对坟墓并没有恐惧感，而是联想到图画书中的城堡，这反而让我有一种轻松的感觉。）

我说："嗯，太太住在里面呢。"

格格说："为什么住在里面？"

我说："因为太太年纪大了，死了，就住在里面。"

格格围着坟墓看了看，说："那她是从哪里进去的，怎么没有门呢？妈妈，门在哪里？我也想进去看看。"心理学研究发现，三至五岁的孩子觉得死亡就像睡觉或旅行一样，是一个可逆的过程。因此，当有些孩子说"妈妈，我想打死你"时，孩子其实并没有意识到打死的真正意义是什么，也许，孩子仅仅是想表达"妈妈，你很讨厌，我现在不想见到你"的意思。

我指着碑说："这个就是门。现在，门已经关上了。太太出不来，我们也进不去。因为现在我们生活在两个世界里。他们在的世界叫天堂，我们在的世界叫人间。他

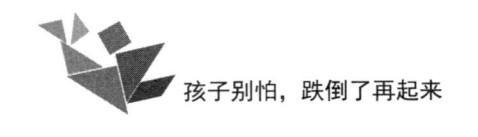

们出不来，我们也进不去。但是，门上写着，谁谁谁住在这里，我们每年都可以到这里来看望他们。"

格格转到另一个坟墓边，又问："这里住的是谁？"

我说："你叫她姑婆，是外公的姐姐。"

格格说："是我的外公的姐姐吗？"

"是的。"

格格又指着旁边的坟墓说："那这里是谁的姐姐？"（孩子就是孩子，关注点并不是死亡的人，而是什么人。）

我说："妈妈也不知道，这里住的是别人，是我们不认识的人。"

格格又问："妈妈，人死了都要住在这里吗？"（终于问到关键问题了。）

我说："是的。"

格格说："妈妈，你死了也会住在这里吗？"（迅速联想到自己最亲密的人。）

我说："如果妈妈死了，可能也要住在一个小盒子里，盒子上写着妈妈的名字。"

格格说："妈妈，我不要你死，我要你一直和我一起住在宁波。"

我说"妈妈现在不会死，而且妈妈也不想死，因为我还有这么可爱的一个女儿呢，我要和她一起生活。"（我想传递给格格对生的希望。）

格格满意地点点头，说："嗯。"

我又说："所以，妈妈要照顾好自己，多吃饭、多休息、不生病，让自己活得更健康一些。你也要这样做，好吗？"

格格说："好的。"

我说："格格不仅要爱妈妈，也要爱爸爸，爱外公外婆、爷爷奶奶，让我们都好好地活着。"

格格似懂非懂地："嗯。"（不管孩子懂不懂，我只是想让她知道，生命是珍贵的，每个人都应该学会自爱、乐观地生活。）

扫墓回家后，格格又对我说："妈妈，人死后会变成大公鸡的，是吧？"（这表明，孩子往往会主动去思考一个问题。）

我反问："为什么会变成大公鸡？"（我当时不知道格格为什么会这么说，只得用反问来探求她内心的想法。）

格格说："因为罗罗鸟的哥哥们死后都变成了大公鸡，他们天天叫醒太阳公公。"（哦，原来是因为看过童话剧《太阳鸟》了。）

我说："哦，是这样！"（我不想再解释什么，既然孩子有自己的想法，就让她先保留这种美好的想法吧。）

格格又说："妈妈，你死后也会变成大公鸡的，我相信。"

看着格格一脸认真的样子，我微笑着说："好的，妈妈如果死了，一定要努力变成一只大公鸡。"（与孩子多讨论是不是要变成大公鸡意义不大，等孩子长大了，她自然会懂的。）

## ◎ 生命教育的内容

有些妈妈说："这么小的孩子，有必要告诉他这么多关于死的问题吗？"如果仅仅是告诉孩子死亡的问题，未免把生命教育看得太狭隘了。

生命教育其实包含更广泛的内容。

一般来说，生命教育由生存教育、死亡教育和发展生命教育三部分构成。

生存教育即父母应该让孩子学会爱惜生命，保护自己的生命。因为生命对于每个人来说都是非常重要的，同时，生命也是极其脆弱的。因此，生存教育是生命教育最基本的内容。

死亡教育是以孩子能够接受的方式让孩子了解、认识和接纳死亡，让孩子认识到死亡是一种自然现象，消除对死亡的恐惧感，进而珍惜自己的人生，珍惜世界上的各种生命。

发展生命教育就是让孩子懂得珍惜生命，懂得快乐地生活，寻找自己生命的意义。

那么，如何在生活中进行生命教育呢？

首先，要向孩子解释生命的诞生。

"我从哪里来"基本上是每个孩子都会问的问题。当孩子问这个问题时，其实，孩子已经迫切地想知道自己的生命起源了。这时候，父母必须给予孩子正面的、正确的解释，帮助孩子了解生命起源。

**孩子别怕，跌倒了再起来**

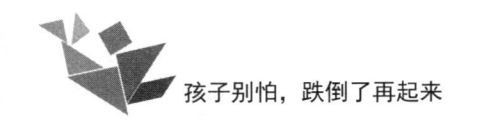

　　格格 20 个月后的一天，无意当中看到了我肚子上的那道刀口，当她用小手来抚摸这道刀口的时候，我觉得这就是对她进行生命教育的好机会。

　　于是，我告诉她："这是宝宝从妈妈肚子里生出来的一个门。"

　　格格一听就来劲了，用小手指来抚摸我的刀口。

　　我又说："爸爸和妈妈很相爱，想拥有一个属于自己的小宝宝。于是，爸爸把种子放进了妈妈的肚子里，和妈妈的种子一起变成了一个小宝宝。这个小宝宝就是你。你在妈妈的肚子里长呀长呀，长得很大了，在妈妈的肚子住不下了，于是，妈妈到医院里请医生帮忙把你取出来了。"

　　我发现，孩子对于自己的诞生非常有自豪感。后来，我每次说："有一个小宝宝是爸爸妈妈爱的种子，你知道她是谁吗？"格格就会指着自己说："是我，是我！"

　　其次，应该让孩子了解生命的成长过程。

　　生命是如何成长的，这个过程必须让孩子明白。

　　最好的办法是与孩子一起翻阅孩子小时候的照片及视频，让孩子看看自己小时候的模样，和孩子讲讲他小时候的趣事，让孩子通过对比感知成长的快乐。

　　格格特别喜欢看自己小时候学走路和学说话的两段视频。然后还学着小时候的样子，说："妈妈，我小时候就是这样的。"

　　格格有时候还特别痴迷地说："'哇哇，我要吃奶，我要吃奶。'我小时候就是这样的！"我故意说："那好吧，来妈妈这里吃奶吧！"格格说："我现在已经长大了，不吃妈妈的奶了，吃米饭了！"

　　从我怀妹妹开始，格格算是从真正意义上了解了一个生命的诞生和成长。她每天都要问我肚中的小宝怎样了，我也非常乐意与她沟通。妹妹出生时，格格在医院里耐心等待。当她看到刚出生的妹妹时，情绪是惊恐的。也许，她不理解小婴儿怎么是这么弱小的。等我向她解释她也是从这么弱小慢慢成长起来时，格格对自己的生命成长也了解得更多了。现在，格格每天都会很欣喜地看到妹妹的成长点滴，比如妹妹开口发声，妹妹用手抓东西，格格每次都兴奋地大叫，而我则微笑着告诉她："你小时候也是这样的。"

　　其实，每位妈妈为孩子写成长博客，记录孩子成长的点滴，都是让孩子了解生命成长过程的好资源。

当然，也可以借助其他事物让孩子了解生命成长的过程。比如，可以让孩子种植一棵属于自己的植物，并观察植物的发芽、成长、开花、结果、凋零的生命周期。

条件允许的话，父母可以让孩子在家里饲养一些小动物，比如小金鱼、蚕宝宝等。通过观察小动物的成长过程，可以让孩子感知到生命的历程。

我家姐妹俩都特别喜欢小动物，先后饲养过金鱼、蚕、乌龟、鹦鹉、仓鼠等。这些小动物都是姐妹俩珍爱的玩伴。孩子们在感受它们的成长和死亡时，其实也在体会一个生命的过程。

带年幼的孩子外出时，如果孩子出现不爱惜生物，破坏环境的举止，应当及时阻止。比如在树林里，不摘树上的树叶和花朵。

最后，应该让孩子直面生命的消亡。

在我们传统的思维中，从来都是很忌讳谈论死亡的，更别说与孩子谈论死亡。在我的印象当中，我直到初中还是一个十分惧怕死亡的人。这其实与儿时的死亡教育不足有关。

生命是脆弱的，生命的消亡往往是我们不愿意让孩子直面的。但是，孩子有权利去面对这些。记得教育专家卢勤讲过一件事情，当时卢勤的母亲病危，卢勤的儿子住校学习，学业正忙。于是，卢勤没有在母亲病危的那刻把儿子叫来。结果当儿子赶到的时候，姥姥已经过世了。为此，卢勤的儿子非常伤感，认为母亲的做法是不对的，让他失去了陪伴姥姥走完人生最后一刻的机会。

大女儿两岁多时，恰遇我的一位大伯过世，我带她参加了葬礼。其实当时也有点犹豫要不要带孩子参加。后来还是参加了，当然，格格没有参加葬礼的全过程，只是感受了一下氛围。

当时，格格已经阅读过弗洛格《鸟儿在歌唱》了，格格知道人死了会怎么样，不过，她还是问道："人为什么要死呢？"

当时我向她解释："就像在一个森林里，小树要生长出来，大树就要死亡。"格格好像很容易就接受了。

其实带孩子扫墓也是直面死亡的一种做法。适时地向孩子解释死亡，让孩子学会接受死亡，不惧怕死亡，这也是乐观面对生命的一种表现。

生命教育绘本亦是帮助孩子面对死亡的载体。格格已经看过许多有关生命教育

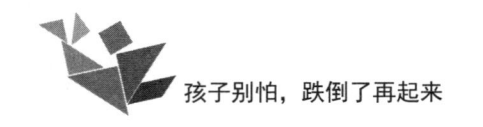

的绘本，比如《爷爷变成了幽灵》《爷爷有没有穿西装》《外公》《象老爹》《大象的算术》等。每次我都不特别讲到死的话题，而只管让她读绘本，也许是一次一次的阅读让她慢慢理解了死亡的真正意义。

格格三岁多时经常会问我："人为什么会死呢？"我想，我不仅需要向她解释与死亡有关的问题，更重要的是要让她明白，人活着就要开心快乐，乐观面对生活，珍爱自己的生命，珍爱他人，珍爱生命，珍爱环境。只有让孩子心中充满了爱，生命才会变得更加有意义。

在大女儿身上，我发现，说到死亡，她基本上是不惧怕的，我觉得，这种状态对她的成长应该是有利的。请看：

## ◎三岁半小女孩的生死畅想

早上，格格突然问我："妈妈，你说如果你死了，我怎么办？"

我一愣，心想，这孩子怎么突然想到我死的问题了，但我赶紧回过神来，反问她："那你说怎么办呢？"

格格说："那我就和爸爸在一起生活。"天哪，原来，格格只是在乎自己的生活问题。正当我以为问题过去的时候，格格又问："那爸爸也死了，怎么办呢？"

我不清楚她到底想表达什么，只好继续反问："那你说呢？"

格格立刻自言自语地说："那我就和外婆在一起生活。"

原来这样，我正想着，爸爸妈妈都死了，外婆估计也不在了。谁知，格格继续问："那如果外婆也死了，怎么办呢？"

我快晕了，这孩子怎么一直说到死呢？于是继续反问："那你说呢？"

格格继续自己回答自己："那我就和外公在一起生活。"

我心想，行，反正你爱怎么想就怎么想吧。谁知，格格的问题还没有完，她继续问："那万一外公也死了，怎么办呢？"

这下，我也有点迷惘了，是呀，可怜的孩子，如果亲人都不在了，她不是很孤单吗？

于是，我愣了一会儿，轻轻地问格格："那你说怎么办呢，妈妈也不知道了。"

谁知，格格轻描淡写地说："那我就和我的白马王子生活在一起。"

我一听，有点乐了，原来这孩子心里明白着呢。但是，格格的问题远远超越了我的想象。她继续问："那如果我的白马王子也死了，怎么办呢？"

我一方面觉得有点不可思议，为什么这孩子一直问到亲人死的问题呢？另一方面也疑惑，这孩子到底想表达什么呢？带着这个问题，我继续反问："那你说怎么办呢？"

格格笑了笑，说："那我就生个宝宝，自己独立生活去！"

听到"独立生活"这个词从一个三岁半的孩子口中说出来，我觉得特别想笑。但是，我还是忍住了，心想，至少这个孩子已经不惧怕亲人的死亡，而且知道如何去安排自己的生活，这何尝不是一件好事呢？这样，我也不用担心她以后的生活了。

由于每个孩子的发展水平不一样，对孩子进行死亡教育的时候，要考虑到孩子的年龄特征，如果孩子表现出很惧怕的时候，不妨放慢脚步教育孩子。

## 邀请好朋友

姐姐的七岁生日到了，正筹划着举办一个生日会，邀请她的好朋友来参加。

三岁的妹妹说："妈妈，我的生日也要邀请好朋友，我有好多好朋友呢！"

我说："好的，那你打算邀请谁呢？"

妹妹一本正经地说："米奇、米妮、布鲁托，小狗小猫……"

姐姐一听，乐了："那要怎么邀请呢？"

妹妹很认真地回答："到电视里邀请呀！"因为米奇、米妮、布鲁托都是动画片《米奇妙妙屋》里的人物。

我忍不住也问："那小狗小猫呢？"

妹妹煞有介事地说："到大街上去邀请呀。"

# 第三章

## 不怕跌倒，磨炼意志

国学大师南怀瑾说过："人在逆境中，意志的力量便会凸显出来。意志坚定者往往照旧奋进，勇往直前；而意志薄弱者则一击便垮，一蹶不振。"确实，抗挫折能力最明显的标志就是有坚强的意志。不管环境变化到什么地步，一个人的初衷与希望仍不会有丝毫的改变，直至克服困难，达到预期的目的。

第三章 不怕跌倒，磨炼意志

## 慢是一种生活态度——延缓满足

"妈妈，我要牛奶！"

"妈妈，我要喝水！"

"妈妈，我要糖糖！"

年幼的孩子总是一想到要吃什么，就迫不及待地让妈妈去准备，如果妈妈稍微晚了点，孩子就在一边大声叫嚷，似乎在抗议妈妈的怠慢。父母的一次次满足，反而会加剧孩子的欲望，每次要什么时，都变得非常急切，一旦愿望没有及时得到满足就会大发脾气。

"快点，快点吃饭！"

"快点，穿好衣服出门了！"

"快点，上课来不及了！"

我们也习惯于不断地催促孩子，总希望孩子能够迅速地做完该做的事情，有时候，一旦孩子稍微慢了一些，也许就会引来我们的一顿数落和埋怨。而我们自己更是不断地忙碌着。在忙碌的过程当中，如果孩子需要与我们有一些情感的交流，我们一不在意，就会误以为孩子需要更多的物质，于是，补偿心理就出现了。用物质快速地去填满孩子的需求，让孩子的内心分辨不清自己到底需要的是什么，于是，浮躁的生活出现了。我们总在感叹孩子太浮躁，殊不知，这种浮躁的根源制造在于我们成人。

◎ 延缓满足

心理学家曾经做过这样一个实验：

**孩子别怕，跌倒了再起来**

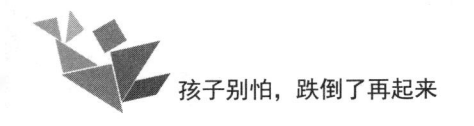

一群孩子被带到一间实验室，实验者对孩子们说："你们每个人将得到一块软糖，但是，如果谁能够坚持不吃掉，等到我从外面办事回来，他就可以得到两块软糖。"说完，实验者就给每个孩子分了一块软糖，然后就离开了实验室。

过了好长一段时间，实验者才从外面回来，然后给那些没有吃掉软糖的孩子分了第二块软糖。

研究表明，那些等不到实验者回来就迫不及待地吃掉软糖的孩子，意志品质很差，受不了外界的诱惑，无法克制自己的欲望，长大后的性格也比较固执，往往是有什么用什么，很少有获得巨大财富的能力。而那些能够坚持等到实验者回来，并得到第二块软糖的孩子，意志品质坚强、自我约束力强，长大以后也不为眼前的小利益而心动，能够想方设法去获得更大的利益。

"延缓满足"让孩子学会忍耐，让他知道这个世界不是为他一个人准备的，他所要的东西并不能唾手可得。"延缓满足"增强了孩子被拒绝的心理承受能力，培养了对成功至关重要的逆商。不仅如此，"延缓满足"还训练了孩子在延后享受中磨炼意志，增强对人生的期许，从而变得更有弹性，包括在学习方面，也会变得更有耐心。

在我们儿童之家，许多时候都需要孩子学会等待。

吃饭前，小朋友依次洗好小手，然后他们需要在自己的座位上等待，等所有的小朋友都坐下来。老师开始做手指谣，唱饭前感恩。

唱完饭前感恩，小朋友需要一个一个排队去盛饭盛菜。没有轮到去盛饭的小朋友，就需要坐在自己的座位上等待。

有一次，一位刚入园的小朋友因为想妈妈，坐在座位上哭起来。老师就说："现在，茜茜有点想妈妈，我们大家等她一会儿，等她安静下来。"

于是，小朋友们安安静静地等了五分钟。这五分钟，让小朋友们能够与茜茜小朋友共情，而茜茜也感受到了其他小朋友的关心，慢慢停止了哭泣。

第三章 不怕跌倒，磨炼意志

◎ 培养耐性最需要父母的耐性

当遇到孩子没有耐性的时候，父母一定要坚持自己的意见，不能因为孩子要求而随意做出让步。如果父母每次都对孩子的要求做出让步，孩子就会得到这样的经验："妈妈只能听我的，我想如何就如何。"那么，孩子做事就会越来越没有耐性。

当然，父母也不可以用生硬的态度来命令孩子做事，不要让孩子产生逆反心理。用耐性培养耐性是最好的方法。

刚刚吃完晚饭，妈妈正忙着收拾东西时，四岁的宝宝就开始叫道："妈妈，我要下去玩。"

妈妈说："等一下，等收拾完东西咱们一起去。"

"我要现在就去，你回来再收拾也不晚。"宝宝坚持要下楼玩。

妈妈坚持说："不行，做事情就要一件件地做完，妈妈要先收拾完才能跟你一起去。你得先等一会儿，可以看看今天的报纸，妈妈一会儿就收拾完了。"

宝宝听从妈妈的话，拿起报纸看了起来。等妈妈收拾完东西走到客厅的时候，发现宝宝正看得津津有味。原来，他看到了一篇自己喜欢的小故事，不再缠着妈妈出去玩了。

培养孩子的耐心，做父母的首先要自己有耐心，这一点极其重要。当孩子对着父母哭哭啼啼时，父母首先要明白，自己应当沉住气，这是个教育孩子的绝佳机会，而不能因为自己没有耐心，就马上答应孩子的要求。

曾经有一位八岁的女孩对我说："我妈妈每天晚上都没有事情做。"

我说："是吗？妈妈怎么会没事情做呢？那她每天晚上做些什么呢？"

女孩说："她什么都没有做。"

由于我知道女孩的妈妈是老师，我又问她："你知道你妈妈的工作是什么吗？"

女孩说："不清楚，好像是老师吧。没见她在家工作过。"

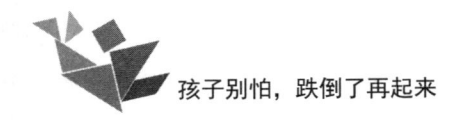

其实，女孩的妈妈是位美术老师。如果她能够在家庭当中多发挥一些美术方面的才艺，在陪伴孩子的过程中做一些有意义的事情，孩子在评价母亲的时候自然能够多一份尊重。现实是，妈妈认为自己全身心在陪伴孩子，而孩子的感受是妈妈无事可做。因此女孩对妈妈的控制欲就更强，总是通过磨蹭来控制妈妈。妈妈原本就不是很愿意陪伴孩子，而为了陪伴孩子什么都不做，内心的愤怒感就会更加强烈。于是，亲子冲突更加明显。最后的结果就是，女儿通过不断地磨蹭和哭闹来要挟妈妈，妈妈总是在愤怒地指责女儿后又觉得愧对女儿而向女儿妥协。这种恶性循环不断上演。

在我们幼儿园，老师在陪伴孩子自由游戏的时候，手中总是有活干的。有时候是纺织，有时候是切菜，有时候是打磨等。这不仅是向儿童传递这样的信息：成人不仅需要照顾孩子，也需要做其他的工作。更重要的是，当孩子有时候来找老师帮忙的时候，如果老师正好有工作不能马上放下，就会和孩子说："哦，请你等一会儿，我需要把这个做好才能帮助你。"由于这种真实的生活环境让孩子明白了，成人不是围着孩子转的，成人与孩子之间的关系是平等的。这种真正的平等关系，让孩子意识到，他们是没有权利要求父母做这个做那个的。

## ◎生活中的耐性训练

在生活中，让孩子学会等待的训练时机其实非常多。比如三岁前的孩子，我们可以用生活中的一些小事进行训练。

● 训练一　吃东西的等待

当孩子想要吃东西的时候，父母不要着急地把食物拿到孩子面前，可以故意延迟一下再给孩子，也许孩子会大哭，但是，你千万不要心疼，这是孩子必须经历的过程。

当然，当孩子不能立即得到他们想要的任何东西时，他们就会被迫接受这种限制。这时，孩子往往会产生不舒服的感觉，父母一定要帮助孩子适应这种感觉，或者做一些其他的事情来分散孩子的注意力。比如，抱抱孩子，给孩子放一首他喜欢听的歌曲，让孩子在短暂的等待中得到精神上的愉悦感。这实际上也是引导孩子在长大后知道怎样去适应无奈的等待。

小女儿想要吃东西时，总是说："妈妈，我想要，我现在就要。"不管我当时正在做什么，我一般会立刻爽快地答应："好，妈妈很快就去拿。"然后，我会提醒她注意我当时正在做什么，如果我正在洗东西，我会说："你看，妈妈的手现在脏脏的，我要先洗洗手再帮你去拿，你能等我一会儿吗？"如果我正在做家事，我会说："你看，妈妈现在手上有这个东西，我需要把它先放到房间里去，你能等我一会儿吗？"一般情况下，小女儿都会爽快地答应。

● 训练二　外出玩耍的等待

当孩子想要出去玩耍的时候，父母可以对孩子说："你先喝一杯牛奶，等妈妈做完这些事情就带你出去。"或者，你可以这样对孩子说："宝宝先给妈妈唱一首儿歌，你唱完儿歌，妈妈就带你出去玩。"

如果孩子希望去公园、动物园游玩，父母可以对孩子说："妈妈只能星期天带你去，你看，这里有三个苹果，你每天吃一个，吃完苹果那天，妈妈就可以带你去公园了。"

通过吃东西或者做一些其他的事情，孩子就会觉得等待的时间是他可以算出来的，这样的等待可以培养意志力。

● 训练三　角色扮演

你可以与孩子玩角色颠倒的游戏。父母扮演缺乏耐心的孩子，让孩子来扮演爸爸妈妈。然后，当孩子正在做一件事情的时候，你可以学着孩子平时的样子，夸张地叫道："你好了没有呀，我要吃蛋糕，我等不及了，你快拿给我吃！"聪明的孩子看到父母夸张的模样，往往会哈哈大笑，从而理解缺乏耐心的滑稽。这时，如果父母再给孩子讲一些故事，引导孩子耐心一点，孩子就会明白，有些事情是需要等待的。

对三至六岁的孩子，父母也可以通过一些游戏来训练。

● 训练一　过马路的等待

当你带着孩子过马路的时候，你应该告诉孩子"红灯停，绿灯行"的规则，这不仅是交通安全的知识，也是让孩子学会等待的良好机会。

当孩子亲眼看到红灯亮起时，同一方向的所有车辆和行人都停下来，让绿灯方

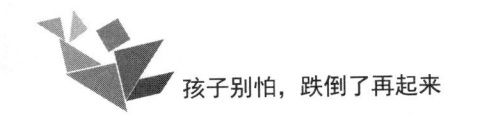

向的车辆和行人通过,他就会明白,一个有耐心的人才是社会需要的。

●训练二 购物的等待

如果孩子想买东西,不妨要求孩子等待一段时间再满足孩子,尤其是比较昂贵的物品。

比如,一位五岁的小女孩非常喜欢芭比娃娃,每次去商店总是要求妈妈给她买好几个娃娃。这天,妈妈想出了一个好办法。妈妈对孩子说:"今天,我带你去商店,你可以看看芭比娃娃,选中其中一个,然后我每天给你5元钱,等到你攒的钱够了,我们就把你看中的那个娃娃买回来。如果你今天一定要买娃娃,我就不带你去商店了,也不给你买娃娃。"结果,孩子同意了妈妈的要求。在这一个月里,女孩从不乱花钱,除了每天把妈妈给的五元钱攒起来,还把自己其他的零花钱也节约下来。终于,在一个月后,女孩高兴地买回了她梦寐以求的芭比娃娃。

●训练三 等待心爱的礼物

孩子在接到礼物时,总是迫不及待地想要打开,如果父母能够引导孩子延迟打开礼物的时间,那在一定程度上让孩子学到了等待。

当孩子的生日或者重要的节日来临时,父母可以提早准备好给孩子的礼物,然后告诉孩子,"明天才是你的生日,礼物要等到明天早上才能打开,要不妈妈以后就不给你买礼物了","明天是圣诞节,我们必须把圣诞礼物先挂在圣诞树上,等明天晚上做完活动,才能摘下礼物,并打开来看。要不,圣诞老人会不喜欢的!"这种训练有利于帮助孩子学会期待与等待。

对于父母来说,不管是何种训练方式,我们都应该让孩子懂得,每个人的欲望是随时都会产生的,但是,并不是每一件事情都会如人所愿,等待和自我控制是非常重要的。让孩子明白,每个人都应该学会控制自己的欲望,做一个有自制力的人。

## ◎刻意不满足要不得

许多父母对延缓满足的理解有误,在具体操作时自然也是比较生硬,结果出现许多不良的反应。于是,父母开始抱怨,延缓满足这种方法真不好,明明可以满足孩子的,却要故意不满足,孩子会觉得成人在故意为难他。这种刻意不满足容易造成孩子的匮乏感，成年后无法吸引到财富。有些父母则在执行延缓满足时，与孩子讲条件，结果发现，孩子也学会和父母讲条件了，该做的事情没做，反倒学会了计较。

事实上，这些思想上的偏差都是因为没有准确理解延缓满足的概念。

我比较同意杨杰在《让孩子心悦诚服》一书中讲的话："孩子从来就不缺少挫折，家长无须刻意制造挫折。"从我的两个女儿身上就能看到这一点。孩子们外出后一回到家就想喝到热乎乎的牛奶，但是刚泡好的奶也许太烫需要等待一分钟；为两个孩子泡奶，必然要有一先一后，后者必须比前者等待更长的时间；为小女儿讲故事时，大女儿也想要妈妈讲一个故事，但她必须排队等待；外出去玩，姐姐正在骑自行车，妹妹也想骑，但必须先等待；妈妈正在做饭，妹妹想要妈妈一起玩，必须先等待。这些都是在生活自然情景下培养延缓满足的能力。这些培养等待的能力，并不是刻意不满足。我们要做的，就是在等待的时候，把事情和宝宝讲清楚。慢慢地他们就会明白，也具备等待的能力。

那么，孩子精神上的需求呢，需要延缓满足吗？孩子的精神需要自然要尽量快速地回应和满足，这与延缓满足物质是两回事。

## 该说不时就说不——适度不满足

刘墉说过："今天有多少孩子，既要美国式的自由，又要中国式的宠爱，却没有美国孩子的主动，又失去了中国传统的孝道。而这批孩子进入社会后，既要美国式的公司福利，又要中国式的铁饭碗，却没有美国员工的自律和中国传统的忠诚。从小讨价还价，长大后失去原则，该讲情的时候讲理，该讲理的时候说情。这是现在许多家庭教育缺失理性成分的结果。"

由于爱和自由教育理念的熏陶，许多父母往往在对孩子建立规则和界限的时候失去判断力，生怕拒绝孩子会伤害他幼小的心灵。而聪明的孩子往往能够立刻嗅到成人不敢拒绝自己的苗头，于是，孩子"讨价还价"的本领越来越强。许多崇尚爱

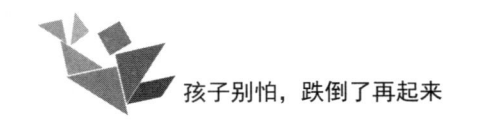

和自由的妈妈都会发现，随着孩子的成长，孩子越来越失控。尤其是孩子上了小学后，同伴影响力的加强，更加削弱了父母的影响力，许多父母发现自己在孩子面前变得没有话语权了。

实际上，孩子从以往的经验当中已经得出结论：我的父母听我的，我无须听他们的。这才是孩子不尊重父母的真正原因。

湖北某报曾刊登一则报道，某中学生因母亲未满足他一时的要求而把母亲痛打了一顿。这则消息令我十分痛心。究其原因，就在于母亲没有从小就对孩子进行延迟满足的训练，从而导致孩子变得欲望无限，毫无节制。

法国教育家卢梭说："你知道用什么办法一定能使你的孩子得到痛苦吗？这个办法就是对他百依百顺。"想要什么马上就能有什么，这会使孩子变得越来越任性，越来越贪心。当孩子长大后走上社会，那种任性、暴躁、急功近利的人格特征往往会让他们受到挫折。于是，他们可能会通过暴力的方式来解决问题，就像那个中学生把母亲痛打一顿一样。

◎ 欲望的种类

人类欲望的满足可以分为几种：延迟满足、适当不满足、超前满足、即时满足、超量满足。好的教育总是提倡延迟满足和适当不满足。超前满足是愚蠢的行为，超量满足则是浪费的举动。

◎ 愚蠢的满足行为

超前满足是指孩子的需求还没有完全呈现，父母就已经满足孩子了。

比如，现在大部分家庭只生一个孩子，孩子还没有出生，就为孩子准备好各种物品，有些家庭甚至孩子还在肚子里，孩子的物品已经准备到一岁多了。孩子一出生就是物质超级丰盛的状态。实际上，在养育孩子的过程中，这些物质能够用到的并不多。对于孩子来说，真正有需求有价值的就更少了。许多富裕家庭由于物质超前准备得太多，孩子可能根本不会珍惜物质，相反，孩子学会了如何用物质来控制父母的情感。这正是应了一句"穷得只剩下钱了"，超量满足即过度满足。

《中国少年报》的副总编曾经写过这样一篇文章：

我带一个北京的男孩子去访问湖北大别山区罗田县的一个叫戴满菊的小女孩。两个孩子的对话虽然很简单，但听起来十分感人。

城里孩子问："你有几个书包呀？"

小姑娘说："一个。"

"你上几年级了？"

"五年级。"

"上五年级了，你才用了一个书包，你的书包可够结实的。是在哪儿买的？"

"不是买来的，是姑姑用两块花布缝的。"

"坏过没有呢？"

"破了五个洞，已经补好了。"

这时，我问这个小姑娘："你是怎样爱惜书包的呢？"

小姑娘回答说："下雨的时候，我把它揣在怀里；回到家后，把它放在一个纸箱里。"

我又问北京的男孩子："你有几个书包啊？"

他回答说："说不清楚了，我一个学期要换两个书包。"

"你的书包都是从哪儿来的？"

"有买的，有别人送的；有国产的，还有进口的。"

"你是怎样对待自己书包的？"

"那就不好意思了！下雨的时候，我顶在头上遮雨；坐在地上的时候，用来做屁股垫儿。"

男孩子说话的时候，手里一直攥着块香橡皮。这时，他把香橡皮送给了山里的女孩儿。

**孩子别怕，跌倒了再起来**

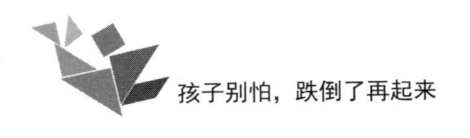

女孩儿接过香喷喷的橡皮，以为是糖果，就塞进了嘴里。男孩子惊叫着："那是橡皮，不能吃！"女孩儿吐出橡皮。

男孩子问："你有橡皮吗？"女孩摇摇头。

"那你有铅笔、铅笔盒吗？"女孩摇摇头。

"那你用什么写字呀？"

"我有一支老师送的圆珠笔。"

男孩子流泪了。

我问："怎么啦？"

他痛心地说："我曾经把很多比这块还要好得多的橡皮切成小碎块儿，跟同学打橡皮仗。我要是早知道还有像她这么苦的孩子，我把橡皮都留着，送给他们该多好……"

今天的许多孩子，特别是那些独生子女，似乎永不知足，他们的花点子总是层出不穷，数不胜数，真令家长难以招架。天上的星星想要父母去摘，水中的月亮也想要父母去捞。父母们有时也会感叹：我们小时候什么也没有，也觉得很幸福，现在的孩子什么都有，却总不满足。

事实上，如果我们仔细分析一下，就会发现这不能怨孩子，孩子欲求过分的根源在于父母。正是过度满足造成孩子欲求过分。许多父母对孩子的要求不问原因都给予满足，使得孩子的欲望越来越多，当欲望无法满足时，他们就会以消极的行为来抵抗，而父母却没有认识到让孩子经得起诱惑其实是培养了孩子自我控制的精神，而自我控制恰恰是遇到挫折时的理智行为，更表现了孩子对挫折的容忍力和超越力。

孩子的欲求过分有两层含义：

一是欲求的对象过分。

有了一个书包，还要买一个书包；见到另一个新书包，又一定要买。这是典型的欲求过分。

二是欲求的时间过分。

不管需要什么，都要立即满足。看到商店的玩具，马上要买，妈妈说回家拿钱，也会哭闹不已。作业写好了要爸爸签字，爸爸说正在做事，待会儿再签，孩子就是不依不饶，非要爸爸停下手中的事为他签字，方才罢休。

苏霍姆林斯基曾就"父母对孩子需要的错误认识"这样写道：

> 儿女一高兴，爸爸妈妈就高兴，越往后，儿女就越认为自己的行为合理。如果孩子的行为表现只由他的欲望指使，他就会对生活享受产生异常狂妄的要求，但对自己却几乎没有任何要求，长此以往，他就会成为贪得无厌、为非作歹的坏人。
>
> 于是就在这细小娇嫩的幼根中，逐渐滋生出懒散、依赖，对人对事漠不关心以及冷酷无情的污秽的伎俩来。在童年、少年时代，他们的需求轻易地得到满足，在他们的青年时代就逐渐对实际产生空虚无聊甚至绝望的情绪。

由此可见，孩子"欲求过分"的表现主要是源于此。当孩子的欲求过分时，父母应该注意教育他控制自己的欲求，拒绝孩子的过分要求。美国专家帕特里夏·埃斯特斯说："适当地拒绝孩子很重要，即使你完全是可以满足他的。必须让孩子知道，不是想要什么就能得到什么。"因此，父母必须学会拒绝孩子，特别要拒绝孩子不合理的要求，对于孩子正当的要求，即便是出于教育的目的，也不用全部满足。

● **适度不满足——期待的幸福感**

一位妈妈带着五岁的女儿文倩到商场购物，琳琅满目的商品让文倩眼花缭乱。最后，她在芭比娃娃的柜台前站住了，两眼直盯盯地看着可爱的娃娃，对妈妈说："妈妈，我要芭比娃娃！"

"好孩子，不要再买了，妈妈今天没钱了。"妈妈开始搪塞文倩。

"不嘛，我就要！"文倩开始撒娇。

"你看，妈妈真的没钱了。"妈妈拿出自己的钱包翻开给文倩看。

"你可以用卡刷刷嘛！"机敏的文倩想起以前妈妈在购物的时候用一张小小的卡刷一下，售货员就把物品交给了妈妈。

"妈妈也没带卡呀！"妈妈觉得有点窘迫。

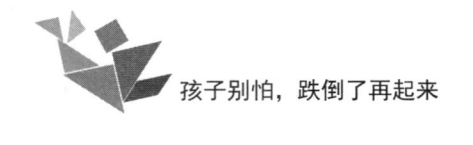

"这张不是吗？"文倩拔出妈妈钱包里的一张卡，那正好是妈妈的工资卡。

"这张不是，这张是妈妈在公司吃饭的饭卡呀！"妈妈只好编了个理由骗文倩。

"不嘛，不嘛，我就是要芭比娃娃！"这下文倩开始哭闹起来。

"不要哭了，妈妈下次带你来买好不好？"妈妈开始安慰文倩。

"不好！我就是今天要！"说着，文倩索性一屁股坐在了地上。这下，旁边围观的人也多了起来，大家都对文倩的妈妈说，算了，就给孩子买了吧。

最后，文倩妈妈只好给文倩又买了个芭比娃娃，其实，文倩已经有三个芭比娃娃了。

这种情况相信每一位父母都遇到过。孩子总是有各种欲求，他们要吃的、穿的，还要玩的，不管看到什么东西，只要孩子看着顺眼，他们就想占为己有，而不管这个东西对自己是否有用，父母能不能够买得起。在这种情况下，就需要父母对孩子进行教育，而不是一味地满足孩子的要求。

遗憾的是，在许多父母看来，只有一个孩子，不管自己怎么节约，孩子的要求总是要尽量满足的。有时候，父母也尝试着拒绝孩子，但是，当他们看到孩子开始哭闹的时候，父母的心就一下子软下来了。于是，父母又违心地满足了孩子的不正当要求。

事实上，父母这样做对孩子的成长并没有什么帮助。因为许多孩子能够获得父母的满足，所以，他们的欲求越来越多，今天要这个，明天要那个，让父母简直无法招架。更可怕的是，有些孩子甚至摸清了父母的脾气，只要自己一哭闹，父母就会立刻满足自己的要求。于是，任性的坏习惯也由此形成了。正如苏联教育家苏霍姆林斯基所说："假若孩子在实际生活中确认，他的任性要求都能得到满足，他的不听话并未招致任何不愉快的后果，那么他就渐渐习惯顽皮、任性、捣乱、不听话，之后就慢慢认为这是理所当然的。"

从挫折教育的角度来说，任性的孩子往往缺乏心理承受能力。因为孩子在日常生活中，总是企图用任性的方式来满足自己的欲求，一旦父母的能力无法满足孩子，孩子就缺乏抵抗不满足的免疫力了。

从心理学的角度说，适度的不满足能够让孩子心里始终有一个或几个"特别想要的东西"存在，当这种欲望汹涌成潮时，它激发出的意志力、行动力、责任感汇集在一起，会创造出惊人的成果。

当然，适度不满足并不是说故意不满足孩子的要求，这是对适度不满足的曲解。

● **分清需要还是想要**

从心理学的角度来说，年幼的孩子总是不知道克制自己的欲望，在他想要吃什么的时候，他必然会要求父母给他吃。这是一种与生俱来的欲望。

对于这种欲望，父母首先要分清孩子要吃的食物是需要的还是想要的。对于孩子需要的，比如米饭、牛奶等，父母可以给孩子吃；如果是孩子想要的，比如糖果、冰淇淋、膨化食品等零食，父母就不用及时满足孩子的欲望。如果父母及时满足孩子的欲望，孩子不仅会养成"父母就得给我想要的食物"的想法，而且多吃对孩子的健康也是无益的。

当然，有时候要分清需要和想要也不是一件很简单的事情。

有一次，我的小女儿在晚上睡觉前突然大叫："妈妈，我要喝奶。你抱着我一起去泡奶吧！"

两岁的小女儿确实每天还需要喝奶，一般我们安排早晚都给她喝。

刚刚熄灯，小女儿就嚷着要喝奶，我心想，喝奶是需要的，那还是开灯去泡奶吧。

这时，大女儿说："妈妈，妹妹并不是真的要喝奶，她只是想再出去玩一会儿。"

我愣了，问："你怎么知道的？"

大女儿说："因为我有时候也是这样的。而且，妹妹刚才睡觉前外婆已经给她喝过奶了。"

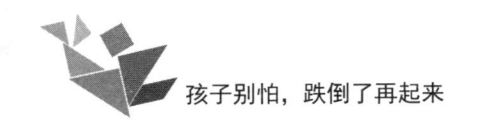

原来，儿童不仅最懂儿童的心理，儿童还会利用成人的心理。许多时候，我们以为这是孩子的需要，于是想办法去满足孩子的需要。当孩子读懂了你的心理，他就会利用这点来控制你的行为，把自己想要的隐藏在需要之下，不明就里的我们往往被孩子蒙骗了。如果我们经常无法识别孩子的需要和想要，那么，很容易养成孩子自我的个性。

于是，从那时开始，我一方面很注意在上床前就确认小女儿喝好奶，先满足了她的需要，另一方面，如果熄灯后，小女儿再哭着要求喝奶，就非常明确地回答她："你已经喝过奶了，今天不能再喝了。"这样，把她想要多玩一会儿的要求给禁止了。

实际上，物质享受与孩子的幸福感并不成正比。孩子需要的并不仅仅是物质，还有精神。如果以过多的物质享受和刺激对孩子进行教育，一味地用物质来换取孩子的满足感，只会纵容孩子娇惯放纵。这样的父母力图为孩子创造出优越幸福的童年生活。但孩子的一生，不可能总让别人养着，他迟早要走上自立自强的道路。他要用自己的劳动换取生活，获得快乐，即从自己的劳动或事业中获取乐趣，实现自身价值。这些就需要他们有坚强的意志以及控制欲望的能力。

当然，有的父母知道节制孩子的个人愿望，让孩子形成自己的合理需求。因此，父母的养育态度与孩子不可遏制的愿望有直接关系。如果父母只是对孩子一味地妥协退让，就会有意无意地助长孩子不合理的需要，逐渐成为只图眼前利益，控制不住自己行为的人。

正如俄罗斯经济学家基塞列夫所说："一个人有什么样的需要，就有什么样的品格。必须以满足人的合理需要为前提，即要求满足符合社会物质条件的需求为前提。合理的需求意味着以人的理智控制不合理需求的可能性与必要性。每个人都要了解，他的需求是否合乎理智，是否合乎实际，而完全不必要的需求就是人为创造需求，是有害的胡思乱想和娇惯放纵的需求。"

孩子虽小，但他心里明白，他还没有能力满足自己，只能依赖父母，如果父母简单粗暴地拒绝孩子，会导致孩子的心理受到伤害，产生挫折感。那么，父母应该怎样拒绝孩子的不合理要求，让孩子在不满足当中逐渐提高自制能力和抗挫折能力呢？父母们要掌握下面几个原则：

## ●预防针效应

我一直认为，家庭教育最高的境界是预防性教育，这需要父母了解教育理念，在孩子早期多引导，这样，随着孩子的成长，教育会越来越轻松。但是，如果孩子已经有问题了，那就是改造性教育了。实际上，孩子一旦感觉到你想改造他，就会马上提高警惕，与你对抗，因此，千万不要小看孩子，孩子的心理非常敏感。

> 驰驰和妈妈一起去商店时，总是要买各种各样的玩具，每次不花几百元钱就不肯离开商店。这让妈妈不敢轻易带驰驰去商店。但是，妈妈越是不带驰驰去，驰驰的欲望越强烈。
> 
> 有一次，爸爸带驰驰去商店。在去商店之前，爸爸和驰驰做了一个郑重的约定。爸爸说："想让爸爸带你去商店可以，但是，你要答应爸爸，今天，你只能花50元钱，你自己挑选玩具，不可以超支，如果你不同意，今天就什么都不能买了。"驰驰答应了爸爸，在商店里认真地挑选着玩具。虽然驰驰最喜欢75元的遥控车，但是，为了不超支，驰驰最后选择了一款小型的挖土机。
> 
> 驰驰的爸爸就是利用了预防针效应，提前规定孩子可以自由支配的额度。这不但能够让孩子明白花钱的尺度，而且权力下放让孩子有一种优越感，孩子会特别尊重自己获得的这份权益。

当父母带着孩子去商店的时候，一定要事先跟孩子说明他可花销的数量，每次做到控制孩子的花费，让孩子明白不是想要什么就能买什么，而是要根据自己的经济状况进行消费，要学会提前向孩子说"不"，把孩子的不合理要求杜绝在萌芽状态。

## ●态度一定要坚决

当你要拒绝孩子的时候，态度一定要坚决，不要试图说服孩子。对于年幼的孩子来说，他们还没有分辨是非观念的能力，父母模棱两可的态度，往往会让他们觉得有机可乘。于是，父母们接下来要面对的就是孩子的软磨硬泡。这可真是一件令人头痛的事情。

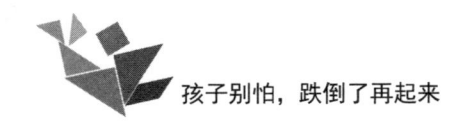

因此，父母们一定要学会对孩子说不。"这件物品我不会给你买！""你不应该有这种要求！""我是肯定不会满足你这个不正当的要求的！"这样，孩子就先明确地知道父母的态度，从而打消要挟父母的打算。

看看下面这位妈妈是如何制止孩子无理取闹的。

一天，妈妈去商场买东西，孩子非要买很贵的玩具，妈妈没有给他买，这孩子就大哭大闹。先是逼着妈妈给他买玩具，然后就索性在地上撒泼，搞得妈妈很难堪。妈妈真想恐吓他，让他停止哭闹，最后，还是忍住了。正在这个时候，妈妈碰到了自己的好朋友，于是计上心来，和好朋友悄悄地说了一些话，然后，妈妈就"偷偷"离开了商场，不再理孩子，孩子哭得更厉害了。

这时，旁边站着的妈妈朋友对孩子说："你就坐在地上哭吧。你看，妈妈已经走了，她才不会给一个这么不懂礼貌、无理取闹的孩子买玩具呢！大家也不会理你的！"说完，摆摆手，让围观的人全都走开。

孩子把抹眼泪的手指分开一条缝，看了看，大家都走了，妈妈也不在身边。他立刻停住哭声，爬起身去追妈妈。看到妈妈头也不回地往前走，孩子急了，喊着："妈妈，我不闹了，等等我！"

智慧的妈妈赢了，无理取闹的孩子输了！

在孩子任性的时候，父母可以对孩子适度冷漠，让孩子意识到自己的行为是不正确的，父母很不高兴，然后，父母再向孩子说明道理，让孩子保证以后不再任性。在父母与孩子之间强调正面教育，孩子的任性会逐渐改变。

值得注意的是，如果孩子在公众场合哭闹，父母在拒绝孩子后，要在情感上进行一定的安抚，让孩子明白，拒绝他与爱他是两回事。

● **理由一定要充分**

在父母拒绝孩子后，一定要向孩子说明理由，而且，理由一定要充分，让孩子明白自己的要求是不合理的，而不是父母不愿意满足他。

比如，当孩子想吃肯德基，却又上火的时候，父母应该坚决对孩子说："你今天不可以吃肯德基，因为你喉咙都哑了，再吃这种油炸食品，你会更难受的。我是不会答应你的要求的。"

再比如，当孩子要求购买玩具熊，但家里已经有五六个玩具熊了，其实孩子并不是真心喜欢玩具熊，只是喜新厌旧，玩一阵就会搁一边不理了。这时父母应该对孩子说："我是不会给你买玩具熊的，因为你并不是真正喜欢，家里已经有这么多玩具熊了，你一直把它们放在柜子里。好孩子是不会这样浪费东西的。"

一个小孩看到漂亮洋娃娃的时候，要求妈妈买。妈妈这样对她说："不是妈妈不想给你买，你已经拥有四个洋娃娃了，买这么多娃娃，妈妈没那么多钱，而且，这娃娃跟上次阿姨送的那个差不多，不要再买了。"

这样，孩子知道自己的要求为什么得不到满足，就不会再提类似的要求了。

●冷静对待孩子的哭闹

有的家长不想满足孩子的要求，但经不住孩子的再三纠缠，只好给予满足，这是最失败的。有这样一个例子：

满脸是泪的红红哭泣着说："给我买巧克力，我就要巧克力！"她的妈妈想劝她不要买，她跺着脚，大声喊叫，拉着妈妈到巧克力的货架旁，红红的妈妈只好给她买了巧克力。

红红的妈妈这样做，只会养成孩子通过死缠硬磨的手段达到目的的坏习惯。当然也有家长没有达成一致意见，爸爸不给买，妈妈给买；爸妈不给买，爷爷奶奶却悄悄地满足。当父母提出反对意见，老人却不爱听，说父母不知道疼爱孩子，就是不愿给孩子花钱，这种做法只能给孩子造成心理失衡，误认为父母不疼爱他们。

也许有的孩子性格倔强，欲望一时没有满足，就闹情绪。父母这时可以采取冷处理，决不屈服迁就。可能孩子提出的要求，并非是自己真心想要的，只是身边的小朋友都有，攀比心理占了上风，也想得到。在攀比中，家庭条件好的孩子往往有一种优越感，家庭条件差的孩子就觉得自己不如他们，产生不必要的自卑感。因此，不管家庭条件如何，家长都应该正确对待孩子的攀比心理，让孩子明白事理，培养适当的消费习惯。

刚吃完晚饭，小韦正在看电视，突然他看到电视里出现了他最喜欢的

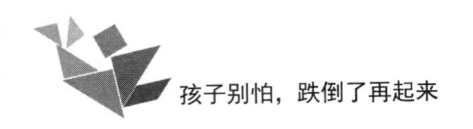

旺旺牛奶，他就对正在看书的爸爸说："爸爸，我要喝旺旺，你快给我去买！"

爸爸说："刚吃完晚饭，不要再喝牛奶了。"

"不行，我就是要喝！"小韦坚决地说。

"你这个孩子怎么不听话呢？现在喝对身体不好，再说，我们家里不是有鲜奶吗？等会就可以喝了！"

"我就是要旺旺，你快给我去买！"小韦开始哭闹起来。

妈妈无奈地看着孩子，对孩子的爸爸说："要不，你下去买一罐？"

"不行！现在不是喝牛奶的时间，而且也不一定非要喝牛奶！"爸爸严厉地说道，"你让他哭，不要理他！"

没办法，妈妈只好看着小韦在房间里哭闹。小韦一会儿坐在地上哭，一会儿又趴到沙发上哭，他偷偷地从手指缝里观察父母的反应。但是，爸爸还是看他的书，妈妈则跑到厨房收拾去了。

过了好长时间，小韦的哭声越来越弱。后来，他自言自语地说："你们也没人理我，现在也到了喝牛奶的时间，我还是去喝鲜奶吧！"说着，跑到厨房向妈妈要鲜奶喝去了。

让孩子意识到自己的要求是过分的，父母是坚决不会同意的，久而久之，只要父母告诉他不可以，孩子就不会再哭闹了。

● **事后一定要表扬**

如果孩子听从了父母的规劝，没有坚持不合理的要求，父母要及时进行表扬，强化孩子的良好行为。比如："今天你没有哭闹着要玩具娃娃，说明你长大了。妈妈要表扬你。""真是个乖孩子，已经认识到冬天吃冰淇淋会伤害身体了。""今天你没有坚持吃炸薯条，晚上妈妈给你做你爱吃的土豆泥。"

让我们来看看一位明智妈妈的做法。

一天，妈妈带着十岁的女儿莉莉去商场购物。在橱窗展台上，莉莉看到了一件漂亮的衣服，就吵着要妈妈帮她买。但是，这件衣服的价格很贵，而且并不是莉莉这个年龄段的孩子穿的，因为它是紧身衣。

妈妈对莉莉说："我是不会给你买这件衣服的。"

莉莉说："为什么？这件衣服我很喜欢！"

妈妈说："首先它太贵了，这些钱够我们一家人一周的生活费了。你还小，没有经济来源，不能这样浪费钱。"

莉莉不高兴地撅起了小嘴。

妈妈接着说："其次，你再仔细地看看这件衣服。"妈妈边说边指着那衣服，"这衣服是成人的款式，穿起来会很紧身。别人穿是为了突出身材，你为了什么呢？"

"我也为了突出身材呀！"莉莉说。

"你这个年龄段的孩子，正在长身体的阶段，穿这样的衣服会影响身体的发育。如果你老穿这样的衣服，以后你就不会有很好的身材了，所以妈妈是不会给你买的。"

莉莉说："那这件衣服确实很好看嘛！"

妈妈说："衣服好看是一回事，实用又是一回事。你花这么多的钱买一件不合适的衣服是多么浪费呀！"

莉莉有点不知所措了。

这时，妈妈趁热打铁地说："你记住了，这样的衣服不适合你。妈妈肯定不会给你买。但是，下个月就是你生日了，如果你听话，妈妈可以考虑给你买一件既漂亮又实用的衣服。"

在这里，妈妈不仅坚决地拒绝了女儿的要求，而且给女儿分析了其中的道理，并用购买其他衣服作为对孩子的奖励。

可见，父母一定要让孩子明白，只有合理的要求，父母才会满足他，不合理的要求，不管他怎样哭闹，都是不会满足他的。这样，在以后遇到相似情况时，父母只要明确地表示一下态度，孩子就会立刻明白父母的意思，不会再纠缠不清地闹腾了。

孩子别怕，跌倒了再起来

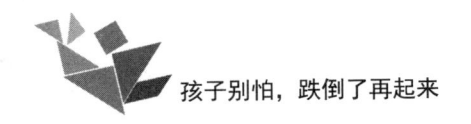

● 满足孩子时要注重内在价值

当我们答应孩子的要求时，很多人可能不会去想孩子到底要什么。我们大部分人会认为孩子是为了某个特殊原因要一件东西，却没意识到，许多时候，其实还有潜在的更重要的因素。

有一次，我到大女儿学校去听公开课。

课间有妈妈带了蛋糕，正好她的儿子说饿，于是，这位妈妈就拿了一块蛋糕给她儿子吃。

过了一会儿，大女儿也跑到我身边说："妈妈，我饿了！"

我惊讶地问："你饿了，真的吗？刚吃完午饭上第一节课呀！"

大女儿愣了一下说："我不饿，我是有点冷。"

我又赶紧摸她的手，感觉也不冷。我说："冷吗？那外套呢？忘在教室了吗？赶紧去穿上吧！"

这时，女儿不好意思地说："不冷。妈妈，我只是想要你抱抱。"

于是，我赶紧抱住了她。心想：这孩子，是因为妈妈来听课了，想要获得妈妈的一些额外关注吧。

当你的孩子对你要这要那时，如果我们除去那些东西的本身（因为那些东西只是物质的外在价值），仔细思考，也许会发现孩子的潜在感情动态。这样我们就会明白孩子要这要那的根本原因。

比如，如果你的孩子觉得无聊，要求购买新的玩具，不妨仔细想想，孩子到底是需要一个玩具，还是需要带他参加一些有创意的活动来提供一些无穷的想象空间。如果孩子年龄还小，即使是一起搭个积木场景，拿几个玩偶表演一下木偶戏，都可以让孩子获得无穷的想象，给孩子带来内心的安宁；如果孩子的年龄较大，不妨鼓励孩子多去参加手工创意活动、社区公益活动等。

第三章 不怕跌倒，磨炼意志

## 世界是自己的——经得起诱惑

有这样一个故事：

从前，有一个穷人，日子过得非常艰苦。有一天，一个富人决定帮他致富。富人送给他一头牛，嘱咐他好好喂养牛，并让他把自家的荒地好好开垦一下，等春天来的时候撒上种子，秋天就可以收获粮食了。

于是，穷人满怀希望地开始自己的致富之路。但是，没几天，问题就出现了。牛要吃草，穷人天天带着牛到山上去吃草，而自己却没有粮食充饥。于是，穷人就想，不如把牛卖了吧，然后买几只山羊，自己先杀一只羊吃，其他的羊可以生小羊，把小羊卖掉，不就可以得到更多的钱了吗？

于是，穷人就把牛卖了，买了四只羊。没过多久，一只羊被他吃完了，其他三只羊却迟迟不生小羊。于是，饥饿的穷人又杀了一只羊。

眼看着羊越来越少，穷人想，如果羊没了，就不能生小羊了，也不能挣钱了。不如把羊卖了，买几只鸡，让鸡生蛋。鸡可以天天生蛋，这样自己不就可以很快有钱了吗？

于是，穷人把羊卖了，买了18只鸡。但是，刚买来的鸡还不会生鸡蛋，饥肠辘辘的穷人就又开始杀鸡吃了。

当春天来的时候，富人给穷人送来了种子。但是，穷人的牛早就没有了，18只鸡也全部被他杀完了。穷人又只好天天吃咸菜了。

现代社会诱惑孩子的因素很多，一些网站、报纸、杂志、电影、录像、图书等，其中有部分不健康的内容具有诱惑性，会腐蚀青少年的心灵。如果孩子缺乏自制力，经不起诱惑，那么他就会沉迷于花花世界中，丧失自我。父母要经常跟孩子讨论什

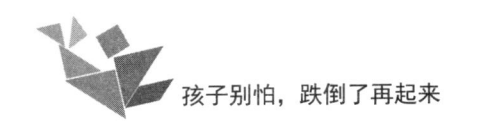

么内容是健康的，什么内容是有害的，以提高孩子的鉴别能力，让孩子自觉抵制不健康的东西。

## ◎ 食品的诱惑

现代社会的饮食安全让人越来越不放心。我们的孩子从小就被麦当劳、肯德基所吸引，吃炸鸡翅、炸薯条竟然成为一种流行。随着转基因食品的入侵，不孕不育症也随之增多。诱惑总归是诱惑，真正能够起作用的还是我们自己。吃什么由我们自己决定，无论是唾手可得的美味垃圾食品，还是潜伏在市场各个角落的转基因食品，其实我们都可以慢慢地去抵制。

自从开办华德福幼儿园后，我们渐渐提倡吃有机食品、自制糕点，尽可能减少食用加工过度的食品、人工合成的垃圾食品和转基因食品。

大女儿渐渐地接受了这些思想，并在日常生活中去践行。

带她去千岛湖旅游时，一个小岛上卖孝母饼，销售人员为了招徕客户，把饼切成小块让游客品尝。导游讲了孝母饼的来历，让它有一种神秘的色彩。因此，大女儿问我："妈妈，我可不可以尝一下？"我说："随你自己，如果你想吃可以尝一尝。"

于是，大女儿向销售人员要了一小块尝了一下，她转向我悄悄地说："妈妈，其实就是面粉加糖了，我们可以自己做。不用买的，这饼还有许多添加剂。"

还有一次，从琴行接回练琴的大女儿，她对我说："妈妈，这几天，琴行的黄老师总是给我吃东西，昨天给我吃橘子，今天给我吃圣女果。"

我随口说："黄老师怎么对你这么好啊！"

大女儿说："是啊，可是，圣女果全是转基因的，我才不吃呢！"

"啊？"听到这里，我赶紧问她，"那你是怎么和黄老师说的？"

大女儿说："我谢谢她了，跟她说不要吃。"

虽然很想吃，但还是有意识地抵制了，这对孩子来说是很难得的。

每次接放学的孩子们来绘本馆，吃点心的时候，有些孩子就会疯抢，尤其是遇到自己喜欢吃的点心，更是两只手都拿满。有一段时间，我们提供的蜂蜜柠檬水，孩子们更是一股脑儿就把杯子倒得满满的。事实上，经过我观察，许多时候他们根本就吃不了那么多。点心是咬一口就扔掉，柠檬水也是喝几口就剩下。

绘本馆有条规则：吃多少拿多少，拿了就要吃完。如果拿许多而吃不完，下次这种食物就不能再拿了。慢慢地，孩子们就会明白，无须争抢，吃自己需要的就行。

## ◎ 电子产品的诱惑

目前，大部分孩子都经不起网络的诱惑，成为网络时代的"小网虫"。有些青少年沉溺于电子游戏，对电子游戏产生强烈的心理依赖，不能玩游戏时就会出现情绪烦躁等症状，这与吸食毒品成瘾的行为极为相似，被称为"游戏上瘾症"。

有位老师讲述了自己亲身经历的一件事。

班上有一个学生是个孤儿，被叔父收养，学习跟不上进度，不守纪律，而且迷上了网络游戏，常常逃学，令多数老师头痛。

有一次，我和他谈心。"老师，你爱玩游戏吗？"我没直接告诉他我上网不玩游戏，而是委婉地说："说真的，我也是个网虫了，可就是不会玩游戏，你能教教我吗？"他满口答应了。在以后的时间里，随着我和他接触时间的增多，他开始和我说真心话了。

他说他在家里感觉不到家庭的温暖，可在游戏里却能体验到温暖和快乐。当他取得成功的时候，有人向他表示祝贺。他说他学习成绩差，多数老师对他冷眼相待，同学也不喜欢他。而在虚拟的游戏世界里，他却得到了满足，体验到了成功的喜悦。因此，他对电子游戏产生了强烈的依赖感，总是无法摆脱。

我听后默默无语。接下去的日子里，我在生活上关心他，把他请到家里让他上网，和他交流游戏经验，告诉他哪些游戏能玩，哪些游戏不能玩，课余时间帮他补习文化课。两个月后，他从虚拟世界里走了出来，成绩也渐渐地提高了。

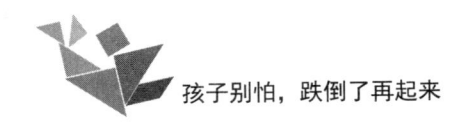

孩子迷恋网络是由于缺乏兴趣爱好，或者平时学习太紧张，没有时间去培养兴趣爱好，只能通过上网聊天、玩游戏来发泄。相对来说，男孩迷恋网络和游戏的会更多。因此，父母应该让孩子合理安排业余时间，培养孩子的兴趣爱好，让孩子把注意力转移到其他健康的兴趣爱好上来。比如，父母可以鼓励孩子多参加文体活动，也可以鼓励孩子多交朋友，父母可以引导孩子观看趣味性较强的影视节目，也可以让孩子多阅读小说等文学作品；还可以教孩子写书法、做手工活等，让孩子在丰富的兴趣爱好中没有时间上网聊天、玩游戏，而且还可以让孩子获得广泛的知识。

大女儿上小学后，学校发了一张学生证，学生证有打电话的功能，每个月有免费的打电话时间。学生证刚发下来前几天，许多家长的电话被打爆，原因是有些孩子拿错学生证，孩子乱拨电话。有些孩子甚至通过打电话来谎报情况："妈妈，我肚子痛，你来接我回家！"实际上是孩子不想上学。

有一天晚上，我问大女儿："你去打过电话吗？"

女儿说："没有。"

我说："你为什么不打打电话？小朋友都在打。"

女儿说："我每天中午都回家，又没有什么事情需要打电话。"

我当时心里一震。因为之前我还想对她说不打白不打，反正免费的。一听女儿的话，我立刻被感动了。孩子的心多单纯啊，不需要就不要。而我们呢，有时候，仅仅是因为免费就起了贪念。

与迷恋网络同理，孩子迷恋电视其实也是精神孤独的一种表现。迷恋电视的孩子，大多对父母和同龄人比较冷漠，不爱与人交流，而是沉迷于电视情节中，与电视中的人物为伴，甚至想象自己就是节目中的某个人物。男生当中，有许多人会迷恋奥特曼等。

如果父母能够尽量抽出一定的时间，和孩子一起散步、逛公园，给孩子提供其他的活动形式，让孩子感受到电视、网络以外的乐趣，孩子的注意力就会从电视、网络中转移到其他事物上来。另外，父母应该让孩子多与其他同龄人交往，同龄人能够让孩子充分享受到群体的乐趣，而且也会大大促进孩子语言能力、思维能力、交际能力等各种能力的发展。

第三章　不怕跌倒，磨炼意志

## ◎ 警惕德西效应

曾在杂志上看到过这样一个寓言：

有一群孩子在一位老人家门前嬉闹，叫声连天。几天过去了，老人难以忍受。于是，他出来给了每个孩子10美分，对他们说："你们让这儿变得很热闹，我觉得自己年轻了不少，这点钱表示谢意。"孩子们很高兴。

第二天孩子们仍然来了，一如既往地嬉闹。老人再出来，给了每个孩子5美分。5美分也还可以吧，孩子们仍然兴高采烈地走了。

第三天，老人只给了每个孩子2美分，孩子们勃然大怒。"一天才2美分，知不知道我们多辛苦！"他们向老人发誓，他们再也不会为他玩了！

在这个寓言中，老人的方法很简单，他将孩子们的内部动机"为自己快乐而玩"变成了外部动机"为得到美分而玩"，而他操纵着美分这个外部因素，从而操纵孩子们的行为。

美国心理学家德西让学生在实验室里解答一组有趣味性且需要动脑筋的智力题。德西把被试学生随机分成两组：实验组和控制组，并让两组学生在不同的实验室进行实验。

实验组的学生每做完一道题便可得到1美元的报酬，而控制组的学生做完题目后没有任何奖励。

实验观察发现，在休息的时间里，控制组的学生继续解题的人数明显多于实验组，时间越长，这种反差就越明显。

最后，德西得出这样的结论：当孩子对活动充满兴趣时，给他提供外部的物质奖励，反而会减少这项活动本身所具有的吸引力。

这就是著名的"德西效应"。

德西效应在家庭教育中也时有显现。许多父母都会感叹，孩子在学习方面好像不是为他自己学习，更像是为父母在学习。造成这种情形的原因是什么呢？追究一

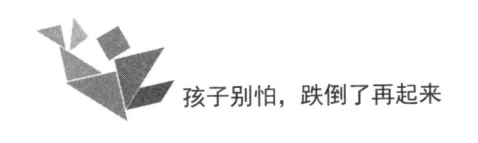

下，根源就在于父母的许多做法使孩子的学习动机变了味。比如，有些父母过于看重学习成绩，孩子考了好成绩就用物质和金钱来奖励，孩子成绩不好时则用打骂及惩罚的方式试图来使孩子提高成绩。结果，孩子在学习中感觉不到乐趣，学习的动机自然就没有了。最终，孩子的学习动机似乎就只为了得到父母的夸奖和物质奖励。那么，父母应该怎样来避免德西效应呢？

### ◎不要过多用奖励的办法来激励孩子

比如，父母经常会对孩子说"如果你这次考试得第一，我就奖励你100元""要是你能考95分以上，就奖励你吃一次肯德基""这次考试成绩挺好的，奖励你一双名牌运动鞋"等。父母也许没有想到，正是这种不恰当的奖励机制，将孩子的学习积极性一点点地消减了。

孩子的学习本来是为他自己而学，渐渐地，孩子觉得他的学习是为了父母而学，而他自己呢，是为了得到奖励才学习。就这样，孩子学习的动机变了，学习的积极性自然也就变了。

对于孩子的奖励要注重精神奖励，可以说："这次考试成绩挺好的，离你的理想——当老师越来越近了，真替你高兴，一定要不断努力哦。"引导孩子树立远大的理想，增进孩子对学习的情感和兴趣，增加孩子对学习本身的动机，帮助孩子收获学习的乐趣。如果孩子感觉到学习是一件快乐的事情，那么，孩子的学习动机就是正确的，孩子才会主动地、积极地去学习。

### ◎不要过度地用物质去补偿孩子的情感需要

许多父母因为工作比较忙，把孩子寄托在学校或者寄养在孩子的爷爷奶奶家里。当父母回到家中，往往会产生对不起孩子的心理，从而不断满足孩子的过分要求，以补偿自己教育孩子上的失职。

殊不知，正是这种补偿心理，使许多父母教育孩子的理性在刹那间化为乌有。

父母们陷入矛盾中,是满足孩子的过分要求还是对孩子说不,让孩子认为父母是不称职的人?

许多父母正是因为自己缺少时间与孩子在一起,误认为自己对孩子来说是失职的。事实上,失职与否并不取决于是不是经常跟孩子在一起,而是取决于父母怎样去教育孩子。尽管父母很少在孩子身边,还是有许多途径来教育孩子的。比如写信、打电话、为孩子购买优秀的图书、回家后的谈心、一起游戏等。真正应该"补偿"给孩子的其实是孩子的情感需要,而不是物质需要及生活上的包办。

## 做最好的自己——坚持不懈

前不久,我曾看到这样一则新闻:

> 四川成都金苹果幼儿园把给小孩洗冷水澡作为一种磨难教育的形式。
> 初春的成都,室外只有5℃,孩子们用18℃的水洗澡。经过半年多的冷水洗礼,坚持下来的小朋友发病率明显降低。最近,该园又开辟了几个新的磨难教育项目,光脚踩石子、负重、爬山、采野菜等。该园收费标准是普通幼儿园的两倍,但不少家长都把孩子送到那里磨炼意志,增强体质。

从这则新闻中,我发现,当今许多父母已经对孩子的磨难教育非常重视,这是非常好的现象。事实上,在日常生活中,磨炼孩子意志的最好方式,就是鼓励孩子坚持不懈。许多时候,成功与否在于一个人有没有去坚持。

孩子别怕，跌倒了再起来

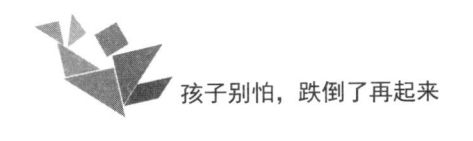

在大女儿上小学后，我和她一起开始做一件事情，就是每天记录当天发生的事情。女儿因为刚学写字，有许多字不会写，所以她的任务是写一句话作文，而我呢，每天听她口述当天的事情，并快速地记录下来。日复一日，我发现孩子对一句话作文越来越有感觉，根本无须我去催促她记录，她每天都会想着去做这件事情。写作不就是从写句子、写段落开始，慢慢变成落笔成章吗。

◎ **不积跬步，无以至千里**

在现实生活中，父母们总会给孩子设定一个很大的目标，诸如"考上重点大学""全校第一名"等，但这些目标实际上是非常难达到的。

曾经有人做过一个实验：让三组人分别沿公路步行前往一个从未去过的村庄。

第一组：实验者不告诉实验对象距离目的地有多远，只要求他们跟着向导走。

第二组：实验者只让实验对象知道距离目的地有 50 千米。

第三组：实验者不仅让实验对象知道距离，还让他们知道路边每隔一千米就有一块里程显示牌。

实验的结果是：第一组人越走情绪越低落，绝大部分人没有坚持到底；第二组人走到一半后开始叫苦，最后只有很少一部分人到达终点；而第三组人一直充满信心，精神饱满，绝大多数人走到了目的地。

所谓合理的目标，有两方面的含义：一方面是指目标要切合实际，不能过高也不能过低；另一方面是指目标要实在，既有长远打算又有近期安排。

有些孩子为什么无法坚持目标，总是习惯于放弃？其中一个重要原因就是目标太远、太空了。如果父母能够既给孩子定个大目标，又给孩子定月目标、周目标、天目标，把目标具体化、实际化、实在化，孩子就更容易坚持下去了。

当孩子遇到一件事情过于困难时，不妨教孩子把大目标分割成小目标，鼓励孩子分阶段去实现小目标，直到实现大目标。

大女儿学钢琴，总会遇到一些难的曲子。我虽然不懂钢琴，无法指导她如何弹奏，但我一般都会帮助她分解目标。比如，先把曲子唱熟，然后分手练熟练，最后才是合手弹奏。如果合手还是有困难，那就一行一行地合手，一行弹奏熟练后再合手第二行。

再比如，孩子放学回家时嘟着嘴对妈妈说："老师也真是的，一口气让我们完成 30 道题，我们怎么做得完啊？"妈妈说："这样吧，你每做完 10 道题便拿给我看看。"于是，孩子坐在书桌前认真地做起来。

这位妈妈的聪明之处就在于建议孩子分阶段完成任务，这等于教孩子将单一的目标分解成几个小目标来完成。一口气做 30 道题对孩子来说超过了他的负荷，任务较重；而先做 10 道题这个小目标却是孩子轻而易举就能完成的。妈妈聪明地帮助孩子从心理上减轻了压力，从而使孩子学会了坚持不懈去完成自己的作业。

## ◎不要替孩子打退堂鼓

"真烦，临近期末考试了，老师却让我参加元旦演出，那我考试怎么

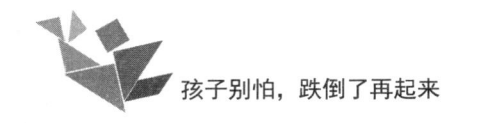

办呀?"女儿一回家就开始嚷嚷。

"就这点事就觉得烦了?妈妈每天既要工作又要做家务,也没觉得烦。你这孩子真是的。"妈妈在厨房里说。

"你不是让我期末考试保持前三名吗?你以为有那么容易呀?现在再加上元旦演出,我怎么可能考出好成绩呀?"

"怎么不可能了?自己考不好别怪什么演出!"妈妈责怪道。

"那好,你别怪我给你考个不及格回来!"女儿发了狠话。

"你……"一想到女儿考不及格,妈妈马上又转变了话题,"那要不跟老师说说,咱不去元旦演出了,你觉得呢?"

"要说你去说,我可不敢!"女儿瞟了妈妈一眼。

"行,行,你这个小祖宗,总是要我这个当妈的替你擦屁股!"妈妈无奈地说。

"谁叫你让我保持前三名的,你活该!"女儿恶狠狠地说。

"你……你读书到底是为了谁呀?我还不是为你好……"妈妈又开始唠叨开了。

"真烦人!"女儿丢下一句话就进了自己的房间,只剩下妈妈一个人不停地埋怨着。

案例中的这位妈妈看上去在帮助孩子解决问题,但其实她并没有真正帮孩子排解烦恼,而是选择了让孩子用逃避的方式来解决问题。尽管表面上看来,这件事似乎处理好了,但是,孩子并没有学会怎样去做决定,更重要的是,孩子没有学会坚持不懈。

其实,不管孩子遇到什么事情,父母都不应该替孩子打退堂鼓,而是应该让孩子想几种解决的方式,然后挑选一种最可行的方法去坚持。比如,妈妈可以说:"元旦演出可能会影响你的学习时间,但是,我们可以想想办法,把演出占去的时间补回来,你说呢?"然后,妈妈可以引导孩子对自己的时间安排作个分析,看看有没有浪费的时间。妈妈也可以帮助孩子挤一点儿时间,从而使孩子能够有充分的时间去安排学习和演出。最后,妈妈可以让孩子选择其中的一种方法去做,这样既可以解决问题,又提高了孩子的自主决定能力和忍耐力。

## ◎体育活动锻炼孩子的耐力

体育活动往往需要一定的毅力才能完成,坚持不懈地进行一项体育活动,能更好地锻炼孩子的意志力。比如,爬山是一种具有意志较量的运动,父母可以利用节假日带孩子去爬山。

桥本龙太郎曾是日本的政治领袖和世界政坛上的风云人物,他的父亲却有左腿残疾,而正是这样一位身有残疾的父亲,对桥本龙太郎的人生产生了决定性的影响。

在桥本龙太郎很小的时候,父亲就带着他去登山,虽然当时桥本龙太郎并不情愿跟着父亲去爬山,但他又不愿拗着父亲,只得和父亲一块儿去爬山。父亲拄着拐杖,每向上走一步,都要付出巨大的努力,但走得依然矫健、有力……开始时,桥本龙太郎走在前面,把父亲远远地抛在后面。可父亲却不紧不慢地走着。很快,桥本龙太郎支撑不住了,没有力气继续攀登。可是,父亲并不说话,仍然迈着坚实的步子,向山顶进发。

一开始爬山,父亲并不明确告诉儿子爬山的要领,而是用自己坚毅的行动使桥本龙太郎落在后面。在父子俩近似龟兔赛跑的登山中,人生的一些哲理在无言的行动中更容易得到深刻的体会。桥本龙太郎在跟随父亲登山的过程中终于明白:想要登上山顶,就要不急不躁,不要让自己的体力在不到一半的登山过程中消耗殆尽,持之以恒、坚持不懈才是成功的法宝。每攀登一步都要脚踏实地,因为有时一步不小心,就可能会滚下山去……

在与父亲一起爬山的过程中,桥本龙太郎不再把登山看成是一种运动,而是当作挑战自我的一种方式。

有了这种体验,桥本龙太郎经常同父亲一起去爬山,他们的足迹遍布日本的每一座高峰,从富士山、北阿尔卑斯山到穗高山,无不留下父子俩登山的足迹。在付出巨大的努力而最终登上山顶时,父亲总会与儿子相视一笑。站在高山之巅,望着

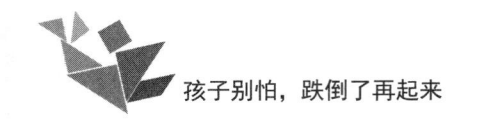

山下的丛林和沟岭，一种把困难踩在脚下的豪情油然而生，这就是登山所能达到的境界。

在父亲的影响下，登山成为桥本龙太郎一生中最喜欢的运动之一。登山对桥本龙太郎体力、耐力、毅力等方面的艰苦磨炼，使他具备坚忍不拔的毅力、无所畏惧的冒险精神以及强健的体魄。这些都成为桥本龙太郎将来成功的保证。桥本龙太郎的仕途虽然坎坷，但他从不气馁，虽屡经大起大落，却以登山的精神奋力前行，这种坚持不懈的努力使他最终登上日本的最高权力宝座。可以说，桥本龙太郎的仕途也是他的登山之路，正是父亲的榜样作用才使桥本龙太郎有了无穷的动力和拼搏的精神。

坚持爬上山顶，需要坚持走好每一段路，途中会疲劳、会泄气、会遇到障碍，没有意志、缺乏耐性、不能坚持的人往往无法爬上山顶。因此，爬山是考验孩子意志的一种较好的运动方式。

## ◎鼓励孩子树立志向

一个人有了志向，人生就有了目标。如果他的志向高远、意志坚强，不管遇到任何困难都能坚持不懈、勇往直前，那么他一定会取得成功。从这个意义上来说，鼓励孩子树立志向，就等于给孩子的意志增加了一道保障，志向是孩子意志的源泉。如果孩子树立了远大的志向，他就能够用这个志向去激励自己勤奋，在遇到困难和挫折时，不会轻易低头，而是转换角度重新前进，从而实现自己的志向。

有一次，李云经带着儿子李嘉诚到了汕头的海边。他一边指着港口来往穿梭的巨轮，一边给李嘉诚讲生活的道理。但是，年幼的李嘉诚对父亲讲的生活道理并没有放在心上，反而对停泊在码头的巨轮产生了兴趣。

李嘉诚觉得这么大的轮船可以稳稳当当地在海上航行是非常不可思议的。于是，他指着大船对父亲说："爸爸，我将来也要当大船的船长！"

父亲高兴地对儿子说："好孩子，真有志向！但是，当一个船长非常不容易，他必须考虑很多问题，思考必须很全面。"父亲把手放在李嘉诚的肩膀上，说："你看，现在天气很好，船只在内海航行就比较安全。但是，如果出海后，风暴来

## 第三章 不怕跌倒，磨炼意志

了怎么办？当船长的人，就得提前想到这种情况，提早做好一切准备工作。其实，做任何事情都要像做船长一样，预先考虑周全，随时准备应付一切问题。"

李嘉诚从小就树立了当船长的意识，并向着这个目标不断努力。虽然，他最终没有做成船长。但是，他一直以船长的意识去经营他的公司和人生。他喜欢把自己的人生比作一条船，把自己的"李氏王国"比作一条船。他曾经自豪地说："我就是船长，我就是这艘航行在波峰浪谷中的船的船长！"

在日常生活中，父母可以询问孩子："你将来希望成为怎样的人？""你觉得学习是为了什么？"在观看电视、电影的时候，父母可以借机问孩子："你觉得这位模范人物怎么样？""他有什么值得你学习的？"父母也可以与老师取得联系，从孩子的作文、周记等方面去了解孩子的理想。了解孩子的理想可以让父母洞悉孩子的心态，及时引导孩子树立远大的理想。

事实上，许多孩子都会树立志向。但是，他们往往好高骛远，把立志与行动区别看待。立志是一回事，行动又是一回事，于是，我们看到的情况是，每个孩子都有远大的理想，但最终却很少有人能够实现自己的理想。父母要鼓励孩子用自己的行动去做、去努力，最终实现自己的理想。

明代地理学家徐霞客把毕生的精力都用在了旅行考察的事业上，他详细地记录了旅行期间探索到的种种山川地貌，取得了不少举世公认的科学成果。

徐霞客在母亲的教育下，从小就心怀大志，在青年时代曾说："大丈夫当朝碧海暮苍梧，乃以一隅自限耶？"当时，他的母亲年龄大，需要侍奉，但是母亲支持徐霞客远游，她曾勉励儿子说："身为男儿，应该志在四方。怎能因为母亲的缘故而守在家里。"于是，母亲为他整理好行装，鼓励他远行。

在母亲的支持下，徐霞客的足迹遍布今华北、东北、东南沿海和云贵高原等16个省区及北京、天津、上海等地，并坚持用日记的形式记载了自己的经历和古代地貌、水文、地质、植物等情况，具有很高的科学价值。

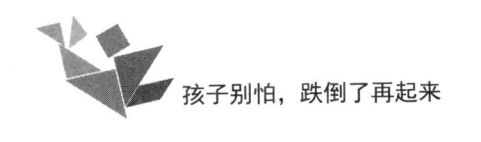

后人把他的日记整理成书，这就是我们今天看到的具有重大科学价值和文学价值的《徐霞客游记》。

徐霞客的母亲是明智的，她不仅教育孩子树立远大的志向，而且善于鼓励孩子用行动去实现自己的志向。可见，许多时候，孩子能否坚持，关键在于父母是否善于鼓励和引导。

## 激发生命的潜能——不断挑战自我

有这样一个实验：

把跳蚤放在桌子上，一拍桌子，跳蚤迅速跳起，跳起的高度远在其身高的100倍以上，堪称世界上跳得最高的动物。

然后，在跳蚤头上罩一个玻璃罩，再让它跳，这一次跳蚤碰到了玻璃罩。

连续多次后，跳蚤改变了起跳高度以适应环境。接下来，逐渐改变玻璃罩的高度，最后，玻璃罩接近桌面，这时，跳蚤已经无法再跳了。

最后，把玻璃罩打开，再拍桌子，跳蚤仍然不会跳，竟然变成了"爬蚤"了。

跳蚤变成爬蚤，并非是它已经丧失了跳跃能力，而是由于多次受挫而学乖了、习惯了、麻木了，已经没有再跳一次的勇气了。玻璃罩已经罩在了潜意识里，行动的欲望和潜能被自己扼杀。科学家把这种现象叫作"自我设限"。

现实生活中，孩子们时常面临着各种挑战自己的考验。在面临困境一筹莫展时，孩子们能否挑战自己的脆弱？在失意孤独时，能否挑战自我的消沉？在种种诱惑面前，能否挑战自己的贪心？在面对各种感情纠葛，容易感情用事时，能否挑战自我的冲动？

有些家长常常为孩子的懦弱退缩、缺乏勇气、回避挑战而焦急苦恼。这样的孩子往往具有不思进取、胆小怕事、缺乏创新、优柔寡断等特征。交往上，沉默寡言、孤僻拘谨，往往屈从于别人的意志；活动上，不敢出头露面，往往缩手缩脚；学习上，不敢奋力争取，力争上游。

一个从不想或不主动挑战自我的人，一个只知道"跟着感觉走"的人，很难去征服世界，创造辉煌的人生。看看那些成功者，不难发现，他们不仅是征服世界的高手，更是挑战自我的典范。

贝多芬在失聪的情况下，如果不是他勇于挑战自我，征服不幸时的绝望，又怎能创造出不朽的乐章——《命运交响曲》？

美国知名篮球教练伍登曾经让加州大学洛杉矶分校在九年内赢得了八次全国总冠军，他的成功来源于积极的挑战自我。每天睡觉前，伍登都会对自己说："我今天表现得非常好，明天还要努力，表现得比今天更好！"

有人问他："为什么你看事物的角度总是不同于一般人？"

伍登微笑着说："因为我看到的是我'内心的风景'。"

事实上，伍登用挑战自我的力量，激发出了生命的潜能。

每个人都不可能是完人，难免会有各种各样的缺点和毛病，尤其是成长中的孩子，更容易犯各种各样的错误。所以父母要鼓励孩子挑战自我，挑战自己就是直面自己、解剖自己，就是磨炼自己。

## ◎孩子不用太"听话"

一天，我带女儿在小区里玩，恰好看到这样一幕：

三岁半的琴琴被奶奶带着下楼来玩。琴琴想从台阶上跳下来，马上被奶奶制止：

"不要跳，会摔倒的。"其实，那个台阶很低，对三岁半的琴琴来说简直是小菜一碟。然后，琴琴奔向草地，奶奶又喊："不要去，有虫子会咬你的！"琴琴犹豫着，最终回来。过了一会儿，琴琴看到小区的健身器材，想爬到晃腿的器械上，奶奶又叫："别去，会撞倒你的！"琴琴有些无奈，就在路上跑了起来。奶奶又叫："别跑，慢慢走！"最后，琴琴被奶奶拉到座椅上坐下了，琴琴觉得很沮丧。

我们的父辈，基本上都是在"管教"和"束缚"中长大的，这种成长背景，使他们理所当然地认为，养孩子就应该管教和束缚，这是在保护孩子。

我带女儿在小区里玩耍的时候，经常看到听到这样的事情：

——孩子想跑，奶奶在叫："别跑，会摔倒的！"

——孩子运动出汗时，爷爷在叫："快休息，出汗会感冒的！"

——孩子想玩水时，外婆在叫："不要玩水，会弄湿衣服的！"

——孩子想捡地上的小树叶、小石头的时候，外公在叫："快扔掉，多脏呀，虫子爬出来了！"

大人们总是认为自己在保护孩子，于是自然而然地替孩子做决定，用自己的思想去管制孩子的思想。

其实，每个孩子都是一个独立的个体，在孩子的成长过程当中，孩子首先要知道"我是谁"。孩子是在不断地自我建构中长大的，他们需要通过各种途径去感知世界，认识自我。因此，他们总是要去摸、去看、去感受，通过不断地感知来获得经验和知识。如果大人习惯管制孩子，限制孩子的自由，这就阻碍了孩子探索世界、认识自我，阻碍了孩子的心智发展。

我们往往会发现，许多由爷爷奶奶或者外公外婆带大的孩子小时候特别听话，但一旦上幼儿园，孩子的心智就跟不上同龄孩子，慢慢显现出差距。

## ◎鼓励孩子体验恐怖

对于年幼的孩子来说，他们会害怕许多事物，比如带毛的动物、一些表皮光滑的动物及子虚乌有的鬼怪等。这时候，父母千万不要嘲笑孩子，嘲笑孩子会让他的害怕心理得到强化，从而越来越胆小。正确的方法是，让孩子尽量接触这些事物，让孩子适当做一些他认为恐怖的事情。

英国哲学家洛克曾经这样写道：

> 假如儿童对一只蛤蟆感到害怕，做父母的就可以把蛤蟆捉住，放在离孩子有相当距离的地方。最初让他看习惯，之后再让他走近它，看它跳跃；然后再由别人捉住，叫他轻轻地去抚摸。这种循序渐进的做法，一直做到他能自信地玩弄一只蛤蟆，如同玩弄一只蝴蝶或者麻雀为止。

同样，如果孩子害怕带毛的动物，父母可以先给孩子买一些毛绒玩具，让孩子先熟悉这种动物，然后，可以让孩子到动物园等地方观看带毛的动物，当孩子的胆量一点点增大的时候，不妨在家里养一只带毛的小动物，如小狗、小猫等，让孩子彻底消除害怕心理。

正如英国哲学家洛克所说："儿童恐怖的重要基础既然是痛苦，锻炼儿童使他们不恐怖、不怕危险的方法就是使他们受惯痛苦。"

当孩子在不断地训练下，做出一些比较胆大的事情时，父母应该不断鼓励、称赞孩子，让孩子感受到挑战自我获胜的乐趣，让孩子从内心勇敢起来。这样，孩子就会越来越大胆，越来越勇敢，意志力也会越来越坚强。

## ◎鼓励孩子自我表现

英国哲学家培根说过，一个人的命运掌握在自己的手中。要改变命运，必须学会推销自己。许多时候，机会对于每个人来说都是公平的。有些人善于表现自我，善于展现自己优秀的一面，从而拥有了更多的机会。而有的人却碍于面子，不敢表现自我，就这样，机会从身边溜走了，最终落得个怀才不遇，哀叹世道不公的下场。

孩子的成长是一个相当长的过程，需要不断给予他们鼓励和自我激励，让孩子积极地展示自己的优势能够激发孩子的自信心和自尊心。给孩子创造展现自我能力

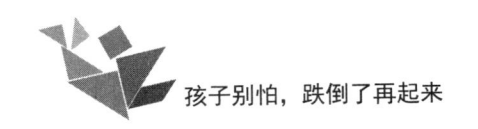

的机会，可以让孩子尝到成功的喜悦。

年少时的自我展示是孩子走向社会的热身操，如果父母意识不到这一点，将给孩子走向社会带来障碍。因此，父母不妨多给孩子一些机会去表现。比如，在他人面前展示自己的才华，与他人讨论展示自己与众不同的思想，积极参加各种比赛展示自己的能力等。

父母要在赏识中鼓励孩子大胆地表达自己的想法和观点，培养孩子勇于表达的能力。比如，主动和孩子沟通交流，鼓励孩子发表自己的想法和观点。可以这样问孩子："你怎么看这件事？说说你的看法吧。"用赏识的语言去激励孩子回答你的问题。你可以说："你今天真精神，是不是在学校里有什么好玩的事情啊？"当孩子告诉你他的事情时，要听孩子说完，并对孩子的行为给予鼓励："你的想法很对，妈妈支持你！"

当然，自我表现与爱慕虚荣是不一样的，父母首先要有正确的观念，注意引导孩子自我表现，但千万别把孩子的表现当成炫耀的资本，这反而会让孩子形成输不起的心理。

## ◎引导孩子树立竞争意识

竞争意识通常是一种激发自我提高的动机形式，在这种活动中，孩子为了取得好成绩而与别人展开竞争。通过竞争能够锻炼孩子的综合素质，尤其是心理素质。社会竞争如此激烈，孩子难免要面对各种与人竞争的场面，如果没有参与的勇气而且长期采用回避的方式，对孩子培养坚强的性格是十分不利的。

有一位父亲发现孩子缺乏坚持性和忍耐性，为了改变孩子的这种状况，这位父亲想出了一个办法。平常孩子经常缠着父亲下棋，但是，父亲总是缺少时间。

这天吃完晚饭，父亲对孩子说："今天我们来杀一盘怎样？"

听到父亲要跟自己下棋，孩子的兴致就上来了。

于是，父子俩面对面地坐好，摆好棋局，开始下了起来。

第三章　不怕跌倒，磨炼意志

平常，都是父亲三下两下就把孩子的棋子都吃完了，孩子则是不断地抱怨。但是，这天，父亲并没有这样做。他在下棋的时候，总是先为儿子想好退路，这样，儿子经过思考，就可以找到挑战父亲的方法。儿子并不知道父亲的用意，但他在下棋当中找到了兴趣，学会了冷静思考，坚持性也得到了提高。

日常生活中，父母可以在家里玩一些要分出胜负而且对孩子很有吸引力的活动，如剪刀石头布、下跳棋或飞行棋等。父母要引导孩子根据兴趣参与活动，并在活动中给予孩子赏识和鼓励，激发孩子进一步参与的兴趣。如果孩子输了，父母应该把它看成是对孩子的磨炼，及时引导孩子树立正确的竞争意识。那种胜利时扬扬自得，失败时垂头丧气都是缺乏良好竞争意识的体现。

父母还可以鼓励孩子参与到社区、社会及学校的竞赛活动中，从而培养孩子面对挑战的参与意识和良好心态。在孩子参加外界的竞赛时，父母不要过于担心，或者给予过多的指导，要相信孩子并不是弱小和怯懦的，一定要多给孩子一些机会和时间，让孩子独自面对挑战，让孩子在挑战中逐步认识自己的力量，成为一个自强的人。

美国通用公司前总裁杰克·韦尔奇小时候，母亲格雷比经常鼓励他参与集体竞赛，教育韦尔奇正确对待竞争中的失败和胜利，努力为集体争取胜利。

韦尔奇读高中的时候，曾经参加过一项冰球赛。当时，韦尔奇所在的塞勒姆女巫队分别击败了丹佛人队、里维尔队和硬头队，赢得了头三场的比赛。但是，在随后的比赛中，他们却输掉了六场比赛，其中五场都是一球之差。

因此，在林恩体育馆举行的最后一场比赛中，韦尔奇所在的塞勒姆女巫队与他们的主要对手展开了激烈的竞争。

韦尔奇作为副队长，连进两个球，当时，所有的队员都觉得运气非常不错，但是，对方也进了两个球，双方打成了2比2平。最终，两队进入了加时赛。

加时赛刚开始不久，对方很快就进了一球，这一次，他们又输了，这

孩子别怕，跌倒了再起来

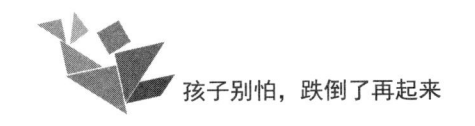

是第七场失利。

韦尔奇沮丧极了，愤怒地将球棍摔向球场对面，然后头也不回地冲进了休息室。

所有的队员都在休息室里换冰鞋和球衣，韦尔奇却坐在那里发呆。这时，门突然打开了，韦尔奇的妈妈走了进来。

休息室里的所有队员都安静地看着韦尔奇的妈妈，韦尔奇的妈妈径直走向韦尔奇，她一把揪住韦尔奇的衣领，大声地斥责道："你这个窝囊废！如果你不知道失败是什么，你就永远都不会知道怎样才能获得成功。如果你真的不知道，你就最好不要来参加比赛！"

韦尔奇在母亲的斥责下，一下子清醒了过来。他知道母亲是希望自己要有接受失败的勇气，在竞争中接受失败尽管是令人沮丧的，但是，只有有勇气接受失败，才有勇气挑战自我。

激发孩子的竞争意识，让孩子产生一种追求成功的动机，这对于培养孩子的意志力是非常有好处的。尤其是当孩子遇到困难和挫折的时候，他就能够运用竞争的心理，与困难和挫折过招，从而战胜困难和挫折。

## ◎给孩子寻找一个竞争对手

许多孩子缺乏斗志，动不动就放弃，原因就是缺少竞争对手，从而失去了目标。如果父母能够帮助孩子确定一个竞争对手，孩子就会坚持不懈地想要赶超对手，这时，孩子就不得不发挥自己的意志力，不断努力。

有一个学生的学习成绩非常差，有一次，他居然考了个全班倒数第一。他的父亲意识到孩子缺乏竞争精神，于是对他说："失败乃成功之母，现在你已经是最后一名了，你再也不会退步，而是只会进步了。只要你找一个竞争对手，你就能慢慢赶上去。"

然后，这位父亲教孩子找一个比自己学习成绩稍微好一点的同学作为竞争对手，并努力去赶超他。于是，孩子暗暗努力，终于超过了这位竞争对手。

在孩子成功后，这位父亲又给他找了一个学习成绩更好的竞争对手，这样，孩子又暗暗努力，最后也成功了。就这样，这个孩子靠不断竞争取得了优异的成绩。

当你发现孩子的意志力比较薄弱时，你可以为孩子寻找一个竞争对手，竞争对手可以是同桌、邻居家的孩子等。这个竞争对手应该是孩子认识的，并且孩子认为他在意志力方面确实比自己略胜一筹。当然，最好不要寻找那些年龄比孩子大得多、意志力特别坚强、坚持性特别好的孩子，这样，会让孩子产生无法超越的心理，从而降低竞争的动力。

可见，父母如能教会孩子挑战自我，无疑等于给了他们智慧和胆量，给了他们能力。孩子懂得挑战自我，就能够促进他们提高自我和完善自我，使他们赢得一种内在的力量，从而推动人生走向成功。正如美国哲学家爱默生所说："我们最强的对手不一定是别人，而可能是自己。"要让孩子的人生更有价值，就应该让他们切记：挑战自我！

## 我不上幼儿园

三岁的妹妹上幼儿园了,刚入园没几天,她就不想去幼儿园了。

为了表示羡慕她上幼儿园,爸爸说:"我也想上你的幼儿园呢!"妹妹说:"你是大人,不能上幼儿园。"

姐姐说:"我也想上你的幼儿园呢!要不我们俩换一下,我上你的幼儿园,你上我的小学。"机灵的妹妹可没上当:"你上我的幼儿园,我不上你的小学。"

姐姐又说:"你的幼儿园真好玩,还有滑滑梯,你上幼儿园,姐姐周五放学来接你。"妹妹依然没有被姐姐诱惑,说:"你上我的幼儿园,让你玩滑滑梯,周五放学我来接你。我待在绘本馆里。"

爸爸妈妈和姐姐都被妹妹雷倒了。

# 第四章

## 当孩子遭遇跌倒时

对于孩子来说,由于他们的生理、心理都未发育成熟,他们很容易受到各种挫折的打击。一般来说,孩子最常见的挫折有生活挫折、学习挫折、交往挫折和情感挫折。当孩子面对这些挫折时,父母应该怎么办?

# 孩子会遇到哪些"跌倒"——挫折种类分析

由于孩子处于身心发展时期，他们的生理、心理都发生着巨大变化，因此很容易跌倒，受到心理挫折。

孩子常见的心理挫折有：

## ◎ 学习挫折

由于学习上长期或偶尔失败而给孩子造成的心理障碍就是学习挫折。比如，孩子在学习过程当中，经常会遇到"拦路虎"，这时候，很多孩子就会出现挫折感，有些孩子甚至会尝试放弃。

孩子入学以后，受到学习挫折困扰的很多，分析起来大体有两种：

● **成绩好的孩子的学习挫折**

如果孩子学习成绩突出，不仅在小朋友中有威信，而且也受到老师的偏爱，时间长了，自己"只能好不能差"的心态就越来越强烈，对失败缺乏必要的心理准备，一旦某次考试中出现失误，便会感到心理压力很大，产生强烈的挫折感。

比如，一位小学一年级新生，之前各方面一直表现出色。进入小学后，由于接触了新的环境和新的学习内容，因此第一次拼音测验时，得分不理想。试卷发下来后，这个孩子就泪流满面。傍晚，妈妈来接的时候，孩子见到妈妈后又是放声大哭。这就是典型的因为其他方面相对优秀而不能接纳自己某一方面不优秀或者偶尔的考试失误的例子。

● **成绩不好的孩子的学习挫折**

如果孩子的成绩不好，其实他内心很想提高学习成绩，也努力，但是成绩总是上不去。为此，孩子会心烦意乱，产生不安的情绪。这时，批评远没有引导孩子如何学更有效果。

**孩子别怕，跌倒了再起来**

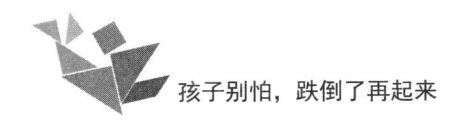

在班上，总会有几个差生，对于老师和家长来说，差生的教育越来越成问题。事实上，差生最大的问题不是成绩差，而是破罐子破摔，缺乏自信心。而导致差生破罐子破摔的根本原因是由于成绩差而受到的嘲讽、讥笑等心理挫折太多了。有的孩子由于长期受到来自家庭和学校的歧视，自尊心严重受挫，甚至变得非常自卑，心情抑郁，苦闷。

台湾作家三毛曾经在她的自传里叙述了年幼时辍学的原因。

> 老师笑眯眯地用毛笔在我的眼睛上画了两个很大的黑眼圈，我能感觉到那墨水的凉意。我当时并不明白老师要干什么，也不知道老师让我干什么。刚上学的孩子，老师让孩子干什么，孩子就会干什么。然后，老师让我在学校的走廊上走一圈。当时正是下课的时候，全校的学生都看到了走廊里的我。我像一个演杂技的小丑，他们任意地笑话我的怪模样。我含着眼泪，虽然害怕，但还是乖乖地走完了再回到教室。
> 
> 我回到家后，就发烧了。从此以后，我再也不愿意上学校了。

从此，三毛就得了学校恐惧症，不愿意上学了。她一直待在家里，大部分时间待在自己的房间里。她害怕学校，害怕外界，害怕与人接触，她蜷缩在自己的小天地里，封闭在自己的世界里，无法解救。这个弱小乖巧的孩子，自尊心受到了严重的摧残，心灵也变得无比脆弱。为了保护自己仅存的一点自尊，她回绝了所有的外界生活。

## ◎ 交往挫折

人际交往是生活中的重要组成部分，也是个体获得愉快情感体验的重要途径之一。但是，有些孩子在人际交往中感到不适，惶恐，害怕与人接触。这种情绪体验就是在交往中产生的心理挫折。

比如，三岁半的航航由于经常受到奶奶的责骂，在与人交往时，总是不敢正眼看人，更不敢上前与人说话。他总是怯生生地躲在妈妈的身后，不敢离开妈妈。

再比如，六岁的贝贝很喜欢班上的欣欣，她经常在家里为欣欣折纸、做手工礼物，但是，她却不敢主动去找欣欣，每次总要妈妈带着她才有勇气把礼物送给欣欣。

◎情感挫折

由于孩子处于情感脆弱期，往往把感情看得很重，很执着，因此极易受到伤害。受伤害后又往往经不住沉重的打击，苦闷抑郁，甚至不能自拔。

孩子的情感挫折一般有三种。

● 亲情挫折

亲情挫折往往出现在孩子面临家庭破裂、父母不和、亲人伤病甚至过世之时。其中，父母亲的去世会使孩子在感情上受到极大的打击，他往往很难接受这个突如其来的事实。面对这种典型的亲情挫折，孩子往往很难适应，虽然这类骨肉生离死别的打击出现的概率极低，但一旦发生在孩子的身上，就会因感情承受不了而产生心理障碍。

四岁的琴琴一向是个懂事可爱的小女孩，最近却在幼儿园脾气特别大，动不动就哭，其他小朋友不小心碰到了她，她也会大叫起来。老师与琴琴妈妈沟通了才得知琴琴爸爸妈妈刚刚离婚了。琴琴妈妈说："怕伤害孩子，还没有和孩子说这件事情。爸爸搬出去后，只是和琴琴说爸爸去出差了，没想到琴琴还是感觉到了。"其实，妈妈虽然没有把爸爸妈妈离婚的真相告诉琴琴，但是，孩子从妈妈异样的情绪中还是敏感地感受到了不安全的气氛，由于无法用语言与妈妈沟通，琴琴就只能以情绪变化来表达内心的挫折感了。

● 爱情挫折

当孩子进入青春期后，开始对异性产生好感，有的发展到早恋。

学生时期的恋爱有时是美好的，有时却是痛苦的，如单相思、失恋等，这些都是因为在追求异性的过程当中受到了阻力或者产生了矛盾，导致了挫折。

这类情感挫折在孩子进入中学后，随着年龄的增长有递增趋势。

● 友情挫折

朋友之间的交流、沟通，可以获得情感的满足。每个人都在不断地付出，同时

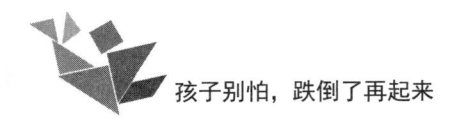

也在不断地等待着情感上的回报。友情是人类情感中很重要的一部分。

当朋友欺骗了自己，或者是背叛了自己的时候，多数孩子会感到惊讶、伤心、愤怒甚至是责怪自己为什么没早一些看出对方是这样的人。

对孩子来说，因为友情变故而造成情绪波动的状况屡见不鲜。

比如，八岁的诺诺最近闷闷不乐，原因是班上的好朋友涵涵不爱和自己玩了。涵涵换了个新同桌瑜瑜，瑜瑜和涵涵趣味相投，于是两人整天黏在一起玩，涵涵再也不会主动去找诺诺玩了。有时候，诺诺去找涵涵时，涵涵与瑜瑜正玩得开心，就不愿意搭理诺诺。于是诺诺就不开心，有时候甚至会有一些莫名的火气。

当然，在友情挫折中，还有一些可能是由于孩子的个性特征及对人际界限没有意识等问题而造成的。比如有些孩子比较自我，一旦好朋友交了其他朋友就会大发雷霆。有些孩子则缺乏人际界限的概念，总是干涉朋友的事情，这样也容易导致友情挫折。

一次，我带女儿们去参加九岁女孩毛毛的生日聚会。生日聚会在一个皮划艇主题吧举行，怀旧的风格，别致的摆设，孩子们兴趣盎然。生日聚会从早上十点开始一直进行到下午两点，在DIY完蛋糕后，离别的惆怅开始蔓延开来。毛毛明显得到了好几个女孩的青睐，她们都围绕着她在说着什么。突然，一个女孩哭了起来。我放眼望去，原来是青青，她比毛毛高两年级，和毛毛是在一个体育兴趣班上认识的，是这些女孩当中最大的孩子。

作为主人的毛毛妈妈赶紧去安慰青青。我也凑了上去，仔细聆听。

原来，生日聚会即将结束时，毛毛决定和其中的两个女孩一起走，先去一个女孩家中玩，然后再去另一个女孩家中玩。正当毛毛和那两个小女孩前拥后挤地往门口走去时，青青却哭着说："她答应我去我家玩，晚上住在我家的！"于是，毛毛妈妈赶紧叫来毛毛询问，毛毛却说："我没有答应她，只是说有时间的话。"

于是，毛毛妈妈对青青说："那下次吧，下次有机会再去。"

青青却一脸不乐意地说："下次，下次什么时候啊？"

## 第四章 当孩子遭遇跌倒时

因为我知道青青妈妈早上有别的事情不在家,我就问她:"妈妈不是去听课了吗?"

青青说:"她早上去听课,下午在家的。她答应下午带我去公园的。"

青青又说:"我妈妈已经同意你去我家,晚上在我家睡觉。你必须去我家!"

毛毛妈妈转身问毛毛:"那你什么时候去?"

毛毛用手指着另外两个女孩说:"先去她家,然后去她家,最后去她(指着青青)家,如果还早的话。"

不知青青是不是因为听到毛毛说"如果还早的话",哭声又大了,嘟囔着:"你还要住在我家的!"

毛毛妈妈赶紧问毛毛:"还早的话是几点钟?你说清楚是几点钟?"

毛毛说:"七点半以前吧。"

这时,青青的情绪又变化了,明显,毛毛这个回复令她很不满意。她说:"我妈妈都同意了,你今天必须去我家,必须住在我家!"

毛毛妈作为主人,可能觉得难以面对青青的这种情况,也对毛毛说:"那你晚上早点去她家,六点半就去!"

我向毛毛妈使眼色,提醒青青:"要不要住在你家得听毛毛自己决定。"

结果,青青却又失控地冲我叫:"她说过要去我家的,今天不去的话,什么时候去啊?"

其实,青青与毛毛家住得挺近的,有很多机会经常在一起。而毛毛答应去的小女孩家则离自己家较远,因为生日聚会处在那个小女孩附近,顺道去了也在情理之中。更何况据毛毛的说辞,并没有答应青青一定要去她家并在她家过夜。

很明显,这是一个友谊挫折。一方有了新的朋友,另一方却无法接受对方冷落自己。这原本是非常正常的。但是,作为五年级的青青在公众场合失控地哭泣,明显反映出受挫能力的薄弱。事情的结果是,毛毛最终和那两个女孩走了。

孩子别怕，跌倒了再起来

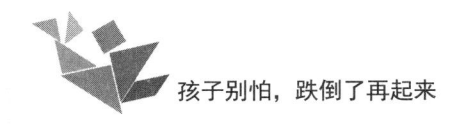

## ◎受挫后的反应

无论是哪一类挫折，孩子在心理上和行为上都会有所反应。一般来说，孩子遇到挫折后常会出现下面几种反应形式：

### ●焦虑

焦虑是孩子有预感要发生不良后果时产生的一种复杂的情绪状态，是孩子处于挫折时最普遍的心理反应。焦虑的主要特征是恐惧和担心，外在表现形式有烦躁不安、厌食、失眠、健忘、喜怒无常等。

比如，有个叫诚诚的孩子，在幼儿园经常一个人玩。其他几个调皮的孩子每次看他一个人玩就会故意做恶作剧，有时候把他搭好的积木推倒，有时候把他的玩具拿走。这时，诚诚就会大叫，或者不停地跺脚，满教室乱跑。其实，诚诚明显是受到了交往挫折，他不知道如何与对方沟通。他的焦虑、烦躁非常明显，内心的担心和恐惧也油然而生。

### ●冷漠

有些孩子在受到挫折后，并不表现出自己的愤怒情绪，而是压抑自己，以极其冷漠的态度来对待挫折，这种挫折反应形式称为冷漠。

比如，有个小朋友对学习不感兴趣，特别是数学。在一次数学课上，其他小朋友都开始做题目了，他看着旁边的小朋友动笔开始计算，他却无动于衷，在纸上乱涂乱画。老师问："你怎么不做题目？"他竟然冷冷地说："我不会。"这是一种非常无所谓、不在乎的态度。实际上，这个小朋友当时就是遇到学习挫折了，表面上他抱着无所谓、不在乎的冷漠态度，实际上他的内心也是想学习的。后来，当老师主动为他讲解后，他会做题目了，做好题目还高高兴兴地拿着本子给同桌看。

一般来说，每个孩子不免会受到一些挫折，但是，只要他感受到周围有人爱他，就不会产生心理上的偏差。如果这个孩子经常受到挫折，又得不到周围人的关爱，孩子就会觉得自己毫无价值。更进一步说，孩子在受到挫折时，如果不仅得不到理解，而且会挨骂，就会使孩子产生敌对情绪。有些孩子表面上冷落，无动于衷，内心却痛恨周围的人和世界。有些孩子甚至逃避与周围人身体和情感的接触，进而发展成冷漠症状。

## ●攻击

攻击是孩子遭受挫折后所采取的一种较为激烈的行为方式。

攻击性行为就其针对对象而言可分为直接攻击和转向攻击。直接攻击是指当孩子受到挫折后,经常会引起愤怒的情绪,从而对准引起挫折的人或物直接发起攻击的行为。

毕淑敏老师在她的《破解幸福密码》中写过一件事情,令我印象特别深刻。她是这样写的:

> 我开心理诊所的时候,曾经遇到过一位年龄很小的咨询者,他说自己的问题就是想要把妈妈杀掉。我吓了一大跳,看他白白净净营养良好的模样,不像是受了什么虐待,不知道他为什么如此恨自己的母亲。他说出的理由很简单,就是妈妈特别爱搬家。每一次搬家,都是妈妈的主意。不是嫌房子太小了,就是嫌周围环境不够高尚,最后是买别墅……反正爸爸拗不过妈妈,每一回都遵从了妈妈的意见。房子是越来越好了,小男孩也有了自己的卧房、游戏室,还有专门的书房……
> 
> 可这个清秀的小男孩说,每一次搬家,我都要转学。我根本就没有朋友,因为还没等到交上朋友,我就又搬走了。妈妈搬家,从来没有征求过我的意见。在妈妈的眼里,我不是人,没有自己的想法。我不想要大房子,不想要书房和游戏室,我只想要我的朋友。现在妈妈又要筹划着搬家了,能阻止搬家的唯一方法,就是杀掉妈妈……

仅仅是因为妈妈没有征求自己的意见,孩子就产生了要杀掉妈妈的想法。你说吓人吗?

事实上,这正说明了,对于孩子来说,尊重比物质更重要。正如苏联教育家苏霍姆林斯基所说:"如果一个人不能宣告自己的存在,不能在人类心灵的每一个领域里成为自己的主宰者,不能在活动和成就中确立自己的地位。如果他没有感到自己作为一个创造者的自尊感,如果他不能自豪地抬起头来走路,那么个性就是不可思议的。"

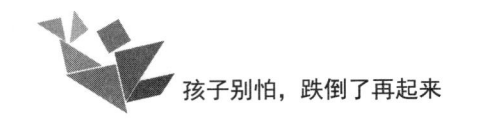

与直接攻击有所不同，转向攻击是指当孩子受到挫折后，把攻击的对象转向于其他的人或物的行为。

比如，当一个孩子被一个比他年长的孩子欺负后，他不会还手，默默忍受着。但是，当他遇到一个比他弱小的孩子也有欺负他的倾向时，他立刻大打出手。实际上，他就是把前面与年长孩子的交往挫折感通过攻击弱小的孩子而发泄出来了。

● 耍赖

耍赖是孩子在遇到挫折后不承认结果的一种行为方式，也是最常见的一种受挫后的表现方式。例如，有个孩子围棋下得挺好，有一天，他主动提出要和老师下。结果下着下着他感觉自己快要输了，把棋子一扫说："我不想玩了。"实际上，一向获胜的他，此时遇到了挫折，他输不起。于是他通过耍赖的方式，表现他只能赢不能输和不敢面对事实的心理。

● 逃避

有些孩子受到挫折后，陷入一种幻想之中，在想象中寻求满足、逃避现实，从而使人暂时脱离痛苦，缓解挫折感。

但是，逃避毕竟是逃避，逃避之后仍然要面对现实。所以说，受挫折后采取幻想方式，并不是解决问题的办法，有时反而不能够使人很好地适应现实生活。

比如，有一位小朋友一直认为同桌会邀请自己去参加他的生日会，当同桌向其他小朋友发出生日会邀请时，她就静静地等着。直到同桌和其他小朋友都回家去了，她才"哇"的一声哭了出来。原来，她一开始就在幻想的世界当中，直到最后才接受自己没有被邀请的事实。

由于孩子受挫折后的心理、行为反应各不相同，作为父母，我们应该从孩子受挫折后的反应中及时去感知孩子的挫折以及原因，对孩子进行有效的疏导，让孩子顺利走出挫折。

## "跌倒"进行时——挫折情景种种

### ◎当孩子考试跌倒时

今天是考试成绩公布的日子。小萌回家时，妈妈正在厨房做饭，他一屁股坐在沙发上，一言不发地愣着。

没过多久，小萌听到了爸爸回来的脚步声。小萌的心一下子提起来了，小萌知道，这下又完了。

果然，爸爸一进门就问小萌："儿子，成绩怎么样？"

见小萌面无表情的样子，爸爸知道考砸了，脸色一下子阴沉起来。

小萌怯怯地递过成绩单。"怎么，才考80分？你不是一向都考90多分的吗？"爸爸的火气上腾了。

妈妈也听到了，赶紧从厨房出来，一看小萌的成绩，妈妈也皱了皱眉头，轻声埋怨："小萌，你也太让我们失望了！"

小萌二话不说，跑进了自己的房间。他把自己反锁在里面，任凭爸爸妈妈在外面怎么说，他也不想再听了。

孩子考试考砸是常有的事。当孩子考砸时，其实他自己心里也不好受，他往往会自我检讨，觉得不仅会受到老师的批评，而且会在同学面前丢脸。这时候的孩子，很希望爸爸妈妈能听听他的委屈、烦恼。

如果父母期望过高，孩子往往会因为无法达到父母的期望而愧对父母，再加上有些父母不但不理解孩子，反而训斥、打骂孩子，孩子可能会失去对学习的信心，久而久之就会越来越不喜欢学习。

有些孩子没有考好，为了免遭父母的打骂，就以谎言来应付父母，不是说没有考试就是说试卷没有发。这种不诚实的行为直接导致孩子不良品质的形成。而且，

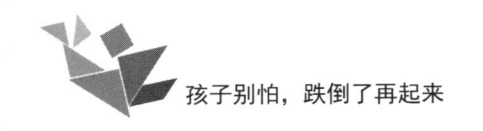

由于孩子害怕谎言被识破会招来更严厉的惩罚，因此整天提心吊胆，精神高度紧张，严重影响了孩子的身心健康。更甚者，有些孩子会失去人生的意义。

当孩子考砸时，父母首先要理解孩子，了解孩子的内心世界，和孩子耐心地交谈，让孩子感到父母对他的理解和支持，然后再寻求解决的办法。

例如，当父母发现孩子考完试心情不好时，可以对孩子说："考坏了心里很难过是不是？怕同学笑话、怕妈妈骂你是不是？"这时候，孩子会向父母说明考砸的原因以及自己心里的感受。父母就可以及时引导孩子勇敢面对挫折，孩子也会从失败的痛苦中解脱出来，重新振作精神，鼓舞斗志，努力学习。

当孩子考试考砸时，父母要帮助孩子分析考砸的原因，然后，分析错误，改正缺点，争取下次考得更好。孩子考砸的原因大致有以下几种：

①粗心大意；②身体不舒服；③复习不全面；④听讲不仔细；⑤考试怯场；⑥考试时间不够；⑦学习方法不好；⑧某类题目不会做。

不管是什么原因，当孩子考砸时，父母应以乐观的情绪鼓励孩子："一次考砸有什么了不起，让我们一起来分析原因，争取下次考好就行了。"

然后，针对孩子考砸的原因，父母应该帮助孩子克服这些缺点和错误。例如：复习不全面的，提醒孩子平时就应该认真复习，而不要等到考前"临时抱佛脚"；粗心大意的，教育孩子平时就要做到认真学习，仔细做题，养成良好的习惯；听讲不仔细的，要让孩子在听讲的时候记笔记，也可以向其他同学借笔记来核对，争取及时消化老师上课所讲的内容；考试怯场的，父母不要给孩子加压，而是应该对孩子说："考试的时候一定不要紧张，只要尽自己的努力考试，考多少分，爸爸妈妈都不会怪你的。"这样，孩子才会放松心情参加考试。考试时间不够的，平时要在家里多注意训练孩子高效地完成作业，让孩子克服磨蹭的坏习惯。对于学习方法不好的，父母要多花些时间，陪孩子一起学习，找到孩子的具体问题，引导孩子用更好的方法，并不断鼓励孩子，重建孩子的信心。

总之，分析原因对于孩子来说非常重要，这有利于帮助孩子找到解决方法，从而避免下次出现同类的错误。

对于考试受挫的孩子，让孩子重新燃起自信的火花，对于孩子来说非常重要。因为自信，孩子才能够学会乐观地看待挫折，并相信自己有能力去面对挫折。

第四章 当孩子遭遇跌倒时

如果孩子生性比较懦弱，父母要告诉孩子，每个人都可能会考砸，只有不断分析错误，改正错误，才能不断前进。父母也可以利用自己或孩子身边人的事例来鼓励孩子。同时，父母应该教给孩子一些自我鼓励的方法，如："虽然这次考试没考好，但是让我发现了自己的弱点，只要我克服自己的弱点，就一定能取得好的成绩。""虽然我语文考差了，但是我数学进步了。"这样，孩子在不断的自我鼓励中，就会更加努力去学习。

有一次，著名作家苏杭的女儿考试成绩不太理想，她闷闷不乐，觉得自己前途未卜。这时，苏杭对女儿说："女儿，将来你当了博士后是我的女儿，你扫马路也是我的女儿。到时候，就让你爸爸用三轮车拉上我，把做好的热菜热饭送给你。只要人品好，扫马路也能扫出一个光明的世界。"

听了母亲的话，女儿的脸上放出了光彩。女儿不但走出了情绪的低谷，学习成绩慢慢提高了，而且在面对其他困难时，也总能够乐观、勇敢地去对待，坚持不断努力。

如果孩子比较娇生惯养、爱逞强，父母不妨让他受点儿冷落。多赞扬孩子周围的人，激发孩子的好胜心，让孩子觉得自己应该不断努力超越他人，如："隔壁的小斌学习就是刻苦，他要是一次考试比别人差，他就下定决心要赶上别人。""你们的班长学习很好是吗？你要是能学到他的优点，在学习上超过他就算你厉害。"这样孩子就会在心里树立一个"假想敌人"，不断与他竞争，从而提高学习成绩。

## ◎ 当孩子交友跌倒时

小丽最近回家总是怏怏不乐，做事也是无精打采的。这样过了几天，妈妈忍不住问小丽是怎么回事。

原来，小丽的小学同学琴琴最近对她比较冷淡。

琴琴和小丽是很好的朋友，两人有着共同的爱好与理想。在幼儿园期间，两人天天一起上学、一起放学，感情颇为深厚。上小学以后，小丽和琴琴被分在不同的班级，两人的联系渐渐少了。

前几天，小丽觉得琴琴和班上的一位同学特别好，每次小丽去找琴琴

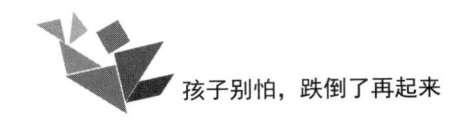

的时候，她总是和那位同学在聊天、玩耍。小丽的心里觉得很难过，认为琴琴不应该这样对待她。

对于身经百战的大人来说，友谊挫折只不过是生活中的一朵小浪花。但是，对于年幼的孩子来说，由于社会化程度不高，朋友说一句"我不喜欢你了""我不和你做朋友了"，就会给孩子带来很大的杀伤力。

友谊挫折是孩子在与他人交往的过程中，在情感上遇到的阻碍和干扰。它会使孩子的情感需要得不到满足，从而出现情绪低落的现象。可以说，友谊挫折是孩子走向社会的一种负面体验，会带给孩子许多生理的反应与心理的挫折感。孩子在人际交往中必然会遇到友谊挫折，如果处理不好，可能会影响孩子日后的人际交往。

那么，如何引导孩子处理友谊挫折呢？

首先要认同和接纳孩子的情绪。如果孩子在情绪上表现出低落，父母不要以成人的思维说："有什么大不了的，不做朋友就不做朋友，天下朋友多的是。"这反而让孩子觉得自己不被理解。

父母应该站在孩子的角度，认同孩子的感受，接纳孩子的情绪。比如："妈妈知道，你觉得好朋友不理你，有点失落和伤心。"认同和接纳孩子的情绪，使孩子感受到父母的理解，从而有利于孩子打开心扉，为父母接下来的引导和教育提供方便。

然后要帮助孩子分析友谊挫折的原因。父母在对孩子的心情表示理解的同时，应该耐心询问孩子的一些具体情况，帮助孩子分析友谊挫折产生的原因。不论孩子是否正确，父母都不要用粗鲁的语言攻击孩子的伙伴，加深孩子与伙伴的敌意。父母应该对孩子说："你这样做是对的，相信你的伙伴会被你的行为感动。如果明天你主动与他和解，他一定会成为你最好的朋友。"

一般来说，孩子产生友谊挫折主要有以下几种原因：

错觉。由于各种主客观原因，如他人的挑拨、误会等，孩子对朋友不满意和怀疑。

分歧。孩子与朋友在信仰、观点、行为等各方面产生了分歧，从而产生友谊挫折。

利害冲突。孩子与朋友之间产生了利益上的冲突。

交了新朋友。即孩子的朋友又交了另外一些朋友,使孩子产生了被冷落的感觉。

针对以上分析,父母可以有针对性地帮助孩子来摆脱友谊挫折产生的不良情绪。

如果孩子的挫折感仅仅是错觉产生的,父母应该告诉孩子,千万不要性急,也不要轻易相信自己的主观判断,而应该仔细地进行分析,是否出现了误会、误解,如果是,应该及早解除。父母应教育孩子主动与朋友去交谈,消除错觉。只要这种错觉一消除,孩子与朋友之间的友谊会更加纯洁、牢固。

如果孩子的挫折感是由于分歧造成的,父母应该告诉孩子,在日常生活中,人与人之间的生活方式、思想观点、行为模式等出现分歧是很正常的,这样的分歧只能求大同而存小异,而不应该过分忧虑。如果发现对方的品格有问题,那么就应该劝告对方,对方若能改正,则可以继续保持友谊,否则,就可以中止友谊。

如果孩子的挫折感是由于利害冲突造成的,父母应该告诉孩子,在现实生活中,人与人之间的利害冲突是在所难免的,利害冲突正好可以检验友谊的真假。父母应该教育孩子认真思考一下,在利害冲突中,他将得到什么、失去什么,两者相比哪个更宝贵。同时,父母应该告诉孩子,在许多情况下,孩子需要牺牲自己的利益来保持与朋友之间的纯真友谊,这种友谊是令人敬佩的。

如果孩子的挫折感是由于新朋友造成的,或者孩子真的与朋友无法再继续保持友谊了,父母也要开导孩子:"没关系,你不是还有××和××,她们都是你的好朋友。""每个人都会有许多朋友,你也可以再找新的朋友。""××不想和你做朋友了,那是他的损失,我家孩子这么优秀,难道还怕没有新朋友吗?"总之,父母应该告诉孩子,他所认识的每个朋友都不可能只有他一个朋友,由于彼此的生活环境、学习环境的变化,都可能会出现新的朋友。当对方有了新朋友时,不要感到失落,反而应该感到高兴,因为朋友帮助孩子扩大了交友的圈子。当然,父母需要教育孩子,应该及时调和与朋友的矛盾,增进交流,彼此理解,这样的友谊才会更牢固。

孩子遇到友谊挫折时,也是孩子发展情绪处理能力的最佳时期。父母可以引导孩子描述自己的情绪体验、观察他人的情绪表达。父母也可以鼓励孩子主动向他人表达自己的情绪,从而缓解负面情绪的积压导致的心理压力。父母还可以引导孩子观察和模仿他人的情绪处理,并描述自己遇到同类事情的情绪处理方法。比如,父

孩子别怕，跌倒了再起来

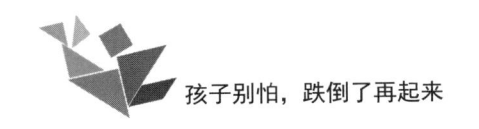

母可以让孩子明白"失去有时会让我们得到更好的"，引导孩子从正面去思考问题。在友谊挫折中，孩子会渐渐培养自己的情绪处理能力，以后遇到同类事情时，能够更熟练地去处理。

## ◎ 当孩子遇到他人误解时

> 有一天傍晚，悦悦放学后一直不高兴，还十分反常地跟妈妈发脾气。
>
> 后来，妈妈才弄明白，原来悦悦白天在学校做作业，拿橡皮时碰到了正在写字的同桌，虽然悦悦连忙说"对不起"，可是，那位男同学还是一拳打了过来。
>
> 当时老师没有看见这一幕，悦悦觉得这种事情不应该向老师报告，但是，悦悦却觉得自己很委屈，于是在家里发泄。

孩子在学校受委屈是比较普遍的问题，学校是一个小社会，那么多孩子在一起难免会发生一些摩擦。而且，由于每个孩子都来自不同的家庭，有不同的性格和想法，孩子们在处理同学之间的关系时，必然会出现不同的意见和行为，使某些同学占了便宜，某些同学受了委屈。

孩子受了委屈以后必然很难过、很伤心，父母要对孩子进行心理疏导，帮助孩子分清是非对错。据不完全统计，在青少年自杀案例中，有70%以上是孩子被别人误会了、冤枉了而无处"申诉"，只好以结束生命这个极端而错误的做法来表清白。由此可见，青少年的心理承受力确实需要提高。那么，怎样对孩子进行心理疏导呢？

首先要问清真相，以同理心安慰孩子。在问清事情的真相后，妈妈首先肯定了悦悦的正确行为："你是对的，那位同学是错的。在处理这件事情上，你十分理智，有你这样的孩子，妈妈感到很自豪。"

父母的肯定往往可以让孩子去掉委屈情绪。有时候，只要父母说一句"我知道你受了委屈"，孩子就能够释放委屈的情绪，坦然面对遇到的事情。

然后，父母可以给孩子分析他这样做有哪些好处，让孩子从父母的讲解中，认识到自己的能力，从而产生自豪感。这种自豪感能让孩子从委屈的情绪中走出来，

## 第四章 当孩子遭遇跌倒时

增强孩子的信心。

让我们来看一位聪明妈妈的做法。

美琴回家后就郁郁寡欢。

吃晚饭的时候,妈妈看出了女儿情绪低落,就问道:"孩子,怎么了?是不是遇到什么麻烦事了?"

美琴一听,眼泪就流了下来。

"不要哭,跟妈妈慢慢说。"

"今天老师给我们重新安排座位……班上有一位叫小怡的女生,性格比较内向,因为家里穷,穿着也很寒酸,大家都不喜欢她……原本,她是和一位男生一起坐的,因为老受那男生的欺负,老师要安排女生跟她一起坐。起先,老师安排别人跟她一起坐,但是,人家都不愿意,最后,老师让她跟我一起坐。我也不愿意,可是我不好意思说,也不敢当众这么说……现在倒好,我就成了冤大头了,整天跟她坐在一起……"美琴断断续续地说道。

"哦,原来是这样,那你一定觉得非常委屈吧?"妈妈说。

"是呀,为什么偏偏是我呀?"美琴的眼泪又流了下来。

"妈妈知道你心里受不了,你觉得跟一个大家都不喜欢的人坐在一起,也会受到大家的讨厌,是吗?"

"是呀,已经有同学说我闲话了。"美琴委屈地撇了撇嘴。

"那小怡的学习成绩怎样?"

"她学习倒挺好的,因为没人愿意跟她玩,她就整天埋头学习。老师挺喜欢她的。"

"瞧,人家小怡也不是什么人都不喜欢,老师还喜欢她呢,是不是?"妈妈接着说,"我知道我们美琴是个活泼的孩子,喜欢与人交往,这是你的强项,你可以帮助小怡多与人交往,让大家都喜欢小怡,这样不是很好吗?"

"可是,小怡这个人不爱说话,也很小气,没人喜欢她。"

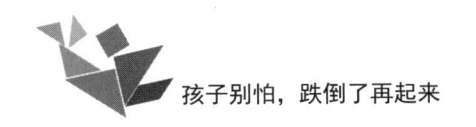

"她为什么小气，为什么不爱说话，是不是因为家里穷？"

"是的。"

"那就是你们的不是了。你应该告诉大家小怡的情况，大家不应该鄙视小怡。"妈妈说，"其实，妈妈认为，你跟小怡一起坐，对你有很大的帮助。"

"什么帮助？"

"她不是学习成绩好吗？你跟她坐在一起，多虚心地向小怡请教，小怡因为没人跟她说话，只要你愿意与人交往，她就会喜欢你，会把她的学习方法告诉你，这样，不仅你和她的关系能够改善，而且你的学习成绩也能够不断提高，你说是不是？"

"好像是，可是，我不好意思向她请教……"

"有什么不好意思的，你想想，同桌之间就应该互相帮助，你帮助她提高人际交往能力，她帮你提高学习成绩，这不正好吗？"

"那我试试吧！"美琴的情绪渐渐好转了。

在接下来的几天，美琴主动地向小怡请教问题，而小怡也会耐心地告诉她，结果两人成了好朋友，其他同学也渐渐喜欢上了小怡。美琴的学习成绩也提高了，还受到了老师的表扬。

当然，对于孩子受到其他同学的欺负，父母可以教育孩子理智地和老师讲，让老师来处理这种事情。

我觉得孩子受点委屈真的很正常。现在的孩子大都以自我为中心，不管发生什么事，首先想到的是自己，而不是别人。如果别人做错事，他会抓住别人的缺点不放；要是自己做事被人误解，心里就会愤愤不平。作为父母，当自己的孩子遭到他人的误解时，不必兴师问罪，要教育孩子以宽容的心去看待已经发生的事，养成一种善待他人的好习惯，这也是一种保护心理健康的习惯。

其实，孩子的认识、观点、看法不一定都对，他们说的话有时带有片面性。即使孩子说的是正确的，父母也要学会开导孩子。如果父母总是支持孩子的立场，时间长了会造成孩子遇事总是斤斤计较，强调个人利益。

孩子受委屈时，父母一定要控制自己的情感，不要一味地替孩子打抱不平，让孩子处处占上风。明智的父母要引导孩子克服委屈的情绪，正确处理事情，从而成为乐观能干的孩子。

父母可以给孩子讲解一些人际关系，让孩子明白在人与人的相处过程中，产生摩擦是必然的，受点委屈也是正常的。

比如，父母可以给孩子讲一些自己小时候或者自己在工作中发生的类似的事件，这样，孩子的注意力就会从自己的事情中转移出来，转而集中在其他的事情上。

再比如，父母可以在生活中讲讲自己被误解的事："今天，我做了许多工作，领导却认为我在偷懒，想想真是委屈，但是，我只要问心无愧就行了。"父母的乐观态度往往会感染孩子，遇到相似的情况时，孩子就会像父母那样去面对。

这时候，父母可以引导孩子深入思考一些现实问题，如："你觉得一个人事事顺心可能吗？""要是每个人一受到委屈就大吵大闹，那么事情会有什么样的结果？"当然，在与孩子交谈的过程中，父母要注意自己的态度，不要居高临下，要像朋友一样，并且信任孩子对这件事情会有一个正确的认识态度，能够自己处理好。

## ◎当孩子有身体缺陷时

每位父母都希望孩子是健健康康的，但是，受先天遗传和后天发育中各种因素的影响，许多孩子会出现一些身体上的缺陷。

有些孩子是先天性的缺陷，有些孩子则是在后天的生长发育中由于各种原因造成的身体缺陷。

我怀大女儿时，在预产期当天做B超时就被医生告知女儿是严重的唇腭裂，我感到痛不欲生。后来，虽然证明这是误诊，但是，女儿的左耳却有一个小耳朵。不过，我们很快就接受了这个事实，并没有当回事。

一般来说，当自己的孩子身体有缺陷时，父母自然非常难受，有些父母往往会因此而消沉。据调查，身体有严重缺陷的孩子往往会加剧家庭矛盾，从而导致父母离婚。还有些父母在外人面前不敢正面承认孩子的缺陷，总是寻找各种借口来掩饰孩子的缺陷。

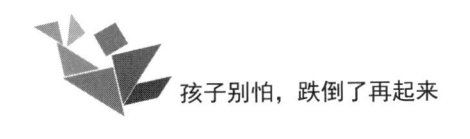

事实上，我们要意识到，没有十全十美的孩子，许多孩子或多或少都有缺陷，只是有些人的缺陷完全在外表，容易招来异样的眼光。对于孩子的缺陷来说，最痛苦的还是孩子自己。作为父母，我们首先要正视孩子的缺陷，不要用特别的眼光来看待孩子，这不利于孩子的身心健康。

大女儿刚出生时，许多人都建议我们用土方法，即用线缠住小耳朵让它枯死。这样，别人就不会知道女儿的小耳朵了。但是，我们咨询了医生，医生认为等孩子稍微大些，再选择做手术会比较好。于是，我们选择先让孩子接受自己与他人不一样的现实，在孩子大一些的时候，选择一种比较安全的方式去除它。这时，孩子的心灵可能会更强大。

如果我们把对自己相貌体型不满意也列入"缺陷"行列的话，对于自己身体不满意的孩子就特别多。据调查，有高达15.3%的孩子对自己的相貌、体型很不满意，有42.3%的孩子对自己的相貌等比较不满意，两者相加有将近60%的孩子为自己的相貌而苦恼。

那么，如何引导有身体缺陷或者对自己身体不满意的孩子呢？

首先，不要溺爱身体有缺陷的孩子。许多幼儿园的老师经常这么说："父母会因为幼儿身体有缺陷而放纵孩子的一些坏毛病。"这个问题确实普遍存在。

比如，患有先天性心脏病的孩子，父母往往为了避免孩子哭闹而一味地满足孩子的无理要求。父母会认为，与孩子的健康相比，适当放纵孩子并没有什么。结果，孩子不但过于任性，而且缺乏独立生存的能力。

有一次，我在医院遇到一位患有癫痫的孩子，小女孩才三岁多，她看到其他孩子有喜羊羊的气球，就让父母到医院门口去买，但喜羊羊的气球已经卖完了，父母买了个凯蒂猫的气球，女孩因此大哭大闹。周围的人都觉得女孩太任性了，小女孩的妈妈说，因为孩子有病，家里人都由着她的性子，结果养成了自私、任性的坏习惯。

实际上，这个坏毛病本来是可以避免的，但父母由于过多地考虑了孩子的身体健康，生怕孩子哭泣会影响健康。

一旦孩子发现哭泣能够达到自己想要的目的，她就学会了使用哭泣来要挟父母，结果，不但孩子的身体健康没有得到保护，反而使孩子形成了不健康的人格。这样的孩子，别说遇到挫折时不会勇敢坚强，即使在日常生活中，也是一个玻璃娃娃，根本经不起一点点摔打。

其次，教孩子换个角度看待缺陷。父母一定要让孩子明白，生理条件是先天决定的，我们无法改变，但是，我们可以改变自己的心态，让自己变得快乐、自信，从而散发自身的魅力。

法国散文家蒙田曾经说过："每个人都会有缺陷，只有正视缺陷才能改正缺陷、战胜缺陷。最不幸的是因缺陷而轻蔑自己。"

亚里士多德、达尔文、伊索、拿破仑都有口吃问题，亚历山大、莫扎特、贝多芬都有身体缺陷，但是，他们都没有失去生活的勇气，没有对自己失去信心。"天生我材必有用"，一个人只有对自己充满信心，善于调节自己，把自己的劣势转化为优势，成功才会降临。

意大利国际明星索菲娅·罗兰 16 岁开始进入电影行业，当时的索菲娅·罗兰并没有引起他人的注意。许多摄影师甚至认为索菲娅·罗兰的鼻子太长，臀部太发达，无法把她拍得很动人。一天，导演把索菲娅·罗兰叫到办公室，对她说："我刚才和摄影师开了个会，他们说的结果全一样，那就是关于你的鼻子，你如果要在电影界做一番事业，你的鼻子就要考虑作一番变动。还有，你的臀部也该考虑削减一些。"

听了导演的话，索菲娅·罗兰并没有表示出自卑，她反而自信地对导演说："我当然知道我的外形跟已经成名的那些女演员很不一样。她们都相貌出众、五官端正，而我却不是这样。我的脸上毛病太多，但是，我认为，这些毛病加在一起反而会更具有魅力。如果说我的鼻子上有一个肿块，我会毫不犹豫地把它弄掉。但是，说我的鼻子太长，那是毫无道理的。鼻子是脸的主要部分，它能够使我的脸有特点，我为什么要和别人长得一样呢？我喜欢它的本来样子，这样才能使我与众不同。我的臀部确实有点发达，但是，我并不想改变什么，我要保持我的本色。"

结果，再也没人向索菲娅·罗兰提她的鼻子和臀部的问题了。索菲娅·罗兰后来成了世界著名的影星。索菲娅·罗兰说过："真正的魅力是真诚的自我表露，当你把自己独有的一面显示给别人时，魅力就随之而来。"

最后，要引导孩子将自身缺陷变成优势。

台湾地区出了一本书，书名叫《我是谢坤山》，开头是这样写的：

## 孩子别怕，跌倒了再起来

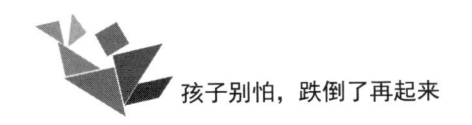

"假如你瞎了一只眼睛，请问你会不会哭泣？假如你断了一条腿，你会不会很悲伤？假如你失去了两只膀子，你会不会痛不欲生？假如三种灾难同时降临在你一个人的身上，你该怎么活下去？"

这本书的作者谢坤山在16岁时被高压电夺去了一只眼睛和一条腿，所有的人都认为他完了。但是，十几年后，谢坤山成了台湾地区著名的画家，有了一个美满的家庭，还有两个可爱的孩子，而且他们每天陶醉在欢乐与幸福之中。

谢坤山这么一个残缺不全的人，最终都获得了成功和幸福，靠的是什么？是自信。自信是磨炼意志的基础，是人们事业成功的阶梯和不断前进的动力。

虽然，利用缺陷看起来是无奈之举，但人一旦转变观念，强大的自信心却可以使个体在困难面前更加强大。

通用首席执行官杰克·韦尔奇被誉为全球第一CEO。母亲在韦尔奇的成长过程中起了很大的作用，她从来不把韦尔奇的缺点与其他的孩子相比，相反，她会把韦尔奇的优点与其他孩子相比，从而让韦尔奇产生巨大的成就感。

韦尔奇小时候有很严重的口吃，他曾经自卑过，但是，母亲却对韦尔奇说："这是因为你太聪明了。没有任何一个人的舌头可以跟得上你这样聪明的脑袋瓜。"从此，韦尔奇就相信自己的确是一个聪明的人，并努力训练语言能力，不仅纠正了口吃，而且拥有了强大的自信心。韦尔奇的母亲是伟大的，她的伟大最终造就了一个成功的儿子。

每个人都与他人长得不一样，不一样的地方并不一定是缺陷，教孩子学会利用自身特点，就可能成功。

值得注意的是，在日常生活中，我们还需要教育孩子不要嘲笑身体有缺陷的人。对于身体有缺陷的人，孩子往往有以下几种不良态度：恐惧，不愿意与之交往；嘲笑、辱骂甚至攻击有缺陷的人，比如给生理有缺陷的人起外号，故意模仿口吃者或者跛脚者；以居高临下的态度施舍有缺陷的人。

事实上，我们需要让孩子明白，对于身体有缺陷的人来说，他们的学习、生活及工作往往不如正常人方便，作为正常人应该在情感上同情他们，在人格上尊重他们，在行动上帮助他们。比如，主动与身体有缺陷的小朋友交往，邀请他们一起参加合适的活动和游戏。遇到他们有困难的时候，主动提供帮助。外出遇到身体有缺陷的人时，要教育孩子主动提供帮助。比如，搀扶盲人过马路，在公共汽车上给腿脚不灵便的人让座等。

## ◎ 当孩子对老师不满时

小亮和小辉是同班同学，又是同桌，平常两人形影不离，如胶似漆。但是，这天课外活动时，两人发生了口角，还动起手来，班主任老师赶紧把他们俩劝开。看到小辉脸上的手指抓印，老师批评了小亮，小亮很委屈，明明是小辉先动手打他的，老师为何批评自己。

回到家，小亮把在学校发生的事情告诉了妈妈。

听了儿子的诉说，妈妈十分气愤地说："这老师也真是的，是非不分！"

看着宝贝儿子无故被老师批评，妈妈气得牙都肿了起来，越想越不是味儿。她逢人便说："两个孩子打架是难免的，可是，老师却训了我们孩子一顿，那个孩子也打了我们孩子，一句也没批评他。您说这老师做得对吗？我真想到学校找老师评理去！"

做父母的经常会听到孩子对自己说："爸爸（妈妈），今天上课我没说话，是我的同桌说话，老师却批评了我。""上语文课老师让我回答问题，我明明回答对了，老师却说我回答错了。""我们班老师总是偏向男生。"……父母最疼爱的莫过于自己的孩子，在孩子受到委屈时，一些父母难以承受，替自己的孩子"打抱不平"，表现出不为孩子出气绝不罢休的气势。其实，这种做法对孩子的成长并无好处。

事实上，这种宽容并不是每个人都能够做到的。明知是对方无理，或者是对方错了，却不争不斗反而认输，自己被人误解吃点小亏，但使别人不受大损伤，这种宽容的精神是难能可贵的。

我们都有这样的体会：一位在我们心目中很有权威、很受尊敬、很受喜欢的人，他所说的话、讲的道理，我们往往乐意接受，不费劲就能记在脑子里；相反，对于和自己有矛盾的人或是抱有成见的人讲话时，我们往往难以认真地听进去，对这些人的观点和意见难以接受，和这些人在一起，就会感到不自在、不愉快。孩子每天

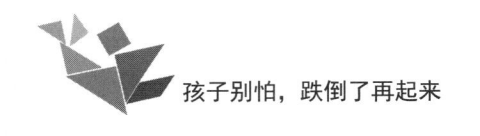

都要和老师在一起，学习的知识要靠老师传授给孩子。试想，如果父母站在孩子的立场上必然会加剧孩子与老师的矛盾，使孩子的不愉快心情进一步加重。孩子带着这种心情学习，自然没有什么好处。

当然，我们并不是提倡教孩子无限度的忍耐，而是要培养孩子心胸宽广的品性，在同学、朋友、老师面前不计较个人得失。要让孩子知道自己的观点不一定正确，就算自己的观点正确，别人也不一定非得赞同他。

一位哲人说过一番耐人寻味的话：天空收容每一片云彩，不论其美丑，故天空广阔无比；高山收容每一块岩石，不论其大小，故高山雄伟壮观；大海收容每一朵浪花，不论其清浊，故大海浩瀚无比。这无疑是对宽容最为生动的注释。

一般来说，性格坚强的孩子在面对这类事情时，不会对别人的攻击一味地退缩，而是会勇敢地独自去面对。遗憾的是，现在有许多孩子在家备受父母的宠爱，性格暴躁，自私自利，在同伴交往中稍有不如意，便拳脚相加。

常受委屈的孩子一般都受到父母过分的呵护，失去了自我保护的能力，在面对粗暴行为时往往不知所措，只会独自难受，或者向父母、老师哭诉。

要想让孩子能够勇敢地面对此类事件，作为父母应当培养孩子坚强的性格，教孩子处理好与同学之间的纠纷。比如，父母可以在家模拟误会孩子的情境，孩子在被父母误会时必然会有不愉快的情绪体验，父母在事后可以及时教育孩子，让孩子在面对此类事件时，加强自我心理调节能力，化解不良情绪，保持良好的状态。

当然，忍耐只是针对无法避免的事情，如果遇到一些有害于同学、危害集体的事情，父母要教育孩子勇敢地站出来，敢于制止，必要时敢于采取行动，捍卫自己和集体的利益。

## 比跌倒更重要的——如何调整心理状态

有些父母总是对孩子的错误非常在意，当孩子犯错误或过失时，有的父母总是不分青红皂白地斥责孩子，甚至体罚孩子，结果有些孩子学会了用谎言来隐瞒失败，

第四章　当孩子遭遇跌倒时

有些孩子则出现了畏惧失败的情绪，渐渐地，勇气渐失，不敢尝试新鲜事物。

有些父母的方式相对温和一些，总是晓之以理、动之以情地对孩子进行教育。实际上，于孩子而言，更重要的是如何在心理上引导孩子正确对待跌倒和跌倒之后应该怎样去做。

许多时候，摆在孩子面前的"拦路虎"并不仅仅是学习、生活中遇到的各种问题，更多的是他们心灵上遇到的问题，诸如恐惧、沮丧、迷惘、无助……

尽管孩子的身心发育还不完善，在处理许多事情时往往会出现错误，但是，随着他们不断地成长，孩子们自己会有一种自动纠错的意识，他们会下意识地认识到自己的错误，从而主动去改进。但是，父母总习惯于不断呵斥孩子、打骂孩子，有时候甚至把孩子"一棍子打死"，结果，孩子被骂怕了、被打怕了，当这种恐惧和无助的情绪占满了孩子的心灵时，可怜的孩子只好选择逃避、隐藏自己……

我们从媒体中频频见到这样的报道：

一位小学生由于竞赛失败，从此拒绝参加任何比赛；一位孩子因为受到了老师的批评而跳楼；一位大学生由于就业压力严峻而自寻短见。许多人都会一声叹息，然后说："现在的孩子，挫折教育太少了，心理承受能力太差了！"

实际上，这些孩子在遇到困难的时候，承受的心理挫折感必然很多也很痛苦，正是因为太多太痛苦，而不知道如何去面对，于是都选择了逃避和放弃。由于我们成人不懂得挫折教育的实际操作方法，许多孩子在跌倒中经受了巨大的痛苦，却得不到周围人的一点理解、帮助和引导，每一次的跌倒，孩子都像一只无头苍蝇一样，到处打转，却找不到出口，最后只能撞死在玻璃窗户上。

**孩子别怕，跌倒了再起来**

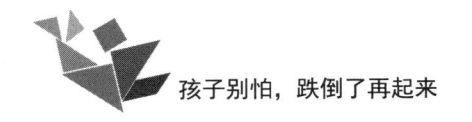

## ◎不同年龄的孩子有不同的跌倒方式

前面说过，不同年龄的孩子会有不同的跌倒方式和不同的挫折经验，这就需要通过发现孩子的不同表现来引导孩子。

对于年幼的孩子来说，他的挫折来源于父母不允许他自己吃饭，或者不允许他玩耍，甚至摔倒了都可以引起孩子的挫折感。面对挫折，年幼的孩子通常以哭闹或发脾气的方式表现出来。父母则应该安抚孩子，让孩子停止消极的行为。

对于学龄期的孩子来说，他的挫折就不一样了。他的挫折可能来源于没有得到同伴的理解，无法受到老师的表扬，学习成绩不能得好名次……学龄期的孩子在面对挫折的时候会表现出沮丧、失落、忧郁等不良情绪，这就需要父母及时发现并帮助孩子摆脱受挫折的不良情绪。

> 我的绘本馆有放学托管的项目，一般情况下，我们托管到晚上六点，不提供晚餐。但当时偏偏有个小朋友一定要在我们馆里吃晚饭。
>
> 那个小朋友与我女儿是同班同学，父母忙于做生意，不但希望孩子在我们绘本馆吃晚餐，而且希望孩子能够由我们下班回家时顺路带回去，不用自己来接。如果仅仅是从商业的角度来考虑，这并无不可。但是，我是不提倡让孩子在托管机构吃晚餐的。因为大部分家庭早餐总是匆匆忙忙完成的，午餐一般都在单位或者学校完成，唯有晚餐是一家人相聚在一起的重要时光，如果连晚餐都要在外面完成，孩子还有多少时间是能够和父母真正在一起的呢？事实远远超越我的想象。
>
> 那个小女孩来后，我的大女儿强烈表示不要弹钢琴，就想和她一起玩。女儿一开始运用拖延战术，后来使用哭闹战术。那天晚上，我意识到孩子面对诱惑和选择的痛苦。于是，我很坚定地告诉她："钢琴是必须要练的。与小朋友玩也是应该的，但需要合理安排时间，而不是为了与小朋友玩而放弃练琴。"
>
> 在与女儿的不停沟通中，女儿表示不想在那两个女孩在的时候弹琴，因为她怕自己一个人弹琴的时候，她们两人成了好朋友，等自己弹完琴时，

无法加入她们当中。我也终于明白，孩子害怕失去友谊。于是，我问她："你知道花开蝶自来的故事吗？"

女儿说："什么意思？"

我提醒她："花为什么会吸引蝴蝶？"

女儿思考着："因为花的形状漂亮，因为花很香，因为花的颜色美丽。"

我说："是的，如果花的本身不漂亮、不香、不美丽，能不能把蝴蝶招来？"

女儿说："不能。"

"是的，"我肯定地看着她，"晶晶喜欢和你玩，并且每天让外公送来绘本馆和你一起玩，你觉得你有什么东西可以吸引她？"

"不知道。"女儿老老实实地说。

"你们俩经常会玩什么游戏啊？"我提醒她。

"我们经常一起做手工。"女儿说，"晶晶会教我，我也会教她。"

"是的，"我说，"这个时候，你们俩是不是感觉快乐？"

"嗯。"

"所以，真正的友谊是你能够让对方感到快乐。"我说，"因此，她会为有你这样的朋友而骄傲，如果你有重要的事情要做的时候，她会一边做自己的事情，一边等着你。"

女儿有些似懂非懂，我继续说："你这朵花之所以能够招来朋友，是因为你身上具备的一些个性和才能。你会做手工，你会弹钢琴，这些都是你的才能。你的朋友们会因为你的这些才能而更愿意与你相处。所以，你自己该干什么还是去干什么，不要因为他人而放弃自己的事情。否则，你这朵花就没有吸引蝴蝶的地方了。"

当孩子跌倒的时候往往会产生消极反应，诸如垂头丧气、唉声叹气等。如果父母再呵斥孩子、打骂孩子，孩子往往会更加沮丧，对于挫折的抵抗能力就更加弱了。

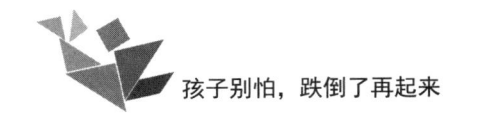

### ◎ 3C 策略调整孩子的心理状态

在这种情况下，父母一定要帮助孩子调整心理状态，渡过情绪困境。美国的儿童心理学家曾经教给父母一个叫作"3C"的办法来帮助孩子们渡过困境。这"3C"是指 control（掌控）、challenge（挑战）和 commitment（承诺）。

control（掌控）指的是一种心理上、情绪上的引导掌控，是为了帮助孩子认识到"困难并不等于绝境"。

例如，八岁的辉辉在外出玩耍时不小心把新买的衣服撕破了。当妈妈发现情况时，辉辉闷不吭声，低着头。妈妈应该这样对辉辉说："新衣服撕破了心里很难过是不是？怕妈妈骂你是不是？"这时候，孩子肯定会向父母说明自己是不小心撕破的，并说出自己心里的感受。妈妈可以顺势开导孩子："我理解你现在的心情，尽管新衣服撕破了，但是你能主动反省自己，妈妈感到很高兴！"

challenge（挑战）指的是给孩子一种心理挑战，让他学会在不高兴的事情中看到快乐的一面。

当孩子撕破了新衣服，父母要帮助孩子分析原因，然后，教育孩子改正缺点，不要再犯同样的错误。辉辉的妈妈是这样鼓励孩子的："我知道你是一个活泼的孩子，喜欢与伙伴们一起玩耍。这次衣服撕破了没关系，但是，你下次一定要注意，如果进行剧烈的活动时，要提早准备好服装，穿上耐磨的衣服，这样就既能玩得开心，又不会撕破衣服了。"

commitment（承诺）指的是用承诺的方式帮助孩子看到生活更为广大的目的和意义。

例如，妈妈对辉辉说："你觉得新衣服撕破了让爸爸妈妈很失望，但是，爸爸妈妈一直希望你活泼开朗，做个快乐的孩子。不管怎样，只要你以后注意点，爸爸妈妈不会介意的。"

通过掌控、挑战和承诺三个步骤，辉辉的不良情绪明显减少了。事实上，鼓励孩子克服困难和挫折的关键就是父母应该对孩子的努力和行为做出正确的评价，让孩子也能够正确评价自己的行为和结果之间的关系。

再看一例：

## 第四章 当孩子遭遇跌倒时

今天下午,格格从幼儿园回来后就对我说:"妈妈,今天老师让我罚站了,别的小朋友去睡觉,我也不能睡。后来,有一位老师把我带到了小五班。"

我心里一咯噔,看来事情还比较严重,于是赶紧问她:"怎么回事?"

"因为我把篮球架推倒了。"格格说。

"哦,是操场上那个篮球架吗?你是故意推倒的吗?"我问格格。虽然我知道格格应该不是故意去推倒的,肯定是在玩的时候,没轻没重才这样的。但是,不管格格有意无意,我没有显示出她被罚站后的紧张心理。

格格说:"我不是故意的。"

我对她说:"嗯,那有没有压到其他小朋友?"

格格说:"没有。可是,老师让我罚站了。其他小朋友睡觉了,我也不能睡,我是后来才睡的。"

我心想,睡觉之前一般不会在操场上活动吧?肯定是格格把时间说乱了。实际上,小朋友在描述事情的时候,经常会颠三倒四的,对于孩子的话,我们也只能信其三分。但是,现在问题的关键不是时间,也不是格格被老师罚站,而是她如何看待自己被罚站。于是,我继续问:"格格,你觉得老师让你罚站对吗?"

格格说:"不对。"

看来,格格确实对老师的惩罚心有不满,我继续问:"为什么不对呢?"

格格不说话。

我提示她:"是不是罚站让你感觉有点不高兴?"(掌控策略开始启动)

格格说:"是的。"

我又说:"你觉得你把篮球架推倒对吗?"

格格说:"不对。但是,我不是故意的。"我知道格格由于接受了故意非故意的道理教育,认为不是故意的就不用批评。实际上,许多事情不是故意做的也会导致很严重的后果,我必须让她明白这个严重的后果。

我说:"妈妈知道你不是故意的。但是,万一篮球架倒下来的时候,

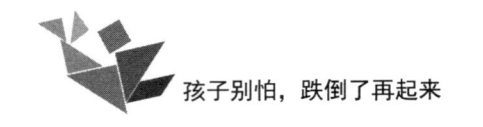

有小朋友被压到了，你想想看，小朋友会不会被篮球架压痛呢？"

格格说："会的。"

我说："那你觉得把篮球架推倒危险吗？"

格格说："危险的。"

我肯定她："对的。你想想看，如果其他小朋友也把篮球架推倒了，正好压到了格格的身上，你会被压痛吗？"

格格说："会的。"

我说："所以，老师给你罚站，只是希望你认真地想一想，不管你是不是故意推倒篮球架，这件事情都是非常危险的。你罚站过了，一定要记住，在篮球架边上玩的时候要小心，下次不能再去推篮球架了。"（挑战策略开启）

格格说："好的，妈妈。"

最后，我还告诉格格，被罚站并不是一件可耻的事情，因为我们每个人都会犯错，只要我们认识到自己的错误，避免下次再犯同样的错误，老师和妈妈依然会喜欢她。（承诺是修补孩子心理伤痕最重要的一步）

后来，母亲也和我说了，去接格格的时候，老师和她说，格格把篮球架推倒了，这是很危险的事情。其实，我也知道，老师关注的重点是众多小朋友的安全问题。毕竟每个小朋友的安全关系到每一个家庭。

总结一下，当孩子跌倒时，处理的原则如下：

## ◎接纳、正视跌倒

跌倒了就是跌倒了，受挫了就是受挫了，千万不要因为孩子哭了、伤心了而让孩子逃避挫折。生活当中，我们经常会犯这样的错误：

当孩子跌倒时，家长为了安慰孩子，就说："宝宝最棒了，都是地不好，我们来打地。"

当孩子在考试当中失误了,家长为了安慰孩子,就说:"没关系,在妈妈心中,你是最棒的。"

孩子在比赛当中失败了,家长心疼哭泣的孩子,就安慰孩子:"没什么大不了的,这个奖不要也罢。你是最棒的。"

我们原以为这样的安慰能够帮助孩子重振信心,实际上,家长是在帮助孩子逃避挫折,让孩子把受挫的原因转移到他人和外部原因去了。

"我认为你是最好的"——会让孩子误以为比赛是不公平的,自己是最棒的。长久下去,许多孩子会在心里形成这样的思维惯性:"我是最棒的,所以不管我考多少分,我都是最棒的。"结果,孩子学会了抱怨他人,推卸自己失败的责任。这种心理如果发展下去,就会让孩子产生仇视他人、仇视社会的不良心理。

"没什么大不了的,这个奖不要也罢"——孩子会认为,既然这个奖没什么大不了的,为什么我要参加?爸爸妈妈认为我是最棒的,比赛失败是老师的不公平,我以后再也不要参加比赛了。久而久之,孩子会出现目空一切的不良心理。以后,当父母希望孩子去竞争、去努力的时候,孩子也会以"没什么大不了的,不参加也罢"来回应父母。

父母应该学会在挫折中赏识孩子,但是,赏识孩子并不是夸大孩子的努力,缩小失败。明智的做法是在赏识中让孩子认识到自己失败的原因。比如,对于失败的孩子,父母就应该引导孩子正视自己的失败,告诉孩子:"虽然你这次输了,但是,我们都看到你很努力,成功并不是很容易的,需要一个人不断地努力,只要你找到失败的原因,继续努力下去,相信你一定会成功的。我们为你的努力而感到自豪!"

在《请给孩子松绑》一书中有这样一个例子:

> 当陈元的父亲得知陈元与国际奥赛失之交臂时,他能体会到女儿的伤痛。陈元在经历了奥赛的层层选拔后,却在距国际奥赛仅一步之遥的地方失去了机会,这对一个涉世未深的只有16岁的女孩来说,无疑是一次沉重的打击。但陈元的父亲不能给孩子找借口,他要让孩子勇敢地面对失败,并接受它。父亲给陈元写了以下这封信,压在陈元的书桌上。
> 我们的女儿:

## 孩子别怕，跌倒了再起来

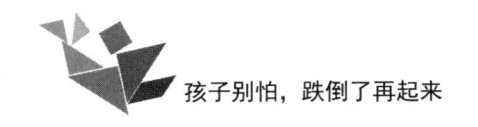

虽然你没有进入国家队，这是遗憾，但你从中得到的经历、锻炼、启迪，以及你所认识的社会、人生，远比你进入国家队的意义要丰富、宝贵得多。这是你人生的一个新的起点，你会经得起挫折、委屈，你会因此而奋起，而去攀登你人生的又一个高峰。

记得你上小学时，从浏正街小学转到修业小学，在浏正街所受的委屈，那段经历激励你从小学到中学一直奋发努力，可以说，那是你人生的一笔财富。同样，在中国科大的这段经历，更会激励你在即将开始的大学生涯中拼搏进取，因为你经受了挫折，你已经懂事了！

爸爸

失败仅仅是一个过程，是孩子从学习到成功的过程。作为父母，我们应当鼓励孩子有勇气面对失败的结果，敢于犯错误，并且从错误中学习经验和教训，不能因为犯了错误而一蹶不振。

史蒂芬·葛莱恩是一位著名的科学家，在医学领域曾有过十分重要的发现和成就。有个报社记者曾经采访他，问他为什么会比一般的人更有创造力？他为什么能够超乎常人？

史蒂芬的回答大大出乎记者的意料。他说，在他看来，这一切都与他年幼时母亲的教育有关。他向记者讲述了一件他小时候发生的事。

有一次，史蒂芬趁着母亲不在身边的时候，自己尝试从冰箱里拿牛奶。可是瓶子太滑了，他没有抓住，牛奶瓶子掉在了地上，摔得粉碎，牛奶溅得满地都是——看上去真像是一片牛奶的海洋！

母亲闻声连忙跑到厨房里来，面对眼前的一片狼藉，她相当沉着冷静，丝毫没有怒发冲冠的样子，更没有对史蒂芬大叫大嚷，也没有狠狠地教训或惩罚他，而是故作惊讶地说："哇，史蒂芬，你制造的麻烦可真是棒极了！我还从来没有见过这么大的一汪牛奶呢！哎，反正损失已经造成了，那么在我们把它打扫干净以前，你想不想在牛奶中玩几分钟呢？"

听母亲这么一说，史蒂芬真是高兴极了，立即在牛奶中玩起来。几分钟后，母亲对他说道："史蒂芬，你知道，今后无论什么时候，当你制造了像今天这样又脏又乱的场面时，你都必须要把它打扫干净，并且要把每件东西按原样放好。你懂了吗？"他抬起头看着母亲，眨巴眨巴眼睛，似懂非懂地点了点头。

"啊，亲爱的，那么下面你想和我一起把它打扫干净吗？我们可以用海绵、毛巾或者是拖把来打扫。你想用哪一种呢？"史蒂芬选择了海绵。很快，他们就一起将那满地的牛奶打扫干净了。

然后，母亲又对史蒂芬说："史蒂芬，刚才你用你的两只小手去拿大牛奶瓶子的试验已经失败了。那么，你还想不想学会如何用你的小手拿大牛奶瓶呢？"看着他充满好奇与渴望的眼神，母亲继续说："那好，走，我们到后院去，把瓶子装满水，看看你有没有办法把它拿起来而不让它掉下去。"

在母亲的耐心指导下，史蒂芬很快就学会了，他发现只要用双手抓住瓶子顶部、靠近瓶嘴边缘下边的地方，瓶子就不会从他的手中滑掉。他真是高兴极了，笑逐颜开地对母亲说："真是棒极了！谢谢妈妈！"

说完上面的故事，这位著名的科学家继续说："从那时起，我知道我不必再害怕犯任何错误，因为错误往往是学习新知识的良机。科学实验也是这样，即使实验失败了，但是我们还可以从中学到很多有价值的东西。"

如果孩子在尝试新事物的过程中犯了错误或遇到了失败，父母应该帮助孩子找出失败的原因，鼓励孩子再次尝试，让孩子的自信心在不断尝试中得到保护和增强。比如，有的孩子想帮妈妈干点儿家务活，主动要求洗碗，可因为不会洗而打破了碗。在这种情况下，父母千万不要指责孩子，而应该告诉孩子怎样既能把碗洗干净又不会摔破碗，接着鼓励孩子"这次洗得很干净"，或者"不要泄气，再努力一把就会成功"。

孩子别怕，跌倒了再起来

## ◎引导孩子自我反省

我们说失败是成功之母，一般指一个人往往能够在失败中汲取经验和教训，并获得失败后再爬起来的勇气。

但是，如果孩子在失败后很随意地摇摇头、耸耸肩，对失败抱有一种无所谓的态度，那么他很可能还会失败。

父母不要让孩子形成这样的观念：失败并非是一件令人沮丧的事，反而应该可喜可贺。如果孩子形成这样的观念，认为只有经历失败才能获取成功，于是他会不畏失败，不在乎失败，跌倒了爬起来，再跌倒再爬起来，失败无休无止，没有尽头。那么纵使他屡败屡战，也并不有益于孩子的身心健康发展。正如温瑞安先生所言："跌倒一次、两次，你还可以再爬起来，但如果跌倒一百次以后呢？即使你有勇气爬起来，相信你的勇气也已经消失殆尽，你的脊梁再也不能挺直。"

一个人之所以能够从失败走向成功，在于他能够不断地自我反省，找到自己的缺点或者做得不好的地方，然后不断改正，以追求完美的态度去做事，从而取得一个又一个的成功。

我们来看看被称为商界"不死鸟"的前日本八佰伴国际流通集团总裁和田一夫的故事。

和田一夫于2006年6月在中欧国际工商学院回顾自己的失败经历时说，自己一生经历过三次重大失败。

和田一夫的第一次失败是在20岁。当时，家里经营的蔬菜店被一场大火彻底摧毁，所有积蓄毁于一旦。第二次失败是在20世纪70年代，八佰伴巴西分店被迫关门。第三次失败是最惨重的一次失败，那就是在和田一夫68岁的时候，八佰伴宣布破产，他从一个亿万富翁变成身无分文的穷光蛋。那次破产后，妻子对他说："我本来嫁的就是蔬菜店的老板，不是八佰伴总裁，我们重新开始吧，大不了再开一家蔬菜店。"于是，年近古稀的和田一夫决定重新开始创业，开办咨询公司，随后，他又与一位

27岁的年轻人合作，涉足IT软件领域，用了一年零九个月的时间就带领了公司上市。

"我不怕失败，而且我会总结为什么失败。"

"同样的错误不能犯两次，这是一个领导者应该具备的素质。八佰伴倒闭后，我花了整整一年时间反省自己。"

"正是因为在物质上一无所有，我才拥有了东山再起的巨大动力。但如果我在领导者素质上也同样一无所有，那我的生命也就该结束了。"和田一夫如是说。

可见，接受失败仅仅是一种情绪调节的行为，而自我反省，从失败中学习才是一种迈向成功的行为。善于自我反省的人往往能够及时地发现自己的优点和缺点，从而做到扬长避短，最大限度地发挥自己的潜能，并取得最后的成功。而不知道自省的人则会自以为是，重复犯同样的错误，从而离成功越来越远。那么，如何引导孩子自我反省呢？

●方法一　引导孩子反省自身的问题

在日常生活中，父母不要把孩子的失误归咎在自己身上，而是应该教育孩子全面地认识自己，既要看到自己的长处，也要正视自己的不足，做到扬长避短、发挥自身优势，不断提高自己。

诚诚被选为班干部了，这本来是件值得高兴的事，但是，没过几天，诚诚却沮丧地对父母说："我不想当班干部了！"

父母一问才知道，原来，孩子在当上班干部后，需要管理全班同学，许多同学对诚诚表示不服，老是喜欢捉弄他。有时候，老师在不明真相的情况下，还误会诚诚，这让诚诚感觉特别委屈。

诚诚愤愤地说："做班干部真是吃力不讨好，我每天牺牲了那么多的休息时间，处处以身作则，凡事总是吃亏，却得不到同学们的理解！"

妈妈了解原因后对诚诚说："孩子，既然你已经做得很好了，为什么

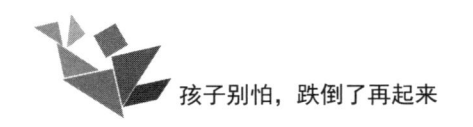

其他同学会不服你呢？是不是你有了骄傲的情绪，冷落了同学，还是你学习方面没搞好，或者你在处理同学之间的问题时没有注意方法和态度？"妈妈耐心地开导诚诚。

诚诚在妈妈的引导下开始反省自己。经过深刻的反省，诚诚才意识到自己当了班干部后，不像以前那样与同学们一起玩了，总是把自己当成班干部去管其他同学，所以其他同学才很不满意自己的态度。

每个人都有缺点和弱点。有些人由于不能否定自己，不能实事求是地对待自己的缺点，因此也拿不出勇气来突破自己，他们宁愿不做事、不讲话、不交际，也不愿意在别人面前暴露自己的弱点。

父母应该引导孩子看到自己的长处、优点，也看到自己的短处、缺点，知道自己的潜能和心愿，明白自己的困难和局限。比如，在日常生活中，父母不能总满足孩子的要求，不对孩子有求必应，在必要的时候，父母应该理直气壮地否定孩子："你这样做是不对的！"当然，父母要帮助孩子认识到不对的原因，让孩子全面地认识自己。

善于自我反省的人能够实事求是地看清自己，这样就会抛弃骄傲自大、清高孤僻等易导致失败的弱点。如果孩子能将这种自我反省的观念、意识付诸行动，就能从自身条件不足或所处环境不利的局限中解脱出来，去做自己想做的事，不怕失败。这样的孩子即使明知在某方面有所欠缺，但只要是他自己愿意做的事，他也会果敢行动。

● **方法二　引导孩子反省自己的方法**

电影问世后不久，有一天，法国巴黎放映员普洛米奥正在放映一部叫《拆墙》的电影短片。片中有一堵危墙被众人推倒的镜头，结果，银幕上出现了情景相反的图像：一堵被推倒的墙，又从残墙断壁的废墟中慢慢重新竖了起来。这时，观众都哄堂大笑起来，电影院里充满了笑声和口哨声。

普洛米奥这才发现问题，原来，片子放完后应该把它再倒转回来才能二次放映，普洛米奥由于粗心大意,误把还没有"洗"的片子拿去放映了。普洛米奥只得马上关掉放映机。

在这种情况下,如果你是普洛米奥,你会怎样思考这起事故呢?

这一失误引起了普洛米奥的思考:这种现象能不能成为拍电影的新技术呢?也许它能给人们带来一种全新的视觉效果呢。

后来,在一部叫《迪安娜在米兰的沐浴》的电影中,普洛米奥有意识地运用了这种倒摄方法,观众在银幕上看到,跳水女郎的一双脚先从水里钻出来,然后整个身子倒转180度,最后轻飘飘如柳絮般落在高高的跳板上。

这种奇异的倒摄方法,引起全场观众的热烈掌声,从此,它成了电影拍摄中常用的一种技术。

当孩子遭遇失败时,父母不要对孩子说:"看,把事情都弄糟了,你怎么搞的?""你都忘了应该怎么做了,是猪脑子?""跟你说你的想法有问题,你偏不听,结果呢?""总是一意孤行,就得让你尝尝失败的滋味!"

父母应该引导孩子问自己"为什么会出现这种情况呢?是不是我哪里没做好?""如果我换一种方法,事情是不是会不一样呢?""如果下次我避免出现这种问题,事情肯定会比现在要做得好。""怎么会出现这种结果呢?你好好想一想,如果用妈妈跟你说的方法去做,结果会怎样呢?""有时候,你需要听听他人的意见,这样就会避免一些问题。"这种语气,孩子是比较愿意接受的。这样,可以和孩子一起分析失败的原因,并帮助孩子从失败中走出来,继续面对生活和学习中的各种困难。

例如,当孩子的学习成绩下降时,你可以对孩子说:"你希望我怎么帮助你?"如果孩子希望请家教,不妨答应他的请求,因为孩子自己的请求往往是他愿意学习的象征。如果父母的经济条件有限,可以想办法请一个年长一些的孩子陪孩子一起学习,或者,父母也可以经常陪孩子学习。当然,陪孩子学习并不是替孩子做作业,而是教给孩子学习的方法。

当孩子在考试前情绪紧张时,你不要责骂孩子,应该对孩子说:"还有几天的时间呢。不要着急,让我们来安排一下时间。"然后,可以与孩子一起制订一个复习计划,把考试的科目大致地浏览一遍,在考前的晚上,早点睡觉,不要要求孩子

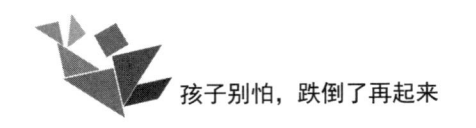

一定考个好成绩，减轻孩子的心理压力。这样，孩子就不会觉得考试是一道无法跨越的障碍了。

孩子解决问题的能力增强了，当孩子面对学校、家庭、社会上各种各样的困难与挫折时，就能从容地面对，以一种积极的心态来接受生活给他带来的一切。

● 方法三　引导孩子反省自己的行为

有些孩子比较冲动，他们想做一件事情的时候根本就不考虑后果，而且由于孩子经历比较单纯，能够预见到的后果往往与成人能够预见的不一样。这时候，在条件许可的情况下，父母不用一味禁止或者责备孩子，可以适当让孩子去做自己想做的事，当不良的结果出现时，孩子就会意识到自己当初的错误行为了。父母则可以借此机会来引导孩子反省自己的行为，养成做事前先思考，事后进行总结的习惯。

著名经济学家大卫·李嘉图九岁的时候，有一次，父母带他去商店。大卫在商店的橱窗里看到了一双带皮毛的漂亮鞋子，非常喜欢，就吵着要父母买下来。母亲同意了，但是父亲不同意，因为这是一双木头做的鞋子，不适合孩子穿。

大卫哭闹着执意要买。父亲想了想，就对大卫说："我可以答应给你买这双鞋子，但是，你要承诺，买了以后你必须穿这双鞋子，否则我就不给你买。"

大卫想着可以买自己心爱的鞋子，高兴地答应了。

谁知，鞋子买回来后，大卫才发现穿起来会"咔嗒咔嗒"作响，非常不舒服。如果长时间穿这双鞋子，脚会很累。现在他才知道父亲不让自己买这双鞋子的原因，认识到自己确实太虚荣了，现在穿这双鞋子简直就是受罪。这个时候，大卫深深地意识到自己的虚荣，他甚至愿意付出一切代价，只要能不穿这双鞋子。

聪明的父亲看出了大卫的想法，他对大卫说："孩子，我并不强迫你去穿这双鞋子，但是，你要学会反省自己，不要让自己陷入不良思想的陷阱。"

虽然父亲没有强迫大卫再穿这双鞋子，但是，大卫觉得应该给自己一个警示。于是，大卫把这双鞋子挂在自己房间里容易看到的地方，让它时刻提醒自己不要任性，不要贪慕虚荣。

在这里，大卫的父亲没有责备孩子的错误行为，而是引导孩子学会反省自己。虽然这双鞋子再也不能穿了，但是，用一双鞋子就换得孩子自我反省的好习惯，这何尝不是一件有价值的事情呢？

当然，父母在引导孩子自我反省的时候，态度一定要温和，要告诉孩子，每个人的想法都有偏颇的地方，承认自己的错误，否定自己的思想，并不代表没面子，真正的没面子是一意孤行导致的失败和挫折。

所以，当孩子遇到困难不能解决或走进死胡同时，父母要与孩子一起共同向困难挑战。父母不仅要鼓励孩子勇敢地面对挑战，还应该提醒孩子"你错了"，并进一步启发孩子"为什么会错"，与孩子一起分析失败的原因，教导孩子怎样才能少犯相同的错误。这样，孩子才能一步步找到问题的原因。

## 一元钱的噩梦——如何修复孩子受伤的心灵

尽管我们都不愿意孩子受到挫折和心灵的伤害，但事实上，伤害是不可避免的。正如我们在谈到原生家庭对孩子童年的影响时，往往就会说到原生家庭对一个人的伤害。我们总希望孩子能够少受到原生家庭的伤害，事实上，这种伤害是无可避免的。因为一个孩子不可能永远生活在真空的真善美的世界当中，我们与其把孩子保护起来养育，不如让孩子成长起来，在心灵受到伤害的时候，能够主动去自我调节与寻求帮助。同时，我们也要跟着孩子一起成长，以便关注到孩子的心理变化，帮助孩子建构起强大的心理。

这是发生在姐姐五岁多时的一件事情。

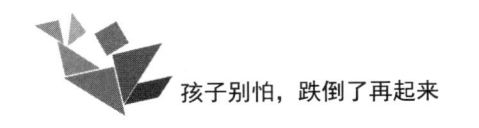

有一天早上,我与几位老师约在一个茶馆聊天。老公带着女儿们在附近的公园玩。聚会一结束,我立刻去寻找爷仨。由于天气比较热,孩子们已经玩得满头大汗,都说口渴,于是,一家四口去旁边的超市买东西。

老公进去买吃的,我们在外面等。妹妹看到喜羊羊摇摇椅就想坐,我平时没怎么给孩子坐这个,这天本来是我们家的家庭日,但因为我和别人聊工作,我多少带些补偿心理,于是,打算给妹妹坐摇摇椅。

这时,姐姐对我说:"妈妈,不要让小宝坐。"

我随口说:"为什么?"

姐姐说:"不告诉你,让你别给她坐就别给她坐。"

我当时不清楚姐姐的意图,以为姐姐也想坐,就说:"你想坐吗?你也可以坐。妈妈今天都同意。"

姐姐一脸不高兴:"我不要坐。"这时,妹妹已经开始闹着坐,并要让我掏钱。

我对姐姐说:"你想坐,妈妈也同意,如果你不想坐,那妹妹想坐,妈妈先让她坐吧。"

姐姐依然坚定地说:"妈妈,你不能让小宝坐。"

这时的我,还自认为姐姐自己不想坐,又嫉妒妹妹坐,所以依然从这个角度安慰她:"妹妹想坐就先让她坐,你想坐妈妈也同意让你坐,你俩一起坐也可以。随你自己决定。"

当我掏出一块钱的硬币时,姐姐突然大哭起来。我一下子也有点蒙了。虽然姐姐和妹妹之间是有一些小嫉妒心理,但不至于这么严重啊,这到底是怎么回事?

一边是姐姐的号啕大哭,一边是妹妹的不停拉扯和哭闹。我清楚地知道,现在,姐姐的问题更严重。

于是,我对妹妹说:"小宝,等一会儿,妈妈和姐姐说几句话。"当然,妹妹没听我的,依然不停地拉扯我,大叫。但我没理她,我冷静地蹲下来对姐姐说:"格格,到底怎么了,请你告诉妈妈。"

第四章 当孩子遭遇跌倒时

姐姐说:"我不说,这让我想起了一件可怕的事情,像噩梦一样。我不能告诉你!"

我一听到"噩梦"两个字,特别清醒地知道,这件事情肯定很严重,但是我没有表现出紧张,捺着性子继续引导她:"没关系,无论你对妈妈说什么,妈妈都不会批评你的。"我想让姐姐明白,对妈妈说任何事情都是安全的,所以我提前给她打了预防针。

我一边说一边搂住姐姐:"你放心,妈妈永远会支持你的。你告诉妈妈究竟发生了什么事情?"

姐姐开始断断续续地说:"有一次,在××超市,我用了一块硬币让小宝坐摇椅,被别人骂了一顿,然后她走了。"

我听得糊里糊涂的。但我依然保持着平静。我知道,孩子现在的描述可能有记忆的误差,我必须引导她把事情的经过讲清楚,这样我才可以引导她调整自己的心理。

我温和地看着她,问:"谁骂你?"

"我不知道,我不认识。"

"她为什么要骂你?"

"我用了她的钱。"姐姐又哭了。

"你怎么会用她的钱?"我问。

"我也不知道。是她给小宝的,我就帮小宝塞进去用掉了。"姐姐说。

"她给小宝的?那她为什么还要骂你?"我继续问。

"不是她给的,是她的孩子给的。"姐姐说。我知道了,孩子之前说的和现在经过引导后记忆起来的事情是有偏差的。

"是她的孩子是吧?那她是孩子的爸爸或者是妈妈,是吗?"

"不是,她可能是外婆或者奶奶吧,很老的。钱是一个和小宝差不多大的小女孩给小宝的。"

哦,我有些明白了,大意是这样的:一个小女孩给了小宝一块钱,小宝不会用,格格帮她塞进摇摇椅用掉了,然后小女孩的监护人,就是那个老人知道了,就骂了格格。那个小女孩或许不知道一元钱的价值,而那位

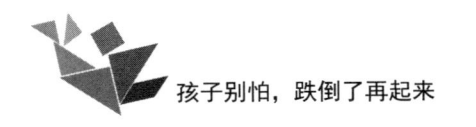

老人却很在乎一元钱。当然，再具体的情况我也不得而知。

我继续问："在××超市吗？你和谁在一起？"

格格："和外婆在一起。"

"那妈妈在哪里？"我问。

"妈妈不在，是外婆陪我们去的。"

"那外婆呢？"

"外婆去买水果，让我管着小宝。"

"啊？"我吓了一跳，这也太可怕了。我的内心不禁有些埋怨母亲，母亲也太大意了，怎么能在超市这种公众场合让格格这么小的孩子看管小宝，自己去买水果。而这件事情她竟然毫不知情。

第二天，格格外婆回来后，我把此事与她沟通了。外婆说的事实是这样的：外婆带着孩子们在柜台结账，小宝一定要出来，外婆拗不过她，就让格格带着小宝，外婆说眼睛是看得到姐妹俩的，但是，也许是事情发生得太突然，或者外婆当时正结账没注意。这也说明，孩子事后的许多描述有时候是不可靠的，成人必须多方打听，获得更多的信息。

"那你有没有把这件事情告诉外婆？"我继续问。

"没有说。哦，说了一点点，没全部说。"

"为什么没和外婆说？"

"我怕外婆批评我。"这孩子，这么重要的事情不告诉成人，那受伤害的不就是自己了吗？所以，引导孩子把事情告诉成人很重要。

"如果你告诉外婆，可以让外婆把一块钱还给人家。"我说。

"那人已经走了，还不了了！"格格又哭起来了。

啊，我知道了，整件事情的发生，竟然都不在我们成人的视线范围内。格格一个五岁多的孩子，独自承受着被一位老太太严厉责骂的负疚心理，而且，这个负疚竟然永远也无法弥补，是一个永远的遗憾。

我静静地搂着姐姐，小小的肩膀在我的怀里抽动。我轻轻地对她说："妈妈知道你受委屈了，现在你说出来了，你真棒！说出来了，心里就会好受一些的。"我知道姐姐现在更需要共情，理解她的这种委屈情绪。

这时候，老公买好东西出来了。我赶紧和他说："我现在和格格有件重要的事情要处理一下，你先照顾一下小宝。"看着姐姐泪眼婆娑的样子，老公点了点头。

于是，我把姐姐拉到另一个角落继续安慰她：

"妈妈觉得遇到自己感觉受到伤害的事情一定要告诉大人。如果当时爸爸妈妈在，你就告诉爸爸妈妈；如果爸爸妈妈不在，你可以告诉其他大人，比如宁妈，玲玲姐姐在就可以告诉她们；如果其他你认识的大人在，你也可以告诉他们，大人会帮助你的。"

我想，必须让孩子明白，告诉成人，寻求成人的帮助是非常重要的事情。因为父母不可能一辈子陪伴在孩子身边，所以寻找身边成人的帮助是必需的。

"那以后如果宁妈她们在，告诉她们就可以了吗？"因为我经常教育格格在园里有事情找宁妈，她白天基本上不会来找我，有事情就会找宁妈解决。但我明白，孩子现在这样问我与园里的日常事情是不一样的。于是我告诉她："如果妈妈当时不在，你就先告诉其他你认识的大人，但是，等妈妈回来后，你还是要告诉妈妈。因为妈妈要知道在你身上发生的事情，特别是你觉得自己受到别人伤害了，无论是身体上还是心理上的，都应该告诉妈妈。妈妈是大人，会帮助你分析到底是怎么回事，是谁做错了。"

姐姐点了点头。于是，我们先离开了超市。上车后，我把事情的经过简单地和老公沟通了一下，然后我们继续讨论这件事情。

我说："格格，这件事情你没有错，你不用害怕，不用想这么多。"

"那这件事情是谁做错了？"格格问。我知道，当她问谁对谁错的时候，是她的理智觉醒了。这时候，告诉她一些是非对错的观念是非常重要的，也许以后这也会成为她的处事原则。

"是那小女孩错了，她不该把钱给小宝的。"我下意识地说。

"是那老太太错了。"老公说，"她家的孩子把钱给小宝，她就不应该骂你。"

经老公一提醒，我也立刻想到了。于是说："是的。她家的孩子把钱

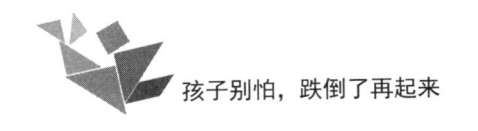

给了小宝，小宝就有权利用，你帮小宝用没有错。就像送礼物一样，你把礼物送给了别人，这东西就是别人的了，不可能再去要回来，是吧！"

姐姐若有所思地点了点头。

这时，老公故作轻松地说："这样的事情也没什么，爸爸小时候也经常被别人误会的。只要自己没有做错，就不用担心和害怕。"

我发现，老公在处理类似的事情时，经常会拿"我小时候"来说事，在格格遇到事情的时候，他"小时候"总会有同样的事，哈哈，为了孩子，"他小时候"可真是个事儿孩。不过，老公这一招在心理学还真有依据。这招称为"自己人"效应，就是拿自己的事情与孩子的事情类比，去掉父母的权威化，立刻让孩子建立起你和我一样的心理效应，拉近父母与孩子之间的心理距离。

我继续解除姐姐的负疚心理："这一块钱，你不是偷来的，不是抢来的，是人家给小宝的，用掉了没有错。老太太骂人是不对的。首先是她家的孩子给的，她不该骂你。其次，每个小孩子都会犯错误的，你也还是个小孩子，就算是犯了错误也是正常的，更何况这次你没有犯错误，她不能骂你。"

姐姐的情绪明显好转。但我确实很希望她能够遇到这种事情及时地告诉我们，寻求成人的心理帮助，不能再让类似的事情停留在她的内心，因为她现在根本没有能力去解决这样的事情，放在心里只会消耗她的内在。

于是，我又说："宝贝，妈妈希望以后有这样的事情，一定要告诉爸爸妈妈，否则，这样的事情真的会像噩梦一样缠着你。许多宝宝做噩梦就是因为有害怕的事情，受到伤害的事情没有及时告诉爸爸妈妈。"

姐姐说："好的。我只做过两次噩梦。"

"啊，你还真做过噩梦啊，所以一定要告诉爸爸妈妈，你告诉爸爸妈妈后，我们可以帮助你，把噩梦赶走。"

"可是，有些孩子没有这种可怕的事情，也会做噩梦啊。"姐姐问。

"是的，有些孩子是看了可怕的书，听了可怕的故事。这时候也可以告诉大人，故事只是故事，并不是真实的。可怕的故事也是人编出来的。"

第四章 当孩子遭遇跌倒时

在孩子的成长过程中，经常会有一些不经意的事情"伤害"孩子的心灵。当这些伤害无法用语言表达的时候，它就像一个噩梦，会一直纠缠孩子。我们成人不可能全程看到发生在孩子身上的事情，也不可能有第六感，时时刻刻能感受到孩子的负面情绪。这就需要孩子主动把这些事情说出来。可见，主动表达自己的情绪，积极寻求成人的帮助，是孩子避免受到伤害的积极方法。

当然，作为父母，我们也必须有极强的觉察能力，在孩子日常生活当中及时发现孩子的"不正常"之处，以平常心去探寻孩子掩盖在"不正常行为"深处的不良记忆，引导孩子平静地面对当时的情形，抚慰孩子受伤害的心灵，并帮助孩子建立抵御伤害的屏障。

◎让孩子学会求同存异

在生活中，许多孩子都不愿意接受他人的意见，他们总是以自己的需要和意愿为中心，只关心自己的利益得失，而不关心别人的利益得失。这样的孩子往往特别

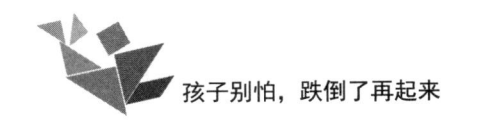

容易遭遇失败。当自己犯错时，他们往往不愿意承认错误，自己正确时，更是得理不饶人。他们希望别人都听自己的，而自己则可以为所欲为，不受他人的限制和评价。

  天宇是个极有自尊的孩子，他只愿意关注自己的事情，不愿帮助别人，也不愿与他人交往。由于小学时期的成绩比较好，进入中学以后，天宇更是极力维护自己的学习成绩，他不愿意别的同学超越自己，要是有同学超过自己了，天宇就会拼命学习超过他人。
  在与别人交谈时，天宇总是坚持自己的意见是对的，接受不了别人的意见。
  在家里，天宇更是想怎样就怎样，父母都要随他意。如果父母的意见和天宇出现分歧时，为了坚持自己是对的，天宇就和父母赌气，让父母接受自己的意见。

事实上，每个孩子由于经历、兴趣、能力、个性的差异，要求别人都和自己一样是不实际的。但是，由于孩子身心发育还不健全，习惯于从众。

父母要教育孩子，每个人都有长处和短处，不是表现在这方面，就是表现在那方面。如果孩子只看到自己的优点，看不到别人的优点，就会接受不了别人超过自己的事实，要使自己在某方面好起来，只有靠自己奋进努力。

父母应该教育孩子不要妄自菲薄，但也不要高估自己。千万不要用贬低孩子所嫉妒的对象的方式来减轻孩子的嫉妒心理，那样反而可能会导致孩子过多地注意别人的不足而放弃自己的努力。

只有让孩子学会摆正心态，正确看待自己和他人，他才可能平等地对待他人，接受他人的意见。

## ◎学会欣赏他人

有些父母在孩子失败后，为了安慰孩子，往往会对获胜者不屑一顾，或者贬低胜者，这种无意间流露出来的心态会影响孩子对失败与成功的理解。孩子从此会看轻其他成功者，而放大自己失败的不公。其实，在比赛中失败，父母最应该做的是引导孩子积极调整自己的情绪，学会欣赏成功者的优点。比如，父母与孩子一起分析他人获胜成功的原因，让孩子明白自己输在了什么地方，自己应该向他人学习什么。

如果孩子不但能够平静地接受失败，而且能够学会欣赏他人，孩子将在其他的竞争中以从容的心态去面对，反省自我，欣赏他人，逐步完善自己的人格。

### 姨妈家

周日午后,妈妈打算带姐妹俩去宜家逛逛。洗澡的时候,七岁的姐姐把这个消息告诉了三岁的妹妹:"妹妹,一会儿我们要去宜家玩。"

妹妹似乎没听明白:"姐姐,你说要去谁家?"

姐姐:"去宜家。"

妹妹:"哦,去姨妈家。"

姐姐急了:"不对,不是姨妈家,是宜家。宜家是一家店,有好玩的东西。"

妹妹似有所悟地应道:"哦,我真想去姨妈家。"

姐姐正想和妹妹争论,这时,爸爸来到卫生间,妹妹大声地对爸爸说:"爸爸,快点吃饭,我们要去姨妈家了!"爸爸一脸茫然,姐姐和妈妈已经笑不停了。

吃完饭,妹妹一路念叨着去姨妈家,偏偏爸爸走错了路。好不容易到了宜家,妹妹不停地嘟囔:"姨妈在哪里呀,怎么不出来?"

车里其他人都已经笑翻了。

# 第五章

## 对跌倒之外的思考

在一个禅宗故事里，紫罗兰曾对它的种植者说："我认为，当你把我种下去的时候，你就是想要紫罗兰，如果你想要橡树、葡萄藤或玫瑰，你就会种它们。所以我想，既然我只能够成为我自己，而不能够成为其他的，那么我就尽我最大的力量去成为我自己。"

## 独立真的这么重要吗——警惕情感疏远

八岁的小全是个拘谨又警觉的孩子，妈妈带他来的时候，他神情紧张，但故作镇定，我感觉到他的眼睛一直在扫视我。

小全的妈妈之前和我说过："小全现在做作业非常磨蹭，对自己信心不足。做事情没有目标，时时担心。"我微笑着，用关爱的目光看了看小全，小全却低下头玩自己的手指头。其实早在小全四岁时我们就认识了，但是，当时的小全还是很活泼的。后来，小全妈妈由于工作特别忙，为了让儿子尽早独立起来，就把小全送进了全托的贵族幼儿园。如今，小全已经上小学了，妈妈依然为他选择了昂贵的寄宿制小学。没想到，小全最近的状态越来越不好，每周难得回一趟家，对于在学校的情况也是只字不提。小全妈妈遗憾地说："我现在根本不知道他在想什么，所以想通过沙盘游戏来走进他的内心世界。"

我带小全进入沙盘游戏室。在沙盘中，小全摆了许多凶猛的野兽，在野兽的对面，他摆了许多士兵来对抗，整个沙盘世界充满了战争和对抗的硝烟味。最后，小全在角落里摆上了医生，还摆上了一架直升机。

在整个沙盘游戏过程当中，明显可以感受到小全内心的不安和恐惧，以及对外界压力的对抗。我能感受到，他奋战在其中的孤寂感。他迫切地需要有人来营救他、帮助他。

沙盘游戏后，我告诉小全妈妈。由于小全在年幼的时候，过早地离开父母去全托幼儿园过独立的生活，因此情感缺失严重。小全妈妈听完痛苦地说："我当时送儿子去上贵族全托幼儿园，就是想培养他的独立能力，没想到，竟然会是现在这个样子！"

其实不仅仅是小全妈妈，很多父母都会认为早点让孩子过集体生活能够令孩子

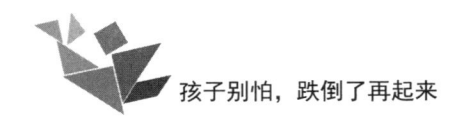

尽快独立起来，生活自理能力也能得到锻炼，同伴交往能力也能得到提升。于是，有些父母在孩子一岁多后就开始为孩子物色幼儿园，在孩子连大小便都不会的时候就送进幼儿园；有些父母则狠狠心把孩子送进全托幼儿园，这样，孩子照顾自己的能力自然就会强一些。

事实上，六岁前的孩子，最重要的是和父母建立起安全的、温暖的亲子依恋关系，这是孩子的情感纽带，能够帮助孩子发展与同伴的交往能力。

从表面上来看，早点上幼儿园，送到全托幼儿园，能够让孩子在生活处理能力方面发展得更好一些，独立性更强。然而，年幼的孩子过早离开父母去过集体生活，往往会有强烈的、无法排解的分离焦虑。他们时刻期待父母的到来，但最终都会失望，渐渐在心中形成一种被抛弃感和无力感。这种情感越来越强烈，成年后，孩子就很难与其他人建立亲密的关系。

## ◎ "布妈妈"实验：情感依恋的重要性

心理学家哈洛等人为了研究婴儿对母亲的情感依恋，设计了"布妈妈"的实验。虽然心理学家是在小猴子身上进行实验，研究幼猴对母猴的依恋，但是对于人类同样有着深远的启示。

哈洛制作了两种假的猴妈妈：一种是用铁丝编成的铁丝妈妈；另一种是先做一个母猴的模型，然后套上松软的海绵状橡皮和长毛绒布做成布妈妈。

实验的时候，把两个假妈妈和刚刚出生的小猴子一起放进一个笼子里，然后观察小猴子究竟喜欢铁丝妈妈还是布妈妈。

不一会儿，一个有趣的现象出现了。

如果铁丝妈妈身上没有奶瓶，而布妈妈身上有，小猴子很快就和布妈妈难舍难分；随后即使奶瓶放在铁丝妈妈身上，小猴子也不愿意在铁丝妈妈身边多待一会儿，只有感觉饿了才跑去吃奶，其余的时间都依偎在布妈妈的怀里。

哈洛等人对此进行了解释：小猴子对母猴的依恋并不只是因为母猴能

给它喂奶，更重要的原因是母猴能给小猴子以柔和的感觉。

研究发现，布妈妈给予小猴子的其实还不止这些。如果在小猴子离开布妈妈出去玩耍时，突然给它看一个模样古怪的庞然大物，小猴子就会惊恐万状地撒腿奔向布妈妈，然后紧紧地依偎着它，直至逐渐定下神来。可是，如果把布妈妈换成铁丝妈妈，小猴子就不会跑去寻求安慰。可见，布妈妈还能给小猴子带来安全感。

后来，心理学家给布妈妈增添了越来越多的母性特征。比如，在身体里装上电灯泡，布妈妈的"体温"就升高了。这时，小猴子就去找温暖的布妈妈，而不愿找冷冰冰的布妈妈。如果把布妈妈设计成能摇动的，吸引力就更大了。简而言之，布妈妈拥有的母性特征越丰富，小猴子就越喜欢它。

但是，布妈妈的母性特征再丰富，也不能同真的母猴相比。在布妈妈身边长大的小猴子成年后，行为有不同程度的偏差，有类似人类精神疾患的行为。

这个实验告诉我们：父母在养育孩子的过程当中，给予孩子的不仅仅是食物，还有爱和安全感。也就是说，孩子对父母的要求不仅仅是物质上的，更重要的是精神上的，这种精神上的需求就是依恋感。

从心理学的角度来说，孩子对妈妈的依恋开始于产前，并在孩子生命成长的第一年中增长。虽然这种依恋在孩子整个生命过程中会持续发展，但是，早期的依恋对孩子的大脑发育十分重要，它会促使孩子形成健康的社会情感。

对妈妈的依恋在促使婴儿信任感发育的同时，上万亿个神经节点在大脑的语言、智力、感官和运动区域形成。婴儿在其生命中的第一年所经历的抚摸、拥抱、信任和鼓励将成为其大脑结构和功能的永久部分。

一般来说，孩子与妈妈的依恋主要有三种：安全型依恋、淡漠型依恋和缠人反抗型依恋。安全型依恋的孩子具有很强的探索欲望，会主动与其他小朋友分享玩具，友好地在一起玩耍，很少有反常的行为问题；淡漠型依恋的孩子比较容易出现外显行为问题，比如，经常抢夺其他小朋友的玩具、欺负别的小朋友等；缠人反抗

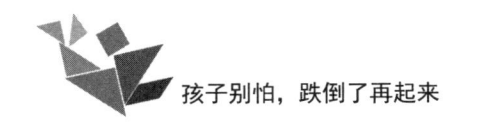

型依恋的孩子比较容易出现内隐行为问题，比如情绪抑郁、胆小、退缩、缺乏好奇心和探索欲望等。

## ◎妈妈一定要成为孩子的第一依恋人

"依恋人"是指孩子在饥饿和困乏时最想见到的人。依恋人对孩子的心理发展有着非常重要的影响。孩子只有建立起对抚养人的依恋，才能在心理上形成与依恋人的依赖关系，这种含有感情成分的心理依赖关系会使孩子自觉自愿地接受依恋人在管教和观念方面的影响。

一般来说，在孩子12岁之前，这种依恋现象一直存在。依恋现象与孩子的年龄成反比，年龄越小依恋感越重。

如果依恋人在孩子10岁左右离开孩子或者去世，那么，这个孩子的心理依恋就会丧失。这时，即使新的抚养人出现，也难以建立同前者依恋相同的心理关系。这也说明了为什么后妈总是不如亲妈亲近。

如果孩子在生命的初期根本没有形成过心理依恋关系，那么，孩子的心理异常发展的可能性就会增加。这种孩子的智力发展可能完全正常，但是，他的社会性发展，比如与人交往、关心他人等方面的性格更容易出现冷漠、拒绝他人、残酷无情、神经质等消极、异常的现象。这也说明了为什么那些遭遇抛弃的孤儿，往往容易出现自卑、冷漠、无情等负面的性格特征。

犯罪心理学研究发现：许多杀人恶魔，其冷酷无情的心态往往源于他们在幼年时没有形成过"心理依恋对象"，或者是因为他在10岁前后曾失去"心理依恋对象"。

因此，我想告诉父母们的是：父母对孩子的心理影响力和心理控制力的大小，不在于父母挣钱有多少，也不在于父母智慧有多少，更不在于父母事业有多成功，只在于父母在孩子生命初期付出的辛苦有多少，在于父母在孩子依恋时期（0至12岁）的陪伴有多少！

尽管由于生存的压力，许多母亲不得不外出工作，无法全职去养育孩子，但是，教育的含义并不仅仅是养，还在于教。教是渗透到生活的点点滴滴当中的，尽管你需要工作，你还是有时间、有能力来教孩子的。你可以把养孩子的工作交给其他人去做，但是，一定要负起教孩子的责任。正如德国教育家老卡尔·威特所说："在这里，我并不是说一定不能雇佣人来照料孩子，只是要采取正确的方式。生活比较富裕的家庭，可以把部分杂活交给女佣，对孩子的照料不一定样样都动手。但即使如此，对孩子的教育和平时的管教，母亲一定要承担起责任。"

我本人不赞成三岁前的孩子离开父母由祖辈去抚养，也不赞成过早把孩子送到幼儿园。所以，在两个女儿三岁前，我都是放慢自己的工作，陪伴她们成长。妈妈是孩子最亲密的人，妈妈是一个有血有肉有感情的人。妈妈亲自照顾和身体力行为孩子提供了强大的安全感。西尔斯的《育儿全书》中曾说：孩子的情感需求是不应该忽视，也不应该压抑的。孩子需要从妈妈这里获得安全感，他需要不断地向我们求证我们对他的爱，就像情人间经常会互相询问你爱不爱我一样。而且孩子必须经过一段健全的依赖时期，才能成为有安全感独立的人。情感需求得到满足的一岁至三岁的孩子，学到的是如何去照顾别人。

## ◎ 比生活独立能力更重要的是情感独立

> 孩子原本就有探索世界的愿望，如果我们给孩子足够的自由，在孩子自由独立工作的时候不要去打扰他们，孩子本身是非常乐意去独立完成工作的，也只有这样，孩子才能完成自我的构建。所以，只要给孩子足够的自主权，在相对安全的环境下，孩子想做什么、想做多久都让他自己决定，这就足以培养孩子的独立性。这是源自内心的独立性，和妈妈要求的独立、社会要求的独立是不同的，因为孩子的内在动力是完全不一样的。

事实上，要培养孩子独立的生活能力还是比较容易的，大部分孩子随着年龄的增长，都能学会照顾自己。但是，更重要的是，我们应该培养孩子情感上的独立，这才是真正的自立。而情感上的独立，在成年人当中，许多人依然没有这种能力。

孩子从小就被强调应该具备这样的思想：你是世界上绝无仅有的个体，你自己最了解自己的性格与真实思想，最能感受到自己的潜能与发展趋势，而且也只有你自己，才能对自己负最后的责任。

### 孩子别怕，跌倒了再起来

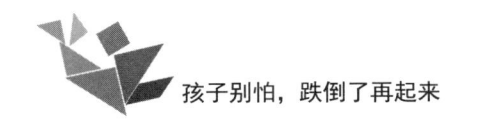

心理学者认为，情感上的自立，需要孩子以更成熟的心态割断对父母情感的依赖。如果孩子情绪的好坏仍然与父母息息相关，这样的反应似乎无法称之为"独立"。

一般情况下，孩子在感到不安和无助的时候，会不由自主地到父母身边寻求慰藉，他们知道父母会给予自己温暖和支持。因此，为了确保可以长期获得这种舒适的感觉，有些孩子一直把情感的支点靠在父母身上，而不愿意单独来面对自己的精神世界。

其实，这些孩子在交出了自己情感领地的独立权的同时，也不得不接受父母对自己的情绪支配。孩子会在心里想："我最好是找出令父母高兴的事情，并照着去做，同时要避免做那些使父母不愉快的事情。"

心理学家指出，如果孩子在此方面具有心理障碍，在情感上就会高度依赖别人。因为他们没有强烈的自我感，自己不能为自己创造心理上的满足。为了支持自己以及为了思想、价值和行为，他们都依靠别人，按照父母或其他权威者的样式思考和行动。他们的自我感实际上是他人的反映，而由于他们的精神世界是依赖别人的，所以一旦所依赖的权威体系坍塌，他们通常会陷入一种绝望而危险的境地，出现严重的挫折感。

一般来说，孩子在情感上的依赖往往比较隐蔽，不容易被发现，所以就对父母提出了更高层次的要求。我们可以问问自己，对孩子的爱是否有这样的成分：固然知道应该让孩子独立，但由于害怕失去孩子，因此总希望孩子生活在自己为孩子所设想安排的世界里。

心理学家举的最常见的例子就是："我希望你能够独立自主，所以你按照我说的话去做。"这实际上只交给了孩子"独立"的形式，而在精神领域中，孩子还是听命于父母的安排。著名文学家朱自清说："要让孩子在正路上闯，不能老让他们像小鸡似的躲在老母鸡的翅膀底下，那是一辈子没出息的。"

一位中学生说："我一直相信妈妈是非常爱我的，她希望用自己的肩膀为我挡住所有的风雨，安排好每一步路。可是，在她每天为我忙忙碌碌的时候，她不知道，我所有的勇气和自信都丢失在这份特殊的关爱里了。"

所以，让孩子在情感上能自立，就应该让孩子去选择，你不能干涉孩子的选择，也不能为孩子做选择，只能是建议。

第五章　对跌倒之外的思考

## 爱是没有条件的——无条件接纳孩子

从感情上来说，我们都是很爱自己的孩子的。但遗憾的是，90%以上的孩子感受不到父母的爱。

"你再淘气，妈妈就不喜欢你了！"

"你再不听话，我就把你送人了！"

"你再不好好学习，我就不要你了！"

……

我们总是有意无意地说着这类话，虽然我们的目的是想孩子不再淘气，更加听话，好好学习，但是，对孩子来说，这些话语的潜台词是："如果你没有达到我的要求，我就不爱你！"这样的爱对孩子来说不是真爱，而是有条件的爱。

朱永新先生在他的《新教育之梦》中曾说过：教育没有情感，没有爱，就如同池塘没有水一样。没有水，就不能称其为池塘。没有情感，没有爱，也就没有教育。

理智的爱是无条件接纳。接纳就是接受、悦纳的意思。无条件接纳就是无论孩子是什么样的，不管孩子身上有多少优点和缺点，父母都应无条件接受孩子，认可并支持孩子。

有的父母只接纳孩子的一方面。当孩子表现出色时，就接纳孩子；当孩子表现一般甚至落后时，就很难做到接纳。当孩子学习成绩优秀时，就接纳孩子；当孩子学习成绩不好时，就很难做到接纳。

有一位妈妈因为孩子的攻击性行为来咨询。这位妈妈是小学老师，孩子爸爸则是中学教师，夫妻俩在教学工作中都非常出色。他们的儿子乔乔在智商方面表现很出色，两岁就认识了许多汉字，会背诵许多唐诗。但是，乔乔进入幼儿园后却出现了交际障碍，他不但不擅长与人交往，而且出现了攻击他人的行为。乔乔妈妈说，我知道要多赏识孩子，我总是夸奖孩子

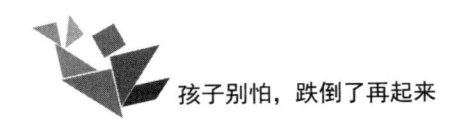

是个好孩子，但是，为什么孩子每天都要问我："妈妈，你爱我吗？"

深入沟通后，乔乔妈妈描述了许多细节。原来，老师批评，家长告状，每天总被这些事情困扰的妈妈，忍无可忍，回家后用鸡毛掸子狠狠地打了孩子一顿。后来，妈妈曾用针扎等方式来惩罚孩子。当妈妈想到自己是优秀的教师，儿子竟然天天被人告状，实在无法接受这个事实，就边打边骂："你要是再打别人，我就打死你！我就把你从窗户扔下去！"

当我告诉她，乔乔是因为爱的缺失，才会不断询问妈妈是否爱自己。乔乔妈妈惊呆了。她这才醒悟到自己的做法导致孩子爱的缺失，从而让孩子缺乏安全感，不断地通过攻击他人来获得爸爸妈妈的注意。

我告诉她，一定要学会接受孩子身上的问题，用赏识的眼光去引导和鼓励孩子。毕竟是教师，乔乔妈妈马上就知道怎么做了。接下来，孩子慢慢变得与人友好相处了。

不接纳必然会带着挑剔的眼光，不接纳必然会滋生埋怨的情绪，不接纳必然会出现否定的态度。当挑剔、埋怨、否定越来越强时，明明是表扬，却渗透着嘲笑；明明是赞赏，却夹杂着讽刺；明明是肯定，却表现出蔑视。这时候，所有的爱名存实亡。

## ◎科学家都回答不了的问题

有一次，我们全家人去餐馆吃饭，妹妹因为水倒得不够满而哭闹，我耐心地安慰着妹妹，全部注意力都放在妹妹的身上。这时，姐姐郑重地对我说："妈妈，我想问你一个连科学家都回答不了的问题。"

看她一本正经的神情和将我一军的姿态，我觉察到了这个问题的严重性。于是，我故作惊讶地问："哦，是什么问题？"

看到我的好奇样，姐姐果然打开心扉说："你觉得宝宝会恨妈妈吗？"

听到姐姐的问题，我确实有些惊讶，惊讶她知道这个问题对我来说不好回答，因此提前给我做了铺垫。但我立刻察觉到，她其实是借由这个问题，表达自己的情绪。她的内心被这种情绪纠结着，纠结于产生这种情绪是否道德，毕竟恨妈妈是一种被大众所排斥的情绪。于我而言，最重要的是接纳她的这种情绪。而她的目的其实也是在试探妈妈是否能够接纳她的这种情绪吧。

于是，我认真而诚恳地说："我觉得宝宝会恨妈妈的。"

格格爸也说："我也觉得宝宝可能会恨妈妈。"

看到姐姐一脸放松，我感觉到她的纠结正在解除。于是，我继续说："宝宝和妈妈是不同的人，他们有不同的思想，如果妈妈强迫宝宝做他不愿意的事情，宝宝就会恨妈妈。反过来也一样，妈妈有时候也会恨宝宝。"

姐姐诚恳地说："我有时候也会恨妈妈，但我还是很爱妈妈。"

听到姐姐亲口说出这句话，我如释重负。爱恨都是孩子的权利，即便是作为她的母亲，我也没有权利禁止她恨一个人，不管这个人是谁，长辈也好，母亲也罢。

格格爸调侃道："那你会恨爸爸吗？"

姐姐说："有时候会恨爸爸。"

格格爸说："讨厌。我有时候也恨你！"

沉重的话题在一阵嬉笑声中结束。

一个人在成长的过程当中，于他而言，生命中最重要的人必须要接纳他，他才能找到成长的动力。这个接纳是无条件的，即使孩子是先天畸形的，即使孩子是有消极情绪的，即使孩子是有不良行为的，我们都需要无条件爱孩子。当我们感受到并接纳孩子的情绪时，孩子才会放下试图伪装自己的行为，继续保持表里如一，展现他纯真而迷人的人格，这种人性的纯真比表面的道德更可贵。

很多成功人士在少年时吃了很多苦，最终历尽苦难获得成功。许多人误以为挫折是成功的必经之路，事实上，这些人的背后往往有强大的精神支持。他们虽然物质生活极度匮乏，精神力量却很富足，他们能够从亲人身上获得足够的爱、安全感和支持。我所理解的富养女儿也是如此，精神富足是最理想的状态。对于一个孩子来说，从小在父母爱的沐浴下长大，虽然物质生活一般，但温饱无忧，遇到困难会

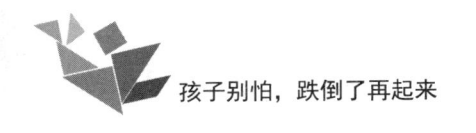

有父母的情感支持和帮助，孩子不会觉得这样的生活是痛苦的、有挫折感的；相反，如果一个孩子从小物质生活优越，生活起居有专人照顾，但是，父母整天忙于工作，几乎见不到人，就算天天吃山珍海味，要什么有什么，一旦孩子需要父母而父母无法陪伴的时候，这个孩子的内心依然会有很大的痛苦和挫折感。可见，真正的富足是精神的富足。

### ◎自己人效应——放下架子做孩子的暖亲

社会心理学家纽卡姆在1961年做过一项实验。人与人之间的态度和价值观越接近，相互之间的吸引力就越大。如果人与人之间的态度和价值观是一致的，不但容易获得对方的支持和共鸣，也容易预测对方的感情与反应倾向。因此，在相互交往的过程中，双方很容易适应并建立起良好的人际关系。这就是"自己人效应"。

其实很多父母都有这种感觉，尽管我们总把孩子当成孩子来看，但孩子却一点都没有小看自己，他们总是把自己当成和父母一样来看待，因此，孩子本能地与父母有一种天然的亲近感。而父母想要与孩子有亲近感，就得放下父母的架子，以孩子的心态与孩子去交往。

陶行知说过："忘了你们的年纪，变成十足的小孩子，加入到小孩子的队伍里去吧！你如果变成了小孩子，便有惊人的奇迹出现：师生立刻成为朋友，学校立刻成为乐园，你立刻觉得自己和小孩子一般儿大，一块儿玩，一处儿做工，谁也不觉得你是先生，你便成了真先生。你立刻会发现小孩子的能力大得很，他能做许多你不能做的事……我们得会变成小孩子，才配做小孩子的先生……"

曾经非常喜欢看《成长的烦恼》这部电视剧。这是一部美国家庭教育类电视剧。主人公是永远充满活力的杰生夫妇及三个孩子，女儿卡萝尔，大儿子迈克，小儿子肯。

杰生夫妇是一对民主的夫妇，他们从来没有在孩子们面前摆过家长的架子。相反，他们把三个孩子当成是自己的朋友，总是以平等友好的态度对待三个孩子。

女儿卡萝尔聪明好学，是杰生夫妇的骄傲。在卡萝尔可以跳级升学时，杰生夫妇没有盲目高兴，也没有胡乱指挥，他们像朋友一样与卡萝尔一起讨论这个问题，引导女儿自己做出正确的选择。

大儿子迈克是一个顽皮捣蛋的人，他经常做一些意想不到的事情，让杰生夫妇操碎了心。但是，杰生夫妇并没有斥责、打骂过迈克，他们总是坚持给迈克机会，鼓励迈克自己去做决定。

对于年幼的小儿子肯，杰生夫妇同样给予平等的态度，他们并不认为肯年幼就应该管制。在家里，肯是一个机灵鬼，他经常会想出一些古怪的主意，但是，杰生夫妇总是平等地与肯讨论问题，鼓励肯独立做事。

杰生夫妇认为，孩子应该成为能够适应社会，并受到欢迎的人。因此，他们从小就把孩子当作朋友一样平等来看待。他们与孩子一起讨论问题，在孩子面前承认错误，他们用真诚、宽容和幽默来消除孩子成长过程中的烦恼，给家庭带来了欢乐。

在与孩子交往的过程当中，父母根本不用担心自己过于和孩子"疯玩"会使父母威信受到影响。事实上，从孩子的角度来说，威信的建立并不仅仅因为你是父母，也不是因为你整天板着脸，端着一副长辈的架势，更不是你故作一本正经，把孩子的游戏视为小儿科。威信的建立最需要的是你真正走进孩子的心灵，并以客观的标准来衡量孩子、评价孩子，让孩子觉得你是值得信赖和崇敬的人。

苏联教育家苏霍姆林斯基说过："请你记住，教育——首先是关怀备至地、深思熟虑地、小心翼翼地去触及年轻的心灵。"是的，对孩子生活上照顾再周全，如果对于孩子的心灵是忽视的，那么，孩子与父母的关系并不会融洽。相反，有些父母虽然忙于工作，无法亲自照顾孩子的生活起居，但是，父母却总能够看到孩子的闪光点，以赏识的心态走进孩子的心灵，孩子还是会把父母当成自己人，任何事情都愿意与父母沟通。

当然，孩子最不喜欢家长批评自己，因为一旦被家长批评，似乎自己与家长就是对立的状态。这种对立的立场自然会让孩子对家长建立起一种防御机制。结果，尽管家长批评得有道理，孩子的抵触不满情绪依然非常明显。

孩子别怕，跌倒了再起来

这时候，对于父母来说，最有效的办法就是暴露和孩子一样的缺点，有相似的缺点很容易让孩子把父母当成自己人，沟通起来自然就容易多了。

有一次，姐姐不小心把桌子上的一只杯子碰掉了，杯子掉到地上打破了。看着女儿惊慌失措的样子，我赶紧对她说："没有关系，每个孩子小时候都会不小心打破杯子，妈妈小时候也打破过。"女儿惊异地看着我，我接着说："你看，下次要仔细看桌子上有没有东西，拿东西的时候要小心一点，这样长大了就不会打破杯子了！"

女儿点了点头，对我说："妈妈，我下次会小心点。"我紧紧地抱住了她，女儿也拍拍我，说："妈妈永远爱宝宝，宝宝永远爱妈妈。"

我很庆幸自己能够完全放下架子，以孩子般的心态去对待女儿，女儿一直把我当成她最喜欢的人。

## 你真的会爱孩子吗——爱孩子不是一件容易的事

如果问父母："你爱孩子吗？"父母肯定会毫不犹豫地回答："当然爱孩子。"许多父母甚至会说"我们努力工作为了谁呀？还不是为了孩子？""我天天为我的孩子做饭洗衣，有时候甚至还得替他写作业呢！"

事实上，这是对孩子的爱吗？请父母再仔细地想想，爱孩子是这样的吗？也许作为父母的我们应该好好思考一下对孩子的爱了。

如果你认真地思考，也许你就会发现，真正的爱并不是这样的，许多父母给孩子的爱是父母自以为是的爱，对孩子来说却是巨大的心灵伤害。这种伤害父母往往没有意识到，它给亲子关系带来了极大的破坏。由此，孩子变得不爱与父母交流，经常与父母对抗。许多父母在发现这种情形出现的时候，不妨检查一下自己爱孩子的方式，是不是这种爱不被孩子接受，是不是这种爱伤害到了孩子。

我国现代著名诗人、社会活动家柳亚子先生曾经说过："近世对于儿童教育最伟大的人物，我第一个推崇鲁迅先生。"确实，鲁迅先生也是一位伟大的教育家。当时，鲁迅的儿子海婴出世时，鲁迅先生已经年近半百，他虽然深深地爱着这个儿子，却从来不溺爱，这为日后周海婴的成长奠定了良好的基础。

鲁迅先生曾于1932年写过一首题为《答客诮》的诗：

无情未必真豪杰，怜子如何不丈夫。
知否兴风狂啸者，回眸时看小於菟。

鲁迅先生这首诗生动地表达了他疼爱孩子的浓厚感情。不仅如此，他更知道如何去理解孩子、教育孩子，他把孩子看作是国家的希望、民族的未来，竭力反对两种因袭的错误教育方法。

一种是粗暴压服的方法，对孩子非打即骂，使孩子从小就唯唯诺诺、目光呆滞，

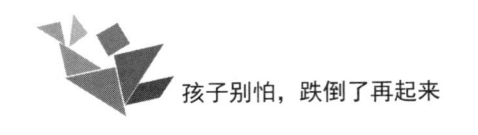

父母还美其名曰孩子"听话",父母自以为自己教育成功,其实是害了孩子。这类孩子长大后,"如暂出樊笼的小鸟,他既不会飞鸣,也不会跳跃"。

另一种是娇生惯养的教育方法,放任不管,飞扬跋扈,这类孩子将来走到社会上,"便如失了网的蜘蛛一般,立刻毫无能力"。

苏霍姆林斯基说:"在没有明智的家庭教育的地方,父母对孩子的爱只能使孩子变成畸形发展。"

这种畸形的爱有许多种,其中主要有娇纵的爱、专横的爱、赎买式的爱。许多父母对孩子的爱实际上是有问题的。具体表现在:

## ◎ 溺爱

爱孩子就是满足孩子的任何要求,许多父母都是这样认为的。事实上,这种想法是错误的,爱孩子并不仅仅是满足孩子的一切需求,甚至无理的要求,这些实际上是不理智的爱。在这种理念的驱使下,许多父母对孩子百依百顺,给孩子包办任何事情,从而导致孩子自理能力差、目中无人、为所欲为。正如教育学家苏霍姆林斯基所说:"假若孩子在实际生活中确认,他的任性要求都能满足,他的不听话并未招致任何不愉快的后果,那么他就渐渐习惯于顽皮、任性、捣乱、不听话,之后就慢慢认为这是理所当然的。"

中央电视台播放的"神童"魏永康的经历就表现了一位母亲的溺爱导致的严重后果。

> 魏永康出生后,母亲对永康的唯一要求就是好好学习,其他的事情,永康从来都不用管,妈妈替永康做得井井有条。
> 
> 刚开始,这种教育似乎很成功。魏永康13岁考上了大学,17岁到中科院硕博连读。然而,母亲溺爱造成的后果在永康的求学阶段也暴露出来了。永康除了学习成绩好以外,他不懂得如何照料自己,他不懂得如何与周围的人交往。读研究生后,因为生活长期不能自理,知识结构不适应中科院的研究模式,被学校劝退。这给永康和永康的妈妈致命的一击,从这

以后，对妈妈言听计从的永康开始反叛，他选择了一条与妈妈的希望截然相反的路。

这就是溺爱的害处。奥地利心理学家阿尔弗雷德·阿德勒说："真正的爱，本质在于关心孩子的成长，这也意味着父母和孩子的分离。"真正会爱孩子的人，不会替孩子包办一切，相反，他会给予孩子足够的空间，做孩子的引路人，让孩子去发展自我。

## ◎放任

许多父母认为，孩子喜欢做什么，就让他去做吧，不要管他。这种放任自流的做法事实上是不负责任的。尽管我们要尊重孩子的意见，尽量让孩子做一些自己喜欢的事情，但是，这并不意味着孩子可以做一些不正确的、不恰当的、危害他人的事情。如果父母对孩子的行为放任自流，对孩子没有明确的教育目标，这种教育实际上是没有作用的，相反还会产生很多副作用。

放任其实是溺爱的一种表现，但放任型的爱主要根源于"让孩子自由发展"的教育思想。尤其是孩子的爷爷奶奶、外公外婆，往往觉得现在只有一个孩子，不要限制孩子的行为，他喜欢做什么就做什么。有些孩子甚至对长辈大打出手，这些长辈却认为，只要孩子高兴，让他打几下也没关系。殊不知，这种放任的教育方式不仅让孩子目中无人，而且无法与其他人进行交往，因为孩子的行为和思想只为自己着想，根本没有他人。

教育学家陶行知说："我们对于儿童有两种极端的心理，都于儿童有害。一是忽视；二是期望太切。忽视则任其像茅草一样自生自灭，期望太切不免揠苗助长，反而促其夭折。所以合理的教导是解除儿童痛苦增进儿童幸福之正确路线。"

## ◎独裁

与溺爱和放任型的教育方式相反的是独裁型。许多父母认为，孩子不管是不行

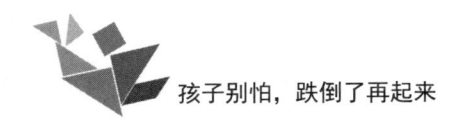

的，因此，对于孩子的行为，父母有责任进行管教。于是，许多父母常常呵斥、责骂、批评、命令孩子，孩子完全没有自己的独立性，完全受制于父母。在这种教养方式下，孩子与父母不可能进行良性的沟通，许多孩子形成了胆怯、畏缩、自私、粗暴等不良的性格。他们在与人交往时，也往往会采用父母的独裁方式，用暴力去获得自己的利益，比如打架、抢劫等。

## ◎矛盾

由于爱孩子的尺度非常难把握，许多父母不懂得正确去爱孩子。这类父母既懂得溺爱孩子的危害，也知道独裁的负面影响。但是，由于把握不好爱的尺度，于是，他们有时候溺爱孩子，有时候又对孩子非常严厉；或者父母双方一方对孩子非常溺爱，一方则对孩子非常严厉，这样，导致孩子无法理解父母的变幻莫测，从而变得神经质，缺乏安全感。

一位家长是这样说的："在教育孩子的问题上，我是个失败者。我对孩子的爱超越了一切，不论是学习还是吃穿，我都尽量满足她。但是，我对她的要求非常严格，我说过的话，孩子必须要听。孩子年幼的时候，总是很听话。现在，孩子长大了，她越来越不想听我的话，我一说她，她就反感，甚至几天不跟我说话。我想批评她，又怕伤害了她，所以尽量由着她的性子。但是，这种情形越来越严重了，我与孩子之间如同陌生人一般，她从来不主动跟我说话，我真的很无奈。"

有一本书上是这样说的："过分权威而缺乏爱的管束，会使孩子内心充满恐惧，而失去养成自主、自尊的机会；然而，爱得丰富却没有其他管束，孩子也会缺乏生活的规范。"

因此，怎样爱孩子是父母需要好好学习的。

爱迪生的幸运之处就在于他的母亲很好地掌握了适度原则，找到了表达对孩子深切爱意和关怀的正确途径。她对爱迪生的管教张弛有度。一方面，母亲南希放手让孩子去实践、去思考，保护孩子的求知欲；另一方面，南希随时关注孩子生活中遇到的挫折、困难，并加以正确引导，才使爱迪生健康成长，最终成为伟大的发明家。

可见，父母爱孩子，不能爱得太随意，太感情用事，凡事要有一个度，应该多几分理智，应该站得高一些，看得远一些，想得深一些，这才是对孩子负责任的态度。

高尔基说："爱孩子，这是连母鸡都会的。而人与鸡不同，讲究爱的方法，讲究技巧。"作为父母，我们都非常爱自己的孩子，都希望自己的孩子好。但是，怎样爱孩子，却不是所有父母都能有清醒的认识的。

## ◎给孩子无条件的爱

爱孩子是一种天性，父母对孩子的爱应该是无条件的，不应该像许多父母所说的，"我养你这么不容易，你一定要好好学习。""你考上大学，才是妈妈最爱的孩子。"这种爱因为父母对孩子提出了各种各样的条件而大打折扣，在孩子心里，他会认为父母爱的是他的成绩，爱的是他为父母带来的荣誉，并不是他。这样，孩子与父母就会产生一种沟通障碍，孩子会封闭自己的内心，拒绝与父母进行思想沟通。

比如，当孩子考砸时，父母不应该说："你怎么这么笨，为什么隔壁的凯文就比你聪明？"这是很伤孩子自尊心的，更重要的是，他会觉得你根本就不爱他。在这种情况下，你的孩子不可能跟你讨论他学习上的事情，甚至不愿意与你谈论其他关于他的事情。这是令人非常不满意的亲子关系。

你可以试试这样对孩子说："这次没考好不要紧，妈妈一直是你坚强的后盾，妈妈愿意帮助你提高学习成绩，你希望自己的学习成绩好起来，得到同学和老师的赞赏吗？"不管发生什么事，你都应该让孩子明白，父母对他的爱是不变的，但是，你更应该让他知道，他可以通过努力，甚至在父母的帮助下去完成一件事情或者一项任务。

只有当父母无条件地爱孩子时，不管他的优点和缺点，不管他是否做错事，都展现出你的爱，孩子才会真正敞开心扉，与父母进行沟通。

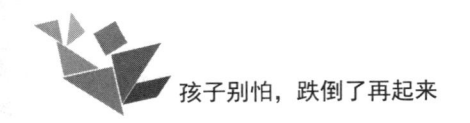

## ◎ 爱和独立是两回事

爱孩子并不代表要替孩子做任何事情。孩子首先是一个独立的人，因此，父母应该教会孩子怎样去生存，而不是事事替孩子去做。试想，有一天，父母先孩子而去，谁来为孩子做事呢？"授人以鱼不如授人以渔。"爱和独立并不矛盾，爱孩子就应该教会孩子独立生存的能力，让孩子在任何时候都能够学会自己照顾自己。

爱孩子不等于孩子要什么就给孩子什么，而是要给予孩子自由成长的空间，给予孩子成长所需要的精神养料。因此，在孩子开始有了主观愿望和试图独立发展时，父母要对爱有进一步的了解。美国《芝加哥太阳报》上曾经刊登过一篇文章，这篇文章中的母亲描绘了什么是对孩子的爱。文章内容如下：

我们做母亲的已无数次听到孩子发这样的牢骚："妈妈不疼我！"可能是你们故意这样纠缠我，看我的反应。而我又多少次想告诉你们，自己多么爱你们，却总是硬起心肠不说。

总有一天，等你们长大了、懂事了，体会母亲的苦心时，我会向你们解释清楚。

孩子，我爱你，所以当你参加晚会总是说有长辈在场时，我明知你在撒谎，却不介意，还是原谅了你。

孩子，我爱你，所以让你受挫折、失败以吸取教训，养成独立自主的能力。

孩子，我爱你，所以明知你结交的那个英俊的小伙子是个讨厌鬼，却故意装聋作哑，等你自己去找真相。

孩子，我爱你，所以当你蛮横无理、行为乖张的时候，我绝不替你找托词。

孩子，我爱你，所以尊重你的个性，不强迫你总是顺从我的心意。

不过，最难办到的是，有时要忍心拒绝你的要求，即使令你饮恨也在所不惜，因为，我爱你。

父母都知道爱自己的孩子，但爱孩子就不要剥夺孩子发展自己能力的机会。因此，为了孩子的未来，父母不要过分管束孩子，让孩子在自由的空间中成长，去试验自己的能力，去学会如何应付危险的局势，才能培养出孩子克服困难，迎接人生各种挑战的心理素质和实际能力。

## ◎爱需要耐心

对于孩子来说，父母难能可贵的是要给予孩子爱的鞭策、爱的耐心。下面是一个发人深省的故事。一名从死亡线上生还的15岁女中学生的呼唤：妈妈，给我点爱的耐心和鼓励吧！

> 武汉一个游乐场里，一些学生正玩得开心。他们一起玩过山车、玩滑板，引得周围的小朋友羡慕地望着他们。几个小时过去了，这群中学生谁也不曾注意一个叫小杨的孩子一直在吃薯条，喝矿泉水。
> 后来，小杨倒在草地上，听说她服食了大量的安眠药。第二天早晨，脱离生命危险却精神恍惚的小杨，依旧一声声地哭喊着："妈妈，给我点耐心吧！给我点鼓励吧！"
> 小杨为什么要自杀？
> 小杨每天最怕见到的人是她的班主任老师。班主任老师经常以异样的眼光盯着她。偶尔一次考试稍微考得好一些，老师便怀疑她抄袭别人的答案。小杨的妈妈从来不听女儿的苦衷，一味地数落女儿的不是，动辄加以责骂。在小杨的生活空间里，没有快乐和关爱，她生活在无家的荒漠里。她曾不止一次地想：妈妈，你能不能听听我的心里话，不要再逼着我回家就埋在题海里，我不是不想学习，只是，我一看到题目，头就发昏。

倘若小杨的父母最初发现自己的孩子在学习上遇到了困难，不是责难、埋怨，不是总拿着试题逼孩子学习，而是耐心启发、开导："孩子，不用着急，你是个聪

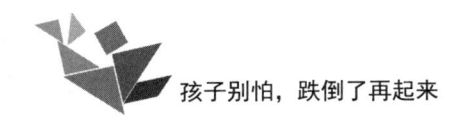

明的孩子，一次考试没有考好不算什么，学习上哪里不会遇到点困难呢？妈妈相信你能解决这些困难。"这样，父母耐心启发，再帮助孩子解决一些学习上遇到的难题，激发孩子的学习兴趣，在孩子克服学习上遇到的困难的过程中，父母的爱，父母对孩子的耐心启发与关爱，通过具体细微的行为将信任、期望的情感传递给孩子，那么，小杨就不至于产生精神上的障碍，那就会是另一种结果。

  我国伟大的无产阶级革命家陶铸同志，很爱他的独生女儿陶斯亮，虽然要求极严，但却从不责备，而是耐心地启发、说服女儿。

  陶斯亮对当时自己所学的医学专业见异思迁、朝三暮四，学习松懈，想改行，竟然几次嚷着要求爸爸帮她改行。在没有得到允许的情况下，斯亮竟然哭闹起来。她哭够了，父亲也没有理她。有几次，陶铸同志本想狠狠地教训她一顿。但想到这样教育孩子的效果肯定不会好，于是，陶铸同志决定找斯亮好好谈一下，深入地理解孩子的心理，帮助孩子解决思想上的障碍。

  当陶铸问起女儿对自己的医学专业有什么想法时，陶斯亮却天南地北地闲聊，就是不谈毕业后的打算。陶铸同志听后，并不着急，而是耐心地等待女儿把自己的想法都"倒"出来，然后再耐心地一层一层地帮女儿分析。同时，陶铸向女儿表明："干什么事情都不能三心二意，朝三暮四，没有恒心、缺乏毅力、怕吃苦，肯定一事无成。"

  最后，陶斯亮听了父亲的耐心教诲，开始热爱起自己的专业，终于成为一个卓有成就的医学工作者。

父母爱孩子，首先要有耐心。不管孩子遇到了什么问题，犯了什么样的错误，都应该捺住性子，不要发火。当然，耐心并不是说要消极等待，而是要让孩子说出自己的想法，然后，父母根据"耐心"等待来的材料，对孩子进行启发，来解开孩子思想上的疙瘩，使孩子达到心情舒畅。其实，只要孩子深切地感受到父母的关爱与厚望，在内心深处就会产生奋发向上的强大动力。

## 第五章 对跌倒之外的思考

◎爱就是关心、理解和责任

心理学家弗洛姆通过研究把爱的表现形态概括为三个层面,那就是关心、理解和责任。

关心是爱最基本的层面,父母都有关心孩子的本能,但是,关心的是孩子的物质生活还是精神生活,爱的深度是不一样的。物质生活是初级层面,精神生活才是高级层面。当孩子一脸沮丧地从学校回来时,仅仅关心孩子物质生活的父母会问:"孩子,你怎么了?是累了还是饿了?"而关心孩子精神生活的父母则会问:"今天你的脸色不太好,是不是在学校发生什么不愉快的事情了?告诉妈妈,妈妈帮你分析一下。"明显地,孩子往往对第一种父母表示厌恶,因为他觉得父母除了关心他的饮食起居,根本不了解他的内心;而第二种父母的做法往往会让孩子产生情感上的共鸣,认为父母很了解自己,对自己很关心。

理解就是了解孩子的内心,并以孩子的角度去思考问题,帮助孩子解决问题。理解的基础就是对孩子精神生活的关心,只有关心孩子精神生活的父母,才会真正站在孩子的角度去思考,与孩子进行沟通,帮助孩子解决问题。

有一个小女孩,因为父母工作很忙,被送到外婆所在的城市求学。因为女孩其貌不扬,总认为班里的孩子强于自己,而自己是一个另类,和其他同学融不到一块。教过她的老师都说她脑子笨,她自己也对此深信不疑。

班里的女同学都不愿跟她玩,她感到伤心又孤独。慢慢地,她习惯了。以后,她就混到男孩子堆里,与他们一起踢球,玩耍……

她特别害怕数学老师,因为数学老师总是说她脑子笨,不知道老师讲的是什么。后来,一上数学课,她就坐在后面自己玩自己的,老师也不想再管这个差学生了……

暑假过后,她的母亲把她又接回了自己家里,重新给她安排了学校。来到新的学校和新的环境,小女孩觉得很新鲜。同时,她的母亲也开始多关注这个被以前老师说过的笨孩子。一次考试过后,女孩对母亲说,她没

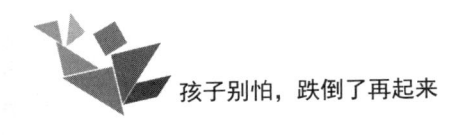

有考好。母亲拿起女孩的试卷，并没有看到试卷上的分数，只是看到了试卷中最后一道较难的题目女孩竟然做对了。母亲说："孩子，你真棒，居然把这么难的题目都做出来了。"这次，女孩偷偷地笑了……女孩牢牢地抓住了这个赞扬自己的信息。

有了母亲的理解与赏识，女孩开始偷偷地努力了。虽然她的进步比较慢，但她一直没有放弃。

过新年的时候，她收到了母亲送给她的厚厚的笔记本。在笔记本上，母亲写下的话深深感动了她："我的女儿，你是个可爱的孩子，我能感觉到，你一直都在努力——这就是我爱你的理由。"

母亲的理解与支持让女孩的进步更大更快了。后来，她考进了一所全国著名的大学，令当初教她的老师和熟悉她的人大吃一惊。

原因其实很简单，是妈妈的爱与支持给了她上进的动力，所以她后来才能获得令人惊奇的成绩。因此，对于孩子来说，只要努力，什么时候都不晚，父母千万不要因为孩子一时一事的失败而过早地给孩子下结论，责骂孩子。如果父母能懂得理解与支持孩子的正确行为方式，那么，你已经在给孩子创造成功的机会了。

责任是更高层次的爱，需要父母对孩子负责任。许多父母经常说："唉，我这个孩子真不听话，以后可怎么办呀？"殊不知，"养不教，父之过"，孩子不听话，父母有不可推卸的责任。为什么一些资质并不好的孩子，却被培养成了优秀的、高尚的人？为什么你的孩子就不行？父母们在思考这个问题时，应该更多地从自身的角度出发，想想自己为孩子做了些什么？有没有对孩子进行良好的教育？当然，父母应该明确的是，教育的目的是为了不教。因此，父母不要想当然地把教育孩子当成是管孩子。实际上，教育应该是引导，父母应该是教练，引导孩子在幼年时期学习各种技能和方法，为孩子走入社会进行彩排，使孩子能够独立生存于社会之中。

◎ **严和爱相结合**

吴玉章说："正确教育子女的方法，我认为最主要的应该是爱和严相结合。在生活上既要给予子女适当的父母之爱，在思想上又要严格要求他们，特别要舍得让他们到艰苦环境中去锻炼，在风雨中成长。这才是真正的爱。只有这样才能锻炼出人才，成为真正有作为的人。"

## ◎把孩子当成平等的人来看待

爱孩子就必须把孩子当成与自己人格平等的人来看待。这就触及教育最重要的内涵：孩子究竟是谁？然而，在现实生活中，许多孩子被父母错误地"定位"。

有些孩子被当成父母的私有财产，他们必须听从父母的命令，父母叫他好好读书，他就得好好读书，父母让他不要乱动，他就得乖乖的不能乱动。

有些孩子成了父母的"储蓄所"，父母对孩子好的原因，是希望孩子以后能照顾自己，是为自己的将来作打算。

父母们常常告诫孩子："我们这么爱你，将来你如何报答我们？"这样的父母认为，孩子长大了应该给自己光耀门庭，否则就是白白地付出了。

父母这种爱孩子的方式本质上也是一种交易，这样教育出来的孩子往往很难有自己的个性。

父母爱孩子，只有把孩子当成是一个有独立人格的人来看待，才能发现孩子内心的需求，父母才能用心去体会孩子的感受，满足孩子心灵上的需求。

## ◎对孩子的爱要表达出来

许多父母认为，孩子是自己生的，谁不爱孩子。但是，对孩子来说，他非常需要你通过语言或者行为告诉他，你是爱他的。你心里爱孩子，孩子是难以体会到的。

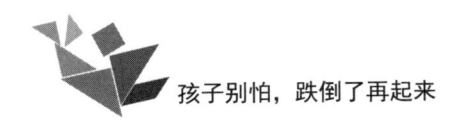

这时候，许多父母恐怕有些为难，因为在中国人的观念当中，爱是比较难说出口的。

事实上，向孩子表达爱意并不是想象的那么难，你只要在日常生活中多注意就行了。比如，拍拍孩子的肩膀、摸摸孩子的脸蛋，微笑地看孩子，当孩子做了一件好事时赞扬他："你真是一个善良的好孩子。"随时向孩子传递你的爱，让孩子感受到爱的温暖。

## ◎平分你的爱

如果你有两个或者更多的孩子，你一定要平分你的爱，要公平地爱每一个孩子。

有些父母习惯对孩子说："妈妈爱你，因为你比弟弟乖。""谁考试成绩好，妈妈就爱谁。"

这种爱是不理智的。孩子都是你生的，你不应该区别对待两个孩子，这样不仅会引起孩子的嫉妒心理，而且会让孩子失去对你的信任。

因为你往往会对孩子许诺："只要你听话，妈妈就爱你！"这会让孩子不相信你是不是真的爱他。

明智的父母应该这样说："你们都是妈妈的宝贝，不管你们走到哪里，妈妈都爱你们！"

真诚地爱你的孩子吧，你的爱会让孩子向你敞开心怀，把你当成他的好朋友。

# 成功到底是什么——对教育的再思考

我们总是被一个伪命题控制，那就是培养成功的孩子。那么，什么是成功？

关于成功的定义非常多。有人说，成功是成就功业或者事业；有人说，成功就是事情获得预期的结果；也有人说，成功就是获得了一定的成效或者收获。我觉得，对于孩子来说，成功其实就是一种感觉。它是孩子努力做一件事并达到自己的目标之后的一种自信的状态和满足的感觉。从客观上来说，成功是获得预期的结果；从主观上来说，成功是人的一种成就感。

孩子做事分三种情况：一是无意中做的；二是主观上有目的去做的；三是根本不想做的。

如果孩子是无意中做了一件事情，往往不会有成就感，获得的仅仅是运气好的一种兴奋感；如果孩子根本不想做一件事情，即使成功了，他的成就感也几乎没有，即使有也非常少；只有当孩子主观上有目的地去做一件事情，并付出了相当的努力而获得成功时，孩子的成就感才会特别明显。一般来说，当孩子成功时，孩子不但会高兴，而且还特有满足感，他愿意将自己做的事情向别人诉说，让别人也能够感受到他的喜悦之情。可见，成功是孩子做好了一件他非常渴望做的事情后所获得的满足感与自信感。

◎ 成功其实很简单

一个10个月的孩子，努力爬到一个玩具前，拿到玩具后，回头看着妈妈笑。这就是孩子的成功。

一个两岁的孩子，特别喜欢走花坛边缘的路。他兴奋地走在上面，直到走完都没有掉下来，孩子高兴地大叫："妈妈，你快看，我走过来了！"这就是孩子的成功。

一个三岁的孩子，当老师要求他当众表演一个节目的时候，他先是很紧张，最后在老师的鼓励下羞羞答答地表演了。当他回到妈妈身边的时候，羞涩地看着妈妈说："妈妈，我唱得好不好听？"这就是孩子的成功。

……

对于孩子来说，不管大事小事，只要是孩子想做的事情，并且通过努力做成了，孩子很高兴，这就是成功。

在我们成人看来，孩子的成功很简单，简单到小菜一碟，但是，这些成功对于孩子来说，可能并不简单。

10个月的孩子，拿到玩具需要良好的爬行技巧，更需要用手抓取的技巧；两岁的孩子，走狭窄的花坛边缘需要良好的身体平衡能力和一定的胆量；三岁的孩

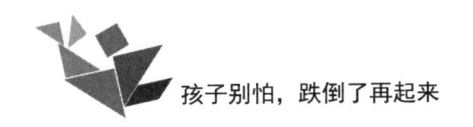

子，当众表演节目，需要学会相关的节目，更需要当众表演的胆量和临场表演的技巧。

理解了简单的成功背后隐藏着孩子不简单的能力后，也许我们更愿意赏识孩子的每一个微小成功。

## ◎成功要付出努力

以前看《李嘉诚传》，因为李嘉诚是华人首富，特别敬佩他的成功。有人问李嘉诚，你到底是怎么成功的？他说很简单，比别人努力两倍！由此可见，成功是努力的结果。

一岁半的孩子，想要拿桌子上的水杯，可是他够不着，于是，他端来了一张小凳子，然后站在凳子上去拿水杯。这个"成功的努力"就是想到了用凳子让自己"长"得更高。

两岁半的孩子，外出活动的时候，坚持自己走路，在很累的情况下，懂得休息一下，然后继续走。这个"成功的努力"就是善于坚持。

四岁的孩子，画画的时候，总是画不好，最后，在第五幅画时，他终于画出了自己想要的东西。这个"成功的努力"就在于不断否定自己，不断挑战自己。

……

许多时候，我们发现孩子成功，却往往没有看到孩子的努力。有些父母也许会说"不知怎么让他成功了"，其实，"不知怎么"的背后，隐藏着孩子付出的巨大努力。因此，我们不要把成功看得太复杂，认为孩子没有什么真正的成功；也不要把成功看得太容易，因为成功需要孩子的努力。

## ◎孩子的潜能是多元的

著名认知心理学家霍华德·加德纳认为，每个人有特殊的智能综合形式和理解世界的方式，如语言的、逻辑的、数学的、空间的、音乐的、身体的和内省的。每个人都有不同的学习风格，有些人对视觉反应最敏锐，有些人对语言比较敏感，有些人敏于触觉。

由此，他提出了人的多元智能理论，即一个人的智力是一组能力，至少包括七个方面的内容，即语言智能、逻辑—数学智能、空间和视觉智能、音乐智能、运动和身体协调智能、人际智能和内省智能。

具体到每一个人，这七种智能都有可能存在，尽管每个人都有很大的潜能，但每个人的潜能是有差异的，或者说所能达到的高度是有差异的，特别是在某些特殊的才能上更是如此。只有那个特别突出的智能，才代表着儿童的潜能，父母应该创造条件，让孩子的这种潜能发挥出来。

如果这个孩子的音乐智能非常强，而空间和视觉智能比较弱，父母非要孩子放弃音乐学习而改学画画，结果恐怕事与愿违。如果孩子的身体协调智能非常好，孩子一听音乐就手舞足蹈，那么，家长就可以抓住机会，让孩子学习跳舞，孩子将来就有可能成功。

一旦父母明白孩子之间存在着如此大的差异，如果再用一种标准去要求或规范自己的孩子，会犯多大的错误，自是不待多言了。

同理，一个孩子对自己了解得越多，如自己喜欢什么，不喜欢什么，自己擅长什么，不擅长什么，对自己的个性有一个整体上的把握，那么他就越会产生自信心和健康的自尊。反之，如果让孩子屈从父母的压力，处处按照父母的要求和期望去做，就会产生不适感，对自己缺乏信心，性格就会受到扭曲。

每个孩子都有自己的强项和弱项，每个人都会以独特的方式来展示自己特有的天赋，而且，大多数孩子在很小的时候就表现出非常明显的兴趣与爱好的倾向。家长应该多观察孩子，从中发现孩子的智能结构特点，进行适当的、有针对性的指导和训练，使每个孩子的天赋潜能得到最大的发挥，而不是父母把意愿强加给孩子。

◎ 如何赏识成功的孩子

孩子是在不断体验成功的状态下走向成功的。因此，赏识成功的孩子，让孩子

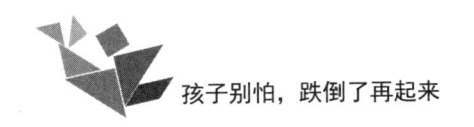

及时建立自信，并在成功的基础上确立新的目标，激发孩子不断努力，从而获得更大更多的成功，是父母在引导孩子中最需要坚持的。

  小彤和园园是小学同学。

  小彤考上市重点中学以后，园园就按地区分配进入了附近的一所普通中学。普通中学的学习压力相对小些，所以园园常常能星期天到小彤家里去玩，并把自己设计、刺绣的小手绢送给小彤。

  小彤虽然爱不释手，却没有时间去做。小彤妈妈看到园园刺绣的小手绢，赞不绝口。

  可是，园园却紧张不安地说："我没有出息，小彤才是最优秀的，我不过是混日子罢了。"

  小彤妈妈说："你是个可爱的女孩，你心灵手巧，有好心情与好的生活态度，这才是真正难得的景观。"

  园园虽然没能全部理解小彤妈妈所说的意思，但她得到了小彤妈妈由衷的赞美，园园还是感到非常高兴。

孩子任何微小的成功，都能增强他们的自信。一个孩子，当他写好了一个字、做好了一道题、洗净了一双袜子、做出了一道菜、擦净了一次地板、得到了一面小红旗……他都有成功的喜悦，他会期望下次做得更好。作为父母，给孩子帮助，让孩子有点滴的成功体验，并不是多难的事情。父母应该从小处着手，让孩子在一个个的成功中，一点点地积累自信。

## ◎随时鼓励成功的孩子

  一位母亲经营着一家小公司。某天下午，她正准备外出办事，上小学的儿子从学校回来，高兴地拿着试卷给她看，说："我今天考试得了100分。"

当时，母亲怕时间来不及，耽误重要的工作，就漫不经心地看了一眼，说了一句"不错嘛"，然后匆匆离开了家门。

自那次以后，孩子开始疏远母亲，态度冷漠，对学习也不十分用功。她觉得很奇怪，左思右想，终于回忆起那天看试卷的情景。

母亲很懊悔地说："那天，我满脑子想的是工作，对孩子只说了句'不错嘛'，有些敷衍了事。"

那时候孩子是一心想与母亲共享获得100分的喜悦。可是，他的愿望落空了，最终失去了对母亲的信赖和对学习的热情。

像这位母亲那样轻视孩子经过努力取得的成绩，会对孩子的心理产生很大的负面影响。当然，有的父母对取得的成绩加以讽刺就更糟糕。

每个人都有成就欲。孩子生来就是自主自动的。无须成人督促，他们也会奋力学习行走。一旦学会了走路，就会试着去跑，他们都有强烈的好奇心，会主动寻找不明白的事物的答案，他们愿意独立自主地去做自己喜欢的事情。而且他们在做自己喜欢的各种事情时，会体验到各种不同的情感，这种体验反过来又会影响到他们做事情的兴趣和欲望。他们愿意做，当获得成功时，这种喜悦是巨大的，巨大的喜悦反过来可以激发起更大的欲望。当然也会有失败，失败会让孩子学会思考，培养出一种不屈服的精神。

孩子的成就欲是在一次次取得成功后逐渐发展起来的。不管孩子学什么，做什么，只要是正当的，父母都应该给予耐心的扶持，并创造条件让孩子获取成功，体验快乐。父母不要不管不问，或者在遭遇挫折时，训斥孩子笨拙。作为父母，不要忘了，孩子年龄小，感情比较脆弱，原先热情再高，如果一再受挫，也会失去做下去的勇气和愿望。

孩子喜欢冒险，喜欢做危险性的游戏，有时还会搞一些恶作剧，父母切不可一味地责备："这太危险，以后不许这样！""乖乖地听话，就你总让人操心。"……父母的这些斥责对孩子来说是十分有害的。孩子新奇的体验兴趣被摧毁，长此以往，孩子会变成一个不求上进、缺乏欲望的人。

当然，孩子好冲动，有时可能不顾行为的后果，父母不可能要求孩子做某事之

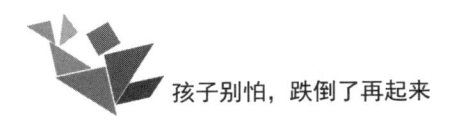

前都能"三思而后行",但父母应该帮助孩子在事后想想哪些地方做得好,哪些地方还不足,如何去改进才能做得更好,这样会使孩子的聪明才智和成就欲得到很好的发挥,事后的经验总结也有助于增长孩子的智慧和成就欲。

## ◎引导孩子超越自我

美国演员麦尔顿说过:"伟大的人物从来不承认生活是不可改造的。他会对当时的环境不满意;不过他的不满意不但不会使他抱怨和不快乐,反而使他产生闯出一番事业的热忱来,而其所作所为便得出了结果。"成功是一个相对的概念,今天的成功不代表明天的成功。成功是一个过程,需要一个人积极主动地去追求,需要寻求一个又一个的成功,把小成功变成大成功,让成功成为一种常态。

超越能够激发一个人的潜能。只有具备超越意识,一个人才能不断地努力,不断地进取,不断地突破自身的局限,最大限度地发挥自身的潜能。因此,希望孩子能够成功的父母应该培养孩子不断挑战自我的精神,让孩子学会激发自己的信心,不断地挖掘自己的潜能,让自己也带领他人,走向一个又一个成功。

在日常生活中,父母要鼓励孩子直面自己、解剖自己。当孩子在不断地训练中,做出一些比较大胆的事情时,父母应该不断鼓励、称赞孩子,让孩子感受到超越自我的乐趣。

当然,鼓励孩子超越自我并不是说说而已,需要父母有意识地去训练孩子。父母可以在家里设计一些让孩子超越自我的游戏,比如,独自一个人办一件事,与父母比赛忍耐力等。这种亲子游戏不仅可以提高孩子的耐性,而且可以促进亲子关系。

孩子懂得超越自我,就能够促进孩子自我提高和自我完善,使他们赢得一种内在的力量,从而推动人生走向成功。要让孩子的人生更有价值,就应该让他们切记超越自我。正如法国作家罗曼·罗兰所说:"生活必须经常做自我超越,一步步地向前推进,正如音乐必须不断改变主题和旋律一样,一曲完成再来一曲,决不倦息,决不沉睡,自始至终,保持清醒。"

第五章 对跌倒之外的思考

　　在一个禅宗故事里，紫罗兰曾对她的种植者说："我认为当你把我种下去的时候，你就是想要紫罗兰，如果你想要橡树、葡萄藤或玫瑰，你就会种它们。所以我想，既然我只能够成为我自己，而不能够成为其他的，那么我就尽我最大的力量去成为我自己。"

　　是的，孩子，请看着你自己，你只能够成为你自己，你不可能成为其他任何人，你可以享受这种过程，静静绽放。

## 等你长小了

早上妹妹起晚了,错过了爸爸的车,只好和妈妈一起坐公交车。去公交站时,妹妹要妈妈背着。妈妈背着她,觉得吃力,说:"蓉蓉,你现在长大了,妈妈都背不动了。"

妹妹说:"我还没长大呢,我还是小宝宝。"

妈妈说:"好吧,现在妈妈背你。等你长大了,妈妈变老了,就得你来背妈妈啰!"

妹妹欣然同意,说:"好的,等我长大了,等你长小了,我就来背你!"

"这……"妈妈顿时无语了。

# 附 录

## 孩子的成长记录

附 录

# 两岁半宝宝的第一次撒谎

## ◎ 成长故事

一天下午,格格在客厅一个人玩,我在书房里写稿。

格格叫:"妈妈,你快来和我一起玩!"

我:"等会,妈妈现在正忙着。"

过了一会儿,格格又叫:"妈妈,你快来!"

我:"妈妈还没忙完,你自己先玩一会儿!"

格格:"不好,你现在就来!"

我:"不行,我现在有事!"

好长时间没声响,我正暗自高兴宝贝还是蛮自立的。只听见格格大叫:"妈妈,快来,我要拉嘘嘘了!"听那声音,好像是急得不行了。

我一听,赶紧跑出书房,一边还想:这孩子,又玩得忘记上厕所了。

等我来到客厅,格格正站在沙发上冲我笑。我赶紧上前抱她:"快下来,嘘嘘去!"

格格说:"没有嘘嘘!"

我:"没有嘘嘘?"

格格嘿嘿笑着说:"没有。"

我顿时意识到,这孩子在说谎!

## ◎ 妈妈感悟

其实,格格之前也有说谎的表现。

比如,当别人问她玩具是谁买给她的,她有时候会说是爸爸或者外婆。但这些

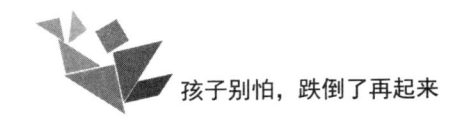

都是我买的，只是格格有时候记不清楚。

再比如，有时候，我刚从外面回家问她吃过饭没有，她会说吃过了，其实她是想逃避吃饭。

又如，明明格格拉大便时不小心沾到内裤上了，当我们说她没有憋住时，格格会说自己憋住了，其实她是想逃避责骂。

"说谎"在词典上的定义是"假话骗人"，是一种蓄意和深思熟虑后对真实情况加以隐瞒或者歪曲的行为。这就表明，说谎需要一定的心理能力，即儿童要想成功欺骗别人，需要对听者的愿望、信念和意图等心理状态有清楚的认识。因此，对于儿童来说，尤其是年幼的儿童，说谎并不是一件轻松的事情。

一般来说，儿童说谎是有一定的年龄特征的。1996年，钱德勒等人设计了"藏与找"的游戏，来对儿童的说谎行为进行实证研究，结果表明，即使是只有两岁的儿童也会说谎和欺骗。随着心理学家对于说谎认知发展的年龄特征的研究，更多结果表明，三岁甚至更小的儿童只有自发说谎的行为，即对说谎的认识是模糊不清的，四岁以后的儿童则不仅能够有策略地说谎而且能够成功地掩饰自己的说谎行为。可见，儿童说谎行为的发展具有一定的年龄特征，同时，儿童对于说谎的认识有一个发展的过程，而不是一开始就能像成人那样同时注意到说话的意图和说话的结果是否错误。

可见，前面所说的撒谎其实都是被动的表现，不算真正的撒谎，而这次，格格却是主动撒谎了，目的就是为了吸引我出来陪她玩！

格格成功地把我欺骗了，可见她对我的心思已经摸透了，清楚地知道什么事情能够把我骗出书房。

当我明白了格格说谎的动机只是为了让我走出书房陪她玩时，我就理智多了。我知道，这并不代表格格的道德发展出了问题，因此，我没有呵斥格格，也没有夸张地说"你竟然骗妈妈"甚至是打骂她。这几种方式都容易诱发孩子更严重地说谎。有些孩子为了避免打骂或者其他不良企图，甚至会试图从不道德的方面去说谎。

我笑着对格格说："你没有嘘嘘，却说有嘘嘘了，只是想让妈妈出来陪你玩，是吗？"

格格说:"是的。"

我说:"妈妈向你说对不起,你想让妈妈和你一起玩的时候,妈妈总是在忙。"

格格不说话。

我又说:"下次,妈妈一定会注意的。听到格格叫妈妈一起玩的时候,妈妈就出来。好吗?"

格格说:"好的。"

我说:"真是个好孩子。现在,你再说一遍请妈妈一起玩,妈妈就和你一起玩。"

格格重复了:"妈妈,现在不要工作,和我一起玩好吗?"

我说:"好的。"

然后我就陪她玩。

晚上,我对格爸说起了格格说谎的事情,但是,我没有当着格格的面。不想让格格误会说谎很好玩,也不想伤害格格的自尊心。

对于年幼的孩子来说,忽视和宽容是最好的解决办法。你不关注孩子的这个问题,并让孩子通过正确的方法达到自己的目的,孩子的说谎动机就没有了。如果一味批评和打骂,反而容易引起孩子的逆反心理。

## 可怕的诅咒敏感期

前段时间,格格特别喜欢打人,虽然现在打人的情况有所减少,但依然存在。不过,我又发现,格格竟然喜欢上诅咒了。我分析,这两个特殊的表现可能都与入园焦虑和生病有关。

傍晚,格格和格爸起了冲突,格格又说:"我不要爸爸了,让他做别人的爸爸去吧!"

晚上,格格不知什么事情又和格爸起了冲突,她大声地说:"我不要爸爸了,我要打死爸爸!"前两天,格格如此说的时候,格爸反应比较强烈,今天,他已经能容忍着不吭声。然后,格格又跑到卫生间对我说:"妈妈,我不要爸爸了,我要把他打

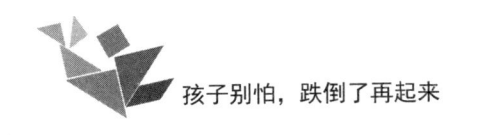

死！"我抱住她说："妈妈知道了，只是，爸爸会伤心的。"

上床后，格格不知道为什么事情又生气了，指着魔法欧欧说："我不要魔法欧欧了，我要踩死它！"我赶紧拿走魔法欧欧说："妈妈知道了，已经把魔法欧欧拿走了！"格格依然气愤地说："你把它扔到床下去，你把它扔到床下去！"我赶紧抱住她说："妈妈知道你不高兴了！"不一会儿，格格气消了。

临睡前，格格不断折腾，似乎非常烦躁。我说："要不，妈妈抱着你睡吧？"格格刚开始答应了，我抱了她一会儿，她又要下来自己睡小床。睡在小床上她翻来覆去，似乎很难入睡。我好心地去拍拍她，给她轻轻哼唱，她却说："不要唱了，我不要你了，你走吧！"我赶紧停止拍打。突然，格格回头对我说："妈妈，我要把你的头烧掉！"我以为听错了，这句话让我觉得非常震惊。一是她的用词，我不清楚她是从哪里学来的，二是她的情绪很激动，似乎我做了什么令她发指的事情。我疑惑地问："啊？"格格又重复："妈妈，我要把你的头烧掉！"连续说了两遍。我的眼眶不争气地湿润了。我那可爱的女儿，怎么突然之间变得如此凶恶？简直就像一个小魔头一样。

## ◎妈妈感悟

幸亏脑子转得快，诅咒敏感期立刻跳进我的脑海中。我并不需要因为格格的出口无礼而感到自己的教育失败。这正代表孩子在成长，只是，她进入了生命中一个新的敏感期——诅咒敏感期。

我紧紧地抱住格格说："好的，把妈妈的头烧掉吧。你把妈妈的头烧掉，我也一样爱你！"格格不吭声，我继续说："只是，你的妈妈从此以后就没有头了，别人会觉得她是个怪物，而且，她也不能和你说话了，不能和你微笑了。"说着，我把格格抱得更紧，说："不管怎样，妈妈还是一样爱你，你永远是我的宝贝！"格格不吭声，我再低头一看，她竟然在我的怀里睡着了！

虽然最近我也感觉到格格的诅咒敏感期可能来了，比如，格格有时候会说："我才不理你呢！""妈妈是个讨厌鬼！""我不喜欢你了！"这些语言的力量相对还是不强，所以，我没有把它与诅咒联系在一起。而今天的"我要把你的头烧掉"，已经非常典型了。

但是，根据敏感期理论，诅咒敏感期一般出现在三至四岁，格格的诅咒敏感期出现得较早，也许是因为她的语言表达能力发展早的缘故。

诅咒敏感期是语言敏感期中的一个表现。当孩子发现语言本身是有力量的，尤其是有些话能够像利剑一样刺伤别人，孩子就会使用强而有力的语言来试探、发展自己的力量，并观察别人的反应。

刚开始格格对格爸说"我要打死你"的时候，格爸的反应是很强烈的，甚至也说："我不要你了！我做别人的爸爸去了！"结果，格格后来也学会了："我不要你了，你去做别人的爸爸吧！"可见，孩子还是体会到了语言的杀伤力。当她发现语言的力量后，就会经常性地使用这类语言来故意激怒你。

格格对于死的理解，最早要追溯到23个月的时候，我和她一起阅读青蛙弗洛格的成长故事时，其中有一本是鸟儿在歌唱，格格问我："妈妈，死是什么意思呀？"我告诉她："死就是一个人生病很严重，救不活了，或者生命走到了尽头，像一个人睡着了一样，但是，他再也不会醒来了，再也看不到自己喜欢的人了！"

在后来，也阅读过一些死亡的场景，比如爷爷变成了幽灵等。更可能的原因是，最近格格生病，因为入园焦虑，格格拒绝吃药，我曾对她说："一个人生了病如果不严重就吃点药，如果不吃药，病就会严重起来，然后就需要去打针，如果打针也治不好病，可能就需要住院，动手术，如果还是治不好，就得死亡了。"我的目的是激发格格主动吃药，也许，不经意间，年幼的格格对于死亡的理解也在一步一步加深。这可能也是她喜欢用死来诅咒别人的原因吧。

处于敏感期的孩子需要得到满足才会顺利度过，而诅咒敏感期却令人无奈，因为，我们不敢保证，孩子会在什么时候说出诅咒的话语，也许是在家里，也许是在公共场合。尤其是在公共场合，诅咒他人的时候，我们就需要有勇气来面对他人的质疑。大部分人会认为这样说话的孩子是没有家教的。虽然，格格现在还没有出现诅咒他人的情况，但是，如果她诅咒他人，我们肯定需要及时地告诉她，她这样说会让对方有消极的感受。引导她用换位思考来认识到自己的错误，并向对方道歉。

当然，我们不得不意识到，对于一个三岁不到的孩子来说，虽然孩子喜欢用可

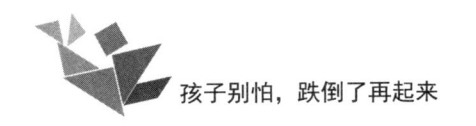

怕的语汇来诅咒他人，但是，其实她只是在用语言发泄心中的不满而已。孩子在发泄自己的不满情绪时，是很难去考虑他人的情绪和感受的，所以，我坚持对她说："妈妈知道你不高兴了，不管怎样，妈妈还是一样爱你！"给孩子充分的爱，从而渐渐淡化孩子的诅咒意识。

幸亏我和格爸对格格还是比较宽容的，格格如此诅咒我们，我们基本上一笑而过。正如格格从14个月开始就学会了叫我们的名字。格爸经常在格格叫了他的名字后，屁颠屁颠地跑到她面前问："×××来了，请问格格小姐有什么事？"格格总是咯咯地笑个不停。让格格好玩的感觉持续了两三个月，后来，格格基本上不会叫我们的名字，除非别人问起。事实证明，格格并没有以叫我们的名字为乐。

如果你的孩子也出现了诅咒敏感期，千万不要反应过于强烈，因为，你的反应越强烈，越容易激发孩子不断地使用诅咒性的用语。一般来说，两三个月后，孩子会自动恢复正常，不会再喜欢使用诅咒性的用语。

## 我偶尔也会讨厌你

格格出生后，我对她无限怜爱，总是说："妈妈永远爱你！"我认为，爱孩子就应该无条件地接纳她。因此，在生活中，我一直跟格格强调妈妈爱宝宝、宝宝爱妈妈的理念，不管格格做了什么事情，我都说爱她，她也一直说爱我。

但是，格格长大后越来越淘气，越来越肆无忌惮地做一些"坏事"。比如，她每天早上起床时，总要我给她穿衣梳洗，哪怕我正在忙。当外婆给她穿衣服时，她就会哭，以吸引我的注意力；我在写稿时，她总是不停地叫我，我跟她说："你自己先玩一会儿，等妈妈忙完再陪你。"她总是这么回应："我就是要你跟我一起玩，现在！"

对于格格的这些"恶劣行为"，我一直忍受着。有时候，我会对她说："你这样做是不对的，妈妈不喜欢你了。"谁知，她自信满满地对我说："妈妈喜欢我的，妈妈说过永远爱我的。"我无法反驳她的回答，因为我确实爱她。

有一天晚上，格格不仅不好好吃饭，等我们吃完饭后她还一直缠着我，说不要和爸爸一起玩，一定要我陪她玩。迫于交稿压力，我很心烦。可是，不一会儿我就想明白了：心烦有什么用？格格根本就不理解呀！

怎么才能让格格知道，她有时候很讨人厌，而又不伤害到她？我想了想，打开电脑，看能不能找到一本合适的绘本故事来教育她。突然，我眼睛一亮，发现了《我讨厌妈妈》的故事。

格格一听题目就被吸引了，听得津津有味，还不时"嘿嘿"地笑。每次我模仿小兔子的口吻说"我讨厌妈妈"时，格格也轻轻地说："我也讨厌妈妈。"

故事讲完了，我问："故事好听吗？"格格："好听。"我又问："你爱妈妈吗？"格格理直气壮地回答："不，我讨厌妈妈！"她说完这句话后，有些贼贼地看着我。我则模仿着小兔子的口吻，开始叙述格格可能讨厌我的理由，"因为妈妈总说要工作，不陪我玩""因为妈妈总是催我吃饭""因为妈妈总是要让我睡觉"……格格惊异地看着我，似乎我真的说出了她的心声。我接着说："所以，我讨厌……"格格大声地接道："我讨厌妈妈！"

听了格格的话，我假装很伤心。格格柔柔地叫我："妈妈，妈妈。"我轻轻地说："我也讨厌格格。"然后，我模仿着兔子妈妈的口吻说："每次，该吃饭的时候，她还是要玩，不肯好好吃饭。我讨厌格格！每次，其他小朋友都已经睡着了，她却一直在床上蹦蹦跳，还要踩我的背。我讨厌格格！每次，我要工作的时候，她总是来打扰我，不让我工作，我要是不能完成工作，就会被别人批评。所以，我讨厌格格！"说到最后，我故意说得更大声，这下格格不说话了。她抱着我叫道："妈妈。"

我说："妈妈爱格格，可是有时候格格总是会做一些不应该做的事情，这些事情让妈妈觉得非常讨厌。格格做了让妈妈讨厌的事，妈妈会很难过、很生气。妈妈不是讨厌格格，而是讨厌格格做的事。以后，你能不能不做这些讨厌的事？"格格点头。

孩子在成长过程中最需要妈妈的爱，因为爱是让孩子建立安全感的源泉。可是，如果不管孩子做什么都一味地给予爱，一味地说"妈妈爱你"，那么孩子往往会变得以自我为中心，甚至飞扬跋扈。这天晚上，格格懂得了"讨厌"的含义，懂得了讨厌一个人的理由，也懂得了讨厌与爱是不冲突的：妈妈虽然爱她这个人，但有时候会讨厌她的不良行为。而且，格格知道了，她也可以讨厌妈妈，这让她觉得非常放松。

以后的日子里，格格有时会说"我讨厌妈妈"，而我也会对她说"我讨厌格格"，然后母女俩就笑。格格会过来抱抱我，然后我们一起耐心地去解决那些"格格讨厌"和"妈妈讨厌"的行为。

# 后 记

## 遇见孩子

# 后　记

我原本不是一个活跃的人，记得学生时期的我，虽然也担任着班干部，却一直喜欢默默无闻。自从有了孩子，我变得活跃起来。孩子幼儿园、学校里的活动，我总是主动而积极地参加，各类节日、亲子活动或教育讲座等，我都会尽可能地参与并出一份力。老师希望为活动出谋划策，我也会认真对待，出谋划策，不敷衍不应付，当成"大事"来对待。学校老师邀请的活动和会议，我更是会郑重安排好其他工作，尽可能参加。如果我自己不能参加，我会与孩子的爸爸协商，让他去参加。所以，我在女儿的班上是个"脸熟"的妈妈，只要我一出现在班级门口，孩子们就会热情地与我打招呼。

有些家长也许会说，学习不是孩子自己的事情吗？难道还要我做这做那参与，我到底还要不要工作了？我觉得，你最重视的是什么，你就值得在这方面投入时间和精力。孩子确实是独立的个体，确实需要独立去面对人生当中的一些事情。但是，我们对待孩子事情的态度，却决定了孩子对自己的态度。

许多家长对孩子的重视主要体现在学习方面，今天作业完成了吗，有没有受到老师的表扬，考试成绩怎么样，小苹果得了几个？对于学习以外的活动，往往不太愿意花时间。事实上，学校组织的每一次活动，对孩子来说都是大事。这些"大事"往往会提升孩子的自信心、自我价值感等，为孩子在同伴间交往、团队合作等方面提供保障。

有一次，我去大女儿班上协助布置教室。班上的孩子们见到我都兴奋地打招呼，我一个个回应着。女儿也是平静地和我打招呼："妈妈。"我也回答她。我看到她的表情是难掩的自豪和兴奋。一段时间后，女儿回家来说："妈妈，今天老师给我们发棒棒糖，奖励我们。我也得到了，我要谢谢你。因为老师说，谢谢你的妈妈来帮助布置教室。"看到女儿怀着真诚的感恩对我描述这件事情，我觉得家长积极参加孩子班上的活动对孩子来说真是意义非凡。

孩子别怕，跌倒了再起来

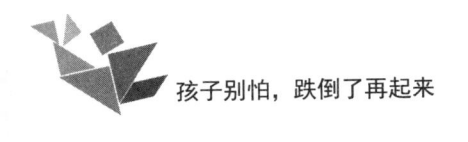

写这篇后记的时候，女儿学校正好在组织英语节和新年的活动，我们几个家长还献计献策，准备编一个幽默的英文小品节目。其实，我也很忙，书稿过了交稿期限，心里的着急自然不必说。但是，孩子的成长更是不可逆，再忙也要自己带孩子，再忙也要陪伴孩子的成长。

我个人的理解，陪伴孩子成长并不是心不在焉地陪伴孩子，最主要的是陪孩子一起去经历一些事情，这些事情于我们成人而言可能微不足道，但是，于孩子而言可能都是天大的事情。

每天中午，我带着小女儿去学校接大女儿和其他几个孩子一起来家里吃饭。我的小女儿一见到哥哥姐姐们，就会很积极地与他们聊天，我总是侧耳倾听。

"今天，我买了一支荧光笔，很好看的，等会我给你看好吗？"

"今天我外婆出院了，她要来我们家了呢！"

"今天，我的好朋友然然和我一起玩了！"

……

有时候，哥哥姐姐们根本没听清楚蓉蓉的话，或者没心思听这个三岁不到的小屁孩说话，我总会识趣地附和道："真的吗？一会儿让我看看！""是的，这可真好呢！"

回到家中，大孩子们吃饭时的聊天更是有听头。

"今天我看到二年级的溜溜了，他还对我笑了呢！"

"昨天，我喂小蓝（小鸟）吃米，它竟然啄我的手，吓死我了！不过不痛，痒痒的感觉！"

"昨天我弹琴的时候，小米竟然嘲笑我弹得不好，我看她根本不会弹呢，竟然还嘲笑别人！"

"我的同桌米米总是喜欢跟着我，不会是喜欢上了我吧？"

……

孩子们你一句我一句地闲聊着，这些听起来无关紧要的话，其实很多都是孩子的心声。我们善于倾听吗？很多家长可能都会对孩子的这些闲话批评和指责，渐渐地，孩子就不说了。不，并不是不说了，而是不向家长说了。于是，家长和孩子的距离就越来越远了。

# 后 记

在沙盘游戏的制作过程中,我总会遇到许多孩子不愿意妈妈在场观看沙盘游戏,有些孩子甚至不愿意妈妈看到自己的沙盘作品。更有甚者,有一次,一个男孩做完沙盘后,我试着问他:"要不要请妈妈进来看你的沙盘作品?"他惊恐地说:"不要。"随即上前毁坏了沙盘作品。那一刻,我的心很痛。我痛心于这位妈妈与孩子的关系。

关系重于说教,教育其实是一种影响力。当我们与孩子建立了良好的关系,孩子愿意信任我们,我们对孩子就会有影响力。反之,当我们与孩子的关系不好时,孩子不愿意信任我们,我们对孩子的影响就很难起作用。

马斯洛的需要层次理论告诉我们,人的需求分为基本需要和成长的需要。当人的基本需要得到满足后,成长的需要就呈现出饥渴,比如爱的需要,自尊的需要,自我成就的需要等。但是,我们的父母却很少考虑到孩子的成长需要。也许,孩子仅仅需要和父母一起看一场电影,也许是和父母一起睡觉,也许是举办一次有意思的生日会。这些愿望的实现往往能给孩子带来巨大的满足感,更重要的是,孩子能

够清楚地知道，父母对自己的关注度有多少。

我不是一个事业有成的妈妈，我更注重的是生活的过程。在孩子们生命的早期，我想陪伴着孩子们去经历生活中的一些事情，我想清楚地知道孩子们正在参与一些什么事情，我更想了解孩子们的内心正在经历着什么。因为，在孩子生命的早期，我们是孩子生命的引领者。随着孩子的成长，他们的步伐会越来越快，我们会越来越跟不上孩子的成长。但是，如果我们已经在孩子的早期帮助孩子建构了健康的心理，注入了心理能量，我们就不必担心孩子以后会遇到什么。

读龙应台的《目送》时非常有感触："我慢慢地、慢慢地了解到，所谓父女母子一场，只不过意味着，你和他的缘分就是今生今世不断地在目送他的背影渐行渐远。你站立在小路的这一端，看着他逐渐消失在小路转弯的地方，而且，他用背影默默告诉你：不必追。"

父女也好，母子也罢，都只是我们在这世间的一次遇见而已。我们没有理由不好好珍惜这段遇见，陪伴孩子一起成长。